南京學研究

（第十一辑）

曹劲松　卢海鸣　王延光 主编

南京出版传媒集团
南京出版社

图书在版编目（CIP）数据

南京学研究. 第十一辑 / 曹劲松, 卢海鸣, 王延光主编. -- 南京：南京出版社, 2025. 6. -- ISBN 978-7-5533-5448-4

Ⅰ. K295.31

中国国家版本馆CIP数据核字第2025QQ0750号

扉页题签 丁 帆

书　　名 南京学研究（第十一辑）
主　　编 曹劲松　卢海鸣　王延光
出版发行 南京出版传媒集团
南 京 出 版 社
社　　址 南京市玄武区太平门街53号
邮　　编 210016
联系电话 025-83283873、83283864（营销）　025-83112257（编务）

策划统筹 徐　智
责任编辑 徐　智
装帧设计 王　俊　张　淼
责任印制 杨福彬

排　　版 南京新华丰制版有限公司
印　　刷 南京工大印务有限公司
开　　本 787 毫米 × 1092 毫米　1/16
印　　张 21.25
字　　数 303千
版　　次 2025年 6 月第 1 版
印　　次 2025年 6 月第 1 次印刷
书　　号 ISBN 978-7-5533-5448-4
定　　价 78.00元

序　言

《南京学研究》（第十一辑）分为6个板块，收录22篇佳作，其中既有理论问题的洞见，又有实证研究的探索；既有传统文献的考订，又有域外视角的关注。同时我们还欣喜地看到，除了“南京学”业已形成的一支研究的中坚力量外，本辑的作者队伍中还出现了不少青年学者。以下对本辑作品做一简要介绍。

作为地方学的后起之秀，南京学方兴未艾，需要进一步完善理论建构和拓展研究对象。“‘南京学’纵横谈”收录的4篇作品，围绕“南京学”关注的焦点，展现学界所做的最新思考。曹劲松的《南京学研究的意义》，从地域文明体演进的历史、文化、实践、发展、知识、开放等逻辑出发，指出南京学研究不仅可以为南京的高质量发展服务，而且能为人类文明包容和谐基础上的持续进步贡献中国智慧。汪东明的《“中山陵及其附属建筑”何以列入〈中国世界文化遗产预备名单〉》，在梳理钟山文脉变迁的基础上，阐述了“中山陵及其附属建筑”的突出普遍价值，并指出其申遗意义及未来努力的方向。李惠芬、何淼的《文旅消费驱动型城市更新的空间生产机制——基于南京老门东历史街区的实证研究》，通过构建场景、业态与生态三维分析框架，解读了文旅消费驱动下南京老门东历史街区的空间生产机制，为城市更新提供了新思路。邹雨橙、程宏亮的《地方学资源融入应用型大学人文类专业课程内容的路径探索——以“南京学”为例》，探索地方学资源融入课程的策略、路径与方法，并在实践基础上归纳出汲取“南京学”资源建构课程内容的四种模式。

南京历史文化厚重多元，文化遗产蔚为大观，包括南京城墙、南京海上丝绸之路遗迹在内的不少遗产被列入《中国世界文化遗产预备名单》，成为国内同领域中的佼佼者。“南京文化遗产的世界价值”笔谈邀请龚良、曹志君、胡勇三位拥有丰硕研究成果和丰富从业经验的专家，围绕南京具有申遗潜力的文化遗产及其价值展开讨论，期望在推动研究的同时，也为南京文化遗产的保护贡献力量。

南京文明起源古老，各类物质和非物质遗存丰富多样，这片地域上的文明构成了中华文明的重要版图。“考古发现与文化遗产”收录的4篇作品，关注当前城市考古和非遗保护的热点，解开了城市发展进程中的若干疑问。朱中秀等人的《南京孙吴张昭家族墓考古发掘及相关问题初探》，对近年发现的张昭家族墓的墓葬年代、结构、规制、出土文物等做了初步思考，认为该墓葬的发现对进一步深入研究孙吴墓葬分区、墓葬演变以及丧葬习俗等具有重要参考价值。王宏、高浩的《六朝建康运渎考》，通过辨析史料并结合六朝建康城复原成果、南京城市考古及自然地理形势，对六朝运渎河流形态做出推测。祁海宁的《南京大报恩寺遗址南区建筑布局与功能探析》，依据文献记载、图像资料和已取得的考古成果，对南区内部各片区的建筑布局和功能进行探讨，推动大报恩寺遗址的研究工作进一步走向深入。潘彬彬的《非遗保护工作路径探析——以南京市民俗博物馆为例》，介绍了该馆在非遗保护方面的成绩，并提出促进这项工作高质量发展的对策建议。

南京作为一座举足轻重的城市，对其历史变迁的探讨，可以丰富中国城市史研究的内涵。“古都历史与景观变迁”收录的4篇作品，从自然、市镇、景观、文化等议题，对南京城市的相关问题展开论述。卢海鸣的《秦淮河若干问题研究》，全面辨析了秦淮河的名称由来、流域水系，并对其历史地位和当代价值进行了评析。祁刚、杨周岳的《宋明间南京江北市镇的空间演进与动力机制——以六合县为主的讨论》，以宋明之间南京江北地区为中心，探讨区域市镇的形成、结构特征及其空间演进的动力机制。唐晓岚等人的《南京形胜在明清方志中的表达》，论述了南京明清方志中关于形胜记载所表达的内容、特征和维度，认为对这些史料的研究不仅能够推动南京文化景观的保护与复兴，也能为生态文明和人文城市的构建提供重要参考。刘越洋等人的《英人眼中太平天国治下的南京——以1853年出访的文翰一行为例》，介绍了中西文化交流背景下英人与太平天国人士在南京的早期接触情形，从中透视出太平天国对南京的治理状况，以及西方世界对于太平天国与南京的基本认知。

古往今来，南京名人辈出，创造了灿烂辉煌的地域文化。“历史名人与地域文化”收录的4篇作品，展现出这座城市的人文底蕴和文化滋养。高希的《明代御制诗中的南北两京之旅——以朱高炽〈御制诗集〉为中心》，呈现了明仁宗朱高炽《御制诗集》对明初南京、北京景状及两京间旅程的书写，指出这些诗词在记录南北两京地理形胜和都城景观的同时，也为研究明代南京、北京的历史地理和政治文化提供了独特视域。赵子聪的《全面抗战前南京高校教授的日常生活——以〈吴梅日记〉为中心》，梳理和展现了1931—1937年吴梅的日常生活和心灵世界，并揭示战争对其生活和心态的影响，辅之以同时代其他中央大学教授的日记片段，丰富了学界对于这一时期南京高校教师群体社会生活史的认知。汤澍、张维亚的《虚拟现实技术在南京研学旅行产品中的应用研究》，基于对南京主要景区的实地调查资料，探讨了虚拟现实（VR）技术在南京研学旅行产品中的应用现状、面临的主要问题以及未来的发展方向。聂涛、陈丽的《论红十字运动对南京博爱之都的历史建构及当代城市精神的塑造影响》，在比较中西文化对“博爱”内涵的诠释的基础上，回顾了红十字精神对南京博爱之都的建构历程，阐述了红十字运动对当代南京城市精神的塑造作用。

南京是文献之邦，留存至今的文献史料数量丰富，加上外国人士的相关记载，构成了“南京学”研究的资料宝库。“文献考释与史料译编”收录的3篇作品，从传统文献到域外成果，从文献考订和西文翻译，折射出南京研究资料之丰富。韦统顺、黄少聪的《〈宋本建康实录〉所载职官、时间及名称补正十八则》，通过不同史料的比对，补正了《建康实录》中所载职官、时间、人名、引用书名等错讹并分析了错因。江灏的《域外汉学研究中的明清南京城市》，聚焦城市性质、政治史、文化史以及江南区域研究四个维度，对明清时期南京城市研究的核心成果进行梳理和评价，尝试从域外视角观察并理解明清南京城市的重要地位。法国传教士路易斯·盖拉蒂原著、陈乐佳美翻译的《晚清南京开埠初期的制度建构与现代化尝试》，较为翔实地记录了1899年南京开埠前后，海关、新式学堂、工厂以及其他新政机构的建设和运行情况，为研究晚清时期南京城市的现代化进程，提供了新的视角和材料。

时至今日，《南京学研究》已经成功走过了五个年头，知名度和美誉度在不断提高。我们坚持稿件质量第一，从来稿中精挑细选，全力扶持年轻作者的成长。也正因此，我们的作者队伍一直在稳步扩大。伴随着“南京学”的发展，我们坚信脚下的这条路将会越走越宽。

目　录

考古发现与文化遗产

古都历史与景观变迁

历史名人与地域文化

文献考释与史料译编

NANJINGXUE

“南京学”纵横谈

南京学研究的意义

曹劲松

摘要：从地域文明体演进的历史逻辑、文化逻辑、实践逻辑、发展逻辑、知识逻辑、开放逻辑出发，南京学研究的意义体现在筑牢文明根基，增强文化自信；赓续城市文脉，促进文化“双创”；凝聚价值共识，推动实践创造；树立发展理念，建设城市文明；构建知识体系，形成南京学派；拓展文化交流，深化文明互鉴等方面。南京学研究一方面以南京这一特定地域文明系统为研究主轴，着力在以文化赋能经济社会发展的城市现代化进程中提出系统性思维及其理论框架，为南京高质量发展服务；另一方面，通过地域文明体理论体系的建构，在不同地域文明对话和交流中发挥知识主导和话语自塑作用，共同为人类文明包容和谐基础上的持续进步贡献中国智慧。

关键词：南京学；研究；意义；地域学；地域文明体

南京学作为一门地域学，着眼于南京城市文明的历史演进和时代发展，通过对这一特定地域空间的文明形态及其要素条件、作用关系、外部环境的分析，从历时性与共时性的维度上把握其内在机理，进而为人们投身其新的时代创造提供系统性的理论指导和精神上的实践自觉，本身具有独特的科学价值。地域文明是主体作用于自然环境的产物，既包含了物质要素，也包含了精神要素，体现了人作为能动性主体的思想创造、劳动创造和社会创造，构成人类文明演进的具体路径和多维样态。在人类社会迈向现代化的时代进程中，了解和掌握地域文明体的发展规律，对于更好地满足人们自身高质量生活与发展需要、建设充满幸福感的生态与人文家园具有不可替代的意义。从地域文明体演进的历史逻辑、文化逻辑、实践逻辑、发展逻辑、知识逻辑、开放逻辑出发，南京学研究的意义可以从以下六个方面加以阐释。

一、筑牢文明根基，增强文化自信

南京学以特定的地域文明体为研究对象，在对某一地域空间范围内的人类文明发展的历时性考察基础上，发现具有地域特色的文明历史和文化基因，进而更好地为人们认识地域文化共同体的特质提供科学思维和精神自觉。地域学研究对于在地的文化共同体从历史纵深中认识文化意义上的自我提供理论依据，帮助人们理解日常生活中文化传习的历史根脉，将文化自信根植于丰富的地域文化沃土和文明要素系统之中，使之成为文化生命体代际传承的源泉和根本。因此，南京学研究可以促进南京城市文明溯源，进而探寻融入南京人精神生活中的文化基因，通过回答自己从何而来或因何而来，提升文化的自我意识和自主精神，使人们在坚定文化自信的基石上不断实现新的文化创造。

（一）促进文明溯源

地域文明溯源以探究特定地域空间人类文明的源起、育成和演进这一复杂的自然与社会历史相融合的过程为目标，综合运用自然科学和人文社会科学的理论，以考古证据为线索，结合史志研究，为人们展现地域文明演进的历史图景。文明溯源的根本在于构建地域文明发展的历史基础，通过遗址发掘、文物考证、史志对照等，将人类文明演进的足迹一步步地揭示出来，从而为人们更好地理解文化意义上的自我夯实科学理性根基。南京学作为一门独立学科，不再满足于被动性的考古发现，而是致力于主动地构建地域文明图景，对于促进文明溯源起到了理论推动作用。地域文明溯源是一个极其复杂的过程，构建地域文明的历史图景从某种意义上是一个“拼图”的过程，而完成历史拼图需要积累丰富的文物证据、史料依据，同时还需要对地域文明系统进行合乎逻辑的解释。当证据和史料存在时间断裂的情形下，如何科学地构建地域文明的历史图景需要在理论上不断提出假设，并通过地域比较研究，在获得证据的条件下加以验证，不断丰富人类文明演进的理论。只有在理论成熟的基础上，才能通过合理“补白”，科学构建地域文明体的演进机理及其图景。因而，南京学的研究在深化地域文明理论研究的过程中，以文明要素相互作用的机理为着力点，探索和发现地域文明系统的演进过程及其内在机制，对于促进文明溯源能够发挥宏观建构的指向和解释功能，为主动发现文明证据提供导航，进而拓展文明溯源的范围，汇聚更多的要素证据。

（二）探寻文化基因

文化基因是渗入到人的精神自我建构中的深层逻辑，既包含事物观念、行为意义、思维方式等精神要素，也包含各要素间相互链接所构成的价值判断、理性逻辑和情感体验，是个体精神成长过程中在特定共同体生活及其与共同体成员交往中逐步习得、潜移默化的精神活动习惯。文化基因相对于生物基因而言，对个体来说不是来自先天遗传，而是在其成长环境中的后天习得，伴随着人的智力发育和精神成长全过程。从特定地域文明的演进过程来看，作为文明主体的人始终具有代际传承的血脉延续和能动认知的文脉延展，前者依赖生物基因复制与传播，后者则依靠文化基因的承继与浸润，使人们能够从先辈的精神活动中汲取养分，不断转化为自我的文化意义。当然，人们的生活迁移和人口流动，使得特定地域空间的主体构成不断发生变化，不同文化和文明成果形成交流互鉴，在为地域文明体演进源源不断地注入新要素的同时，也与之融合共生，使地域文明系统得以不断重构和焕新，形成了文明发展的重要动力机制。南京学研究要回答地域文明演进的规律，必须将文化基因解码作为地域文明研究的重要方向，即通过全面梳理和挖掘该文明体中所蕴含全部文化的内涵，解析每一种文化形态中的信息“代码”

和意义“链条”，找到文化存在的内在基因和作用于人们精神活动的潜在机理，为人们的精神自觉构建价值坐标。因而，南京学研究对于系统探寻这一特定地域的文化基因具有重要的方法论意义，可以推动地域文化禀赋更好地向地域文化资本转化，为建设中国式现代化城市文明提供科学的人文机理，激发城市人文精神塑造的主体自觉。

（三）坚定文化自信

地域文明的发展和演进往往有其独特性，除了地域空间自然环境的特殊性外，人们长期以来形成的以生产生活方式为基础的思想观念、民风习俗、精神产品、社会交往和集体记忆等文化条件，成为构成地域文化特色和地域文明体特质的决定性因素。从不同尺度的地域空间来看，文明体本身具有共性与个性相统一的内在联系，更大范围的地域文明可以包含其内部既具有共性本质又具有个性特征的若干文明体。文明体本质上是以人的精神主体方式存在的文化共同体，地域范围与主体精神活动之间存在内生性关系，判断是否属于同一性的文化共同体不仅在于地理单元上的空间关联，而且在于主体精神上的文化认同。中国大地上中华文明有机统一体的历史生成和时代进阶，是中华民族文化多元一体长期交融发展的并育过程，体现了整体性与多样性的历史统一。作为地域文明学范畴的南京学，是在中华文明历史统一演进过程中的特色研究，所反映的是在中华文明母体中的局地性和文化特色表达，其主体本身就是中华文化共同体的有机构成。“文化自信来源于共同体的文化主体性，体现为随着时代发展而不断进阶的思想探索、文化创新和精神创造。”[①]南京学研究本身体现了作为地域文化主体的一种自觉，旨在为共同体新的时代创造提供系统化理论化的文明历史逻辑及其所积累的丰厚精神成果，这一成果必将进一步坚定作为主体的文化自信，以中华文化之博大格局和南京地域之鲜活底色，为城市文明建设注入自信自强的文化力量。

①曹劲松：《文化自信：把握习近平文化思想的价值内核》，《南京社会科学》2023年第11期。

二、赓续城市文脉，促进文化“双创”

南京学是以城市为核心的地域学，尽管其地域范围以当下的行政区划范围作为空间尺度，包括了城市和周边农村地区，但从根本上讲是以城市形态为中心向外辐射的空间结构，南京城市发展演化的机理是其研究重心所在。城市是一定区域范围内人口的集中居住地和交往活动地，本身构成了区域文化中心，在地域文明体的文化承载及其成果积累上集中度高，历史叙事密集且记忆丰富，成为文化审美的形象标志。南京学研究在系统性发掘城市演化机理的过程中，持续不断地将城市文脉加以梳理，彰显其内在的文化逻辑，不仅帮助人们构建更为丰富的城市文化记忆，而且促进以城市独特的文化IP结合时代技术条件，源源不断地为城市文化创新提供精神财富，实现优秀传统文化在城市现代化进程中的创造性转化和创新性发展。

（一）丰富城市叙事

城市叙事是城市文脉的基础和生动载体，在复杂的历史演进过程中，通过“人物+文物”的有机结合，将城市文明发展的历史图景生动地展现开来，成为人们认知城市历史和融入城市文化生活的重要方式。城市叙事的形式十分丰富，从传统的史志记载、文学创作、戏剧表演、口述传播、纪念建筑等，到现代的博物馆、纪念馆、元宇宙、人工智能等，其呈现方式随着时代发展不断丰富拓展，成为当代城市文化生活不可或缺的重要内容。城市叙事所反映的是城市文脉的深刻内涵，以城市叙事为基础的表达形式尽管多样，但始终离不开叙事内容的有效供给，否则再好的叙事形式只能是空泛的躯壳，无法带给人们精神上的满足。南京学在深化城市文明演进历程的研究中，以发掘城市叙事为重要的文化维度，通过科学考证和文献研究源源不断地将遮蔽于历史尘埃中的城市叙事充盈起来，逐步构建文明溯源宏观与微观叙事相结合的文脉体系，再现历史的温度与城市的厚度。让人物鲜活，让文物说话，给予城市历史时间的充分表达，可以进一步丰富城市叙事体系，让城市文脉更加细微地渗透到城市空间中来，成为人们当代城市生活的文化资本，并赋予主体以自信和创造的精神力量。生活在城市中的每个人作为城市文化共同体的有机组成，通过城市叙事将自我存在的文化意义与城市文脉赓续的时代价值有机贯通起来，在将自我融入城市当代叙事的过程中，实现文化生命意义上的自我升华，使人的精神生命更为充实、精神生活更加富裕。

（二）延展城市记忆

城市记忆是城市文脉的表达和传播条件，在城市孕育、形成、变迁和发展的历史进程中，通过对城市动态变化的各种记录向人们展现其历史脉络，不断强化这一文化共同体的集体记忆，为城市文明的代际赓续筑牢根基。同时，城市记忆本身也为城市精神和城市形象传播提供了主体精神创造的必要条件，成为共同体成员培育文化归属、塑造文化自我、扩大文化影响的丰富源泉。城市记忆既是历史形成的，也是当下建构的，因为作为记忆的主体的人始终处于能动性的精神活动中，对于所记忆的客体对象总是通过自我意识的重构加以呈现，并以理性的眼光审视与批判，得到符合其历史认知的记忆结果。南京学研究通过系统化的学理探讨，不仅对于城市文脉的科学建构提出有效的方法论，进一步廓清和充实城市历史变迁的逻辑线索和信物证据；而且将人们富有创造的认知成果加以归纳和展现，进一步丰富城市记忆的表达，使城市记忆随着时代的进步不断得到延展。城市空间作为要素充盈的记忆场域，对于延展城市记忆有着十分重要的作用，无论是历史遗址、街巷肌理、建筑群落，还是地理名称、民俗活动、纪念标识等，都为沉浸在其中的人们提供了丰富的记忆要素，结合城市叙事的人与物，不断形成场景化的具身体验，让历史记忆的场景深深地印刻在人们的脑海中。南京学以特定地域空间探究其文明演进的过程，就是要将影响地域文明发展的关键因子提炼出来，在进行文明逻辑抽象的同时，构建其生动具体的历史场景，不断提高人们对于地域文明特质的把握和城市记忆品质的淬炼。

（三）塑造城市审美

城市审美是城市文脉的价值和感受活动，凝结着人们对于美好生活的追求和向往，通过人与城市空间各种要素的身心交互，构建起一个多维度、多方面的复杂且庞大的体系。从城市文脉赓续的时空延展性上看，城市审美是人们在文明演进中持续不断加以叠加创造的过程，成为城市共同体精神生命活动的重要内涵。中国工程院院士、全国建筑设计大师孟建民认为城市审美中蕴含五大叠合特质，“包括全规模尺度要素的审美叠合、跨时代美学要素的交融、人造与自然审美的和谐统一、局域与全域审美的宏观把握，以及静态与动态审美的相互映衬”①。其中跨时代美学要素的审美就是将城市文脉中的美学要素有机融入现代城市生活之中，跨越古代、近代、现代直至当代，将不同时期的美学要素巧妙地融入城市设计，在为人们带来穿越时空的审美盛宴的同时，将城市文化之根深深地埋进人的精神土壤。当然，城市审美本身具有多维性，体现了人们在城市生活中丰富的文化想象力和创造力，而城市文脉则为主体精神创造提供丰富源泉。南京学致力于城市文脉的深度挖掘和城市审美的科学建构，融会自然与人文，贯通历史与当代，激发传承与创新，为人们建设城市文明的实践自觉提供理论向导和理性思维，其研究成果对于提升城市审美品质、塑造和谐宜居的生活环境有着直接促进作用。以城市美和城市审美关系为对象的城市美学②，亦包含于南京学研究的体系之中，成为塑造城市环境之美和人们心灵之美的智慧之钥。

三、凝聚价值共识，推动实践创造

南京学研究不仅从学理上构建地域文明演进的逻辑体系，而且从实践出发探寻推动城市文明进阶的科学路径，坚持把马克思主义基本原理同中华优秀传统文化有机结合，形成中华文明延绵发展的自主知识体系。南京学研究的实践价值面向中国式现代化的广阔前景，能够从中华文明的深厚历史积淀中进一步挖掘地域文明资源和文化发展脉络，用马克思主义激活优秀传统文化的时代价值，凝聚起奋进中国式现代化区域实践的价值共识，进而有力推

---

①孟建民：《城市审美具有多维度、多方面特性》，http://baijiahao.baidu.com/s?Id=1824278194188056853&wfr=spider&for=pc.

②冯志明：《以人民为中心的城市美学与美学城市建设实践》，《新华月报》2024年第12期。

动新时代中国城市文明建设高质量发展的历史进程。

（一）激发人文自觉

人类社会的发展是人作为能动性主体不断觉悟的知识积累与实践探索过程，并在这一过程中不断拓展人与自然、人与社会的交往关系和对自身心理活动与精神需要的意义建构，形成各种知识链、文化链、产业链和价值链等，持续提升人作为主体的意识自觉和发展自由。处于人类社会发展进程中的时代主体，在获取文明传承所凝结的智慧成果的基础上，需要以主体的人文自觉接续创造新的人类文明成果，使知识链、文化链、产业链和价值链等得到进一步延展，为人的生存与发展积蓄更为丰富的知识能量和价值创造源泉。在人类文明发展的历史洪流中，地域文明尤其是城市文明可以起到聚合资源、丰富实践、多维探路、创新引领等作用，构建起人类文明新形态。因而，作为现代城市主体的人在享受既有文明成果的同时，还需要通过社会机制所赋予人的充分条件，在融入文化共同体的过程中进一步发挥好精神能动作用，激发人文自觉，勇于开拓创新，向着实现人自由而全面发展的目标努力。南京学研究聚焦特定地域空间的文明演进逻辑，在贯通历史与时代交响的文明乐章所形成的理性认识和实践启示中，不断为人们注入人文自觉和知识自主的精神力量，促进文化共同体的价值共识和情感共鸣，以强烈的文化归属感和文明自豪感投身新时代的城市文明建设。从广义上讲，每一个南京文化共同体的成员都应当成为南京学的研究者，只有通过在文化上确定自我的意义，才能真正找到个体融入社会、创造价值的路径，在促进人的现代化的过程中实现民族复兴和国家现代化的宏伟蓝图。

（二）培育人文精神

人文精神是人类文明演进过程中逐步形成的一种对人作为能动主体的价值体认与普遍追求，体现了对人类命运的关切和精神世界的塑造，成为人面对自然与社会的理性自觉及其作为理性认知成果的价值系统。人文精神伴随着人类从早期文明一路走来，是人类历史不可分割的重要组成部分，具有传承性、发展性和创新性，并在人类代际接续的自然和精神生命活动中占据着中心地位。因而，人文精神是人类文化的灵魂与核心，也是塑造一个国家一个民族历史文化传统与时代精神面貌的强大基因，决定了文化共同体的根本特征。中华民族的人文精神深深植根于多元一体、代际赓续、延绵不断的中华文明，并随着时代之发展而历久弥新，成为中国式现代化的内生动力。《易经》有文："刚柔交错，天文也；文明以止，人文也。观乎天文，以察时变；观乎人文，以化成天下。"其中蕴含了中华先民对自然与人文的深刻理解，并强调人的精神育化和内心世界充盈对人类社会发展的普遍意义。南京学以城市地域文明演进为研究对象，既在中华文明的宏阔视域中探寻城市精神的历史生成和发展进路，又面向时代机遇与挑战凝聚城市文化共同体的价值共识，为城市现代化注入生生不息的人文力量。南京人文历史底蕴深厚，城市文化遗产丰富，对于人文精神的传承和体验有着突出的优势条件。南京学研究通过系统化的人文学理构建，能够为城市精神赓续提供有效方法和科学范式，使人们在新时代的社会实践创造中不断丰富精神自我，熔铸共同体相互尊重、彼此关怀、团结奋进的文化力量。

（三）引领人文风尚

人文精神是一个民族内蕴的文化品格，构成了国家文明的核心。习近平总书记指出："为什么中华民族能够在几千年的历史长河中生生不息、薪火相传、顽强发展呢？很重要的一个原因就是中华民族有一脉相承的精神追求、精神特质、精神脉络。"[①]城市文明作为中华文明演进历程中的一种高度集中的地域文明表达，既有来自文明母体的基因同构，也有植根于地域特征的差异化表现，体现为城市历史文脉的代际赓续和城市人文精神的有机生长。这一贯穿在城市文化生命体育化过程的人文力量，在历史发展的不同阶段塑造着特定时代主体的精神风貌，展现出一定时期社会流行的风气和习惯，形成了城市的人文风尚。人文风尚是人文精神的外化，体现了精神活动主体在不同历史条件下的社会行为，通过个体追求、社会交往、生活审美、

①习近平：《在文艺工作座谈会上的讲话（2014年10月15日）》，《求是》2024年第20期。

道德评价等诸多形式表现出来。在中华民族走向伟大复兴的现代化征程上，城市文明主体以其特有的精神积淀和文化品格彰显人文精神的力量，引领社会人文风尚，为经济社会发展注入个体价值实现的创新动能。南京学研究在揭示城市人文肌理的基础上，始终把文化生命体的时代精神培育作为重要的理论维度，通过系统化呈现城市文化的精神内核，不断强化人们的文化认同感和归属感，激发文化自信和历史自觉，在马克思主义同中华优秀传统文化的价值契合中引领人文风尚，旨在铸就文明底蕴深厚、城市特质鲜明、充满时代活力的文化生命体。

四、树立发展理念，建设城市文明

人类文明发展进程中存在着时间性、空间性、客体性与主体性、交往性、创造性相互结合、相互作用的复杂机理。在地域文明系统的诸要素中，人作为文明主体是起决定作用的核心要素，通过人的能动实践形成各种物质化与非物质化的成果，成为不同文明形态及其阶段的标识。从特定地域空间考察文明，需要将主体作为文明要素的整合者，在研究历史演进中把握其面向时代的思维逻辑和价值指向，体现文明赓续发展的主体精神力量。习近平总书记指出："一个民族需要有民族精神，一个城市同样需要有城市精神。城市精神彰显着一个城市的特色风貌。要结合自己的历史传承、区域文化、时代要求，打造自己的城市精神，对外树立形象，对内凝聚人心。"[①]南京学研究面向中国式现代化的广阔前景，通过对城市历史文脉的深度挖掘、城市人文特质的理性把握、城市文明建设的时代关照，不断提升城市文化生命体的精神境界和能量聚合，以科学的发展理念和富有时代感召力的城市精神，为建设高品质的城市文明培育主体创造力量。

（一）人与自然和谐共生

正确处理人与自然的关系，是贯穿人类文明发展始终的基础性条件，也

---

①《习近平关于城市工作论述摘编》，中央文献出版社2023年版，第110页。

是人发挥主观能动作用首先要突破的实践问题。从顺应自然、抵御自然到利用自然、改造自然，再到保护自然、人工自然，人与自然的共生过程既反映了人们在对自然认识上的经验积累和知识拓展，也体现了人类文明演进中不同历史阶段所走过的曲折道路。一方面，人对自然的利用和改造打破了原有的自然生态系统的平衡，让人们在获取物质资源和发展利益的同时，也伴随着长期生存的资源风险和灾害隐患；另一方面，人们在运用知识和技术保护和修复自然的过程中，可以为自身生存与发展选择更加适宜的路径。可见，随着知识和技术能力的提升，人们在处理与自然的关系方面正在朝向和谐共生的目标努力，但在不同地域文明以及所处的不同发展阶段上，人们的选择呈现出复杂的一面。城市文明是人类文明发展最具代表性的形态，人口的高度聚集本身就是对自然生态的巨大挑战，在获取生产生活资源的过程中，如何处理好人与自然的共生关系成为每个时代都必须首先解决的基础问题。在以科技创新引领产业创新的现代化进程中，城市文明建设更加趋向与自然建立和谐共生关系，以实现人的高品质生活条件与高质量生态条件的有机统一。南京作为现代化的大都市，其优越的自然地理环境不仅是历史古都选择此地的重要条件，而且是现代人文都市发展的自然魅力所在，人与自然和谐共生成为城市文明的底色。南京学研究在持续探寻城市文明的内在机理上，以更为清晰的学理架构将人与自然的和谐共生作为城市文明的基本原理加以呈现，为树立和坚持城市文化共同体的自然价值理念进一步夯实思想根基，促进代际接续发展的城市文明将人与自然和谐共生理念转化为可持续发展的城市实践。

（二）人与社会和睦共处

人类社会是由众多个体通过血缘、地缘、业缘等复杂关系链条构成的关系网络，人本质上是社会关系的总和，个体的生存与发展深深地嵌入在特定的社会结构之中。人与社会的关系既反映个体与个体之间的交往互动，又突出个体与群体之间的融合状态，成为社会文明发展的基本条件。罗洛·梅（Rollo May）认为人的精神能动作用的核心力量在于“每个生命肯定自己、坚持自己、延续并强大自己的原始冲动”，并作用于“一系列有组织的潜能”，是“我们建设性和破坏性冲动的共同来源”。[①]人类社会是人作为主体的创造共生过程，人创造了社会，社会也创造了人。在社会生产力发展的推动下，人与社会关系的历史演进形成了人类文明的不同社会形态。从人与社会相互作用的机理上分析，个体在融入社会、成为社会结构中有机组成的过程中，也在改造着社会，并通过群体力量的积蓄为社会发展带来变革的力量。在人与社会互嵌的文明结构中，需要通过个体间的协作实现利益平衡基础上的共同体进步，以发挥社会有序运行之于人的社会价值实现和保障的功能。这就需要从根本上树立人与社会和睦共处的发展理念，将个体社会价值实现与共同体文明进步深深地熔铸在一起。南京学研究立足城市空间地域文明演进的规律性探究，结合南京这一历史古都的社会文明发展脉络，从学理上深入剖析人与社会关系的作用机理，为人们在认识人与社会关系这一文明发展的基本条件上提供系统性逻辑建构，对于树立和巩固人与社会和睦共处的理念、推动城市文明不断迈向更高层级，既起到了主体精神培塑的固根续脉作用，又发挥着主体创造实践的伦理导向功能。

（三）人与科技和合共进

科学技术是人类文明发展取得的智识成果，也是推动人类社会进步的根本力量。在科技创新持续加速的现代社会，科技作为第一生产力的作用尤为凸显，既是城市创新发展的动力引擎，也是城市文明建设的关键性条件。在人类文明发展的历史进程中，随着知识积累和技术创新的实践应用，社会生产力及其生产方式已经从农业文明、工业文明向以人工智能为代表的“智业文明”跃迁。在走向人工智能时代的文明进程中，人与科技的关系不再是人类主体可以与技术工具相分离的简单作用关系，而是两者相互结合、互为创生的共进过程。一方面，科技作为人的创造物所展现的能力越来越强大，不仅体现为社会生产过程中所形成强大的物质力量，而且正在数字信息时代塑

①[美]罗伯特·H.阿布朱格（Robert H.Abzug）著，郑世彦、王澜译：《精神的奥德赛：罗洛·梅传》，浙江大学出版社2024年版，第384页。

造强大的精神力量；另一方面，人的生存对科技的依赖愈来愈深，人工技术物伴随着人的自然成长及社会化全过程，逐步成为人的生命体的有机组成。因而，树立人与科技和合共进的发展理念，以科技与人文双向赋能推动城市文明建设，成为时代发展的主题。南京作为科技部支持建设的引领性国家创新型城市，2024年在全球自然指数—科研城市排名中居第5位，全国创新型城市创新能力评价保持第4位，聚焦建设全球产业科技创新中心的主承载区和国家区域科技创新中心，成为科技创新要素和城市人文要素高度富集的区域文明体，其发展优势与城市特色更为彰显。南京学研究致力于城市文明体演进的规律探究，在围绕建设引领性国家创新型城市的现代化实践中，有助于将人与科技和合共进的理念融入这一过程，通过塑造科技向善的文化理念和保障机制，在为增进人类福祉提供有力科技支撑的同时，促进人的现代化与科技现代化的有机交融。

五、构建知识体系，形成南京学派

南京学作为研究地域文明的学科建构，本身具有跨学科的性质，现有学科分类体系难以将其纳入其中。地域文明研究是地理学、历史学、社会学、经济学、传播学、人类学、城市学等多个学科的交叉与综合，需要在方法论上形成新的范式，构建以地域文明系统诸要素相互作用及其整体演进为核心的知识体系。虽然目前各地域学研究的重点及学科定位存在着差异，地域学研究的独有范式还在探究过程之中，但在聚焦于地域文明要素与环境共同作用的规律性研究上基本成为共识，为推动地域学的发展形成了良好的学术氛围和学科基础。南京学突出地域文明体这一核心概念，致力于构建地域文明系统的要素结构、动力机制、运行机理和形态演进分析框架，以期为地域文明体的发展战略和管理策略提供学理性基础及实证性研究成果。从学术研究的特色上看，南京学的研究逐步形成自身的学术风格，在亚洲学、中国学等大尺度地域文明研究和北京学、上海学等城市文明研究构成的地域学研究体系中形成南京学派。南京学在地域文明知识体系建构上注重历史逻辑、理论逻辑与实践逻辑的有机贯通，将文明体时空维度与主体向度内在统一于演进规律的探究之中。

（一）探寻历史逻辑

地域文明研究首先必须面对的是文明溯源，即探寻地域文明的起源和演进脉络，通过构建文明发展的时空图景，揭示文明要素间内在的必然联系，以系统观念把握地域文明体的生命演化规律。从文明溯源的维度研究地域学，需要利用考古学成果探索文明发展的精神根脉，反映文明主体精神生命育化过程中形成的各种文化观念，将在历史长河中积淀的知识经验、文化习俗和精神品格等有机地贯通起来，找到文明共同体思想价值的历史传承逻辑。在探究地域文明体精神根脉和价值赓续的同时，通过对其空间结构的建筑格局和功能布局的历史考察，揭示出地域文明核心区的历史轴线，进而探究地域文明体空间演化的历史地理逻辑。地域文明体作为一个有机的生命系统，由各独立个体组成的共同体与其生存发展的各环境要素之间存在着紧密联系，基于对文明系统中要素的量变与质变分析，找出影响文明形态变迁的条件和关键因子，可以发现推动地域文明形态演进的历史运动逻辑。对地域文明体的思想价值传承、地理格局形成、形态演进运动等历史逻辑的探寻，有助于为人们建立充满历史和文化自信的精神意志提供科学依据，也为现代城市文明的高质量发展构建了历史坐标和前瞻方向，是人们走向文明实践自觉自省的理性之路。南京学研究立足南京地域、研究南京历史、服务南京发展，以探究南京作为地域文明体的历史逻辑为基础，不断将地域学研究引向深入，在解释城市文明的历史变迁中，致力于为人们创造城市文明新的历史实践发挥理论向导作用。

（二）提炼理论逻辑

地域学作为一个独立的学科，需要在确定地域文明体这一研究对象的同时，构建起相应的学术范式，在实证性研究的基础上提炼具有学科属性的概念体系、话语体系和方法体系，不断深化地域学的理论逻辑。虽然地域学作为综合性的交叉学科，与地理学、历史学、考古学等有着密不可分的知识联系，必然会涉及并使用各相关学科的一些基本概念和学术话语，但作为独立学科的理论体系建构，则不能满足于其他学科既有的学术表达，还需要提炼支撑自身学科建设的一系列学术范式，呈现对于地域文明演进的整体性和规律性把握。从地域文明体的研究视域出发，需要分析文明体作为以人为主体内核所形成的有机系统的各个要素，厘清文明体构成的基本单元，找出文明体孕育、成熟、赓续、发展的生命密码，科学解析文明形态的跃升机理，构建不同文明体之间的比较和测度方法，以及文明体交流、融通、共存的内外部条件，为推动人类文明发展的价值共识与共同进步架设理论桥梁。南京学以特定城市空间的文明演进为研究对象，虽然研究的着重点是城市文明，但其理论逻辑既要对城市文明的特质深度把握，又要关照不同地域范围的文明系统构成，将文明体要素集聚与能量辐射的统一性、大尺度文明系统与其内部子系统的耦合性作为理论探索的内在要求，形成与中国学、亚洲学等更大尺度地域文明的逻辑链接，为地域学从微观、中观到宏观不同空间尺度的系统性研究提供理论范式。

（三）把握实践逻辑

人类文明发展是人作为能动主体的历史实践过程，从地域学的视域研究文明体的演进需要遵循主体能力提升的实践轨迹，揭示人的社会实践方式对文明形态及其文化特征的决定性作用。中国文化史的开端可以追溯到一万年前后农业起源这一影响人类历史的重大实践变迁。“农业能够提供更多的生产剩余，支持更多的人口、更高的人口密度，由此也带来更复杂的社会组织形态，也就是‘文明’。”[①]一个国家形态的文明形成不是一蹴而就的，而是建立在若干文明化区域中心的基础上，通过文化汇聚、民族融合逐步形成的。一个国家内部的地域文明系统并非孤立地存在，而是在融入国家文明的历史演进过程中不断重组系统要素，形成与外部环境相适应的社会结构，并通过主体的实践创造持续为文明体提供发展动能。从主体实践的能动性出发，人的实践具有强大目的性，而目的和意义的确立则

①陈胜前：《溯源中国文化精神的史前根脉》，《光明日报》2025年3月19日第11版。

取决于其认知能力和文化水平的提升，在实践基础上生成的知识经验和价值观念为文明体的持续发展注入了精神生命的灵魂。随着科学革命带来社会生产实践的变迁，人类社会从农业文明走向工业文明，并进一步向“智业”文明演进，社会物质生产和精神生产方式不断迭代跃升，主体实践的价值指向、技术集成和创新成果，塑造着人类文明的发展未来。南京学立足城市文明实践的具体进路，注重从主体自觉、推进方向、创新动力等维度把握实践逻辑，在促进城市高质量发展中探索中国式现代化的城市实践规律，为聚合城市文明的发展动能不断增强共同体的实践意志力、协同力和创造力。

六、拓展文化交流，深化文明互鉴

南京学作为地域学学科体系的一个分支，既是以现代城市为空间尺度的地域文明研究，在凸显南京城市文脉特质和文明肌理的基础上，主动把握城市实践的价值定向、现实方向和未来趋向，为现代化城市建设集聚智慧和能量；又是中国学的重要组成部分，其学理性建构和方法论探索在与其他城市学研究相互学习借鉴的基础上，可以逐步深化为地域学研究的普遍性原理，为丰富中国学的理论构建作出学术贡献。以城市文明为对象的地域学构建，通过对地域文明发展进程中核心区的系统化分析研究，在揭示文明系统生成和演进一般性规律的同时，也在人类文明系统与地域性文明子系统之间以及不同地域文明体之间的相互作用关系中形成逻辑链条，有助于彰显地域特色与增进地域间文化交流的贯通，引导和加深不同主体间的文化理解，持续深化人类社会的文明互鉴，在推动文明共进的现代化历史进程中构建起人类命运共同体。

（一）彰显地域特色

地域学研究的一个重要特点就在于将学术关注聚焦于某个特定的区域空间，在综合运用各学科的理论与方法的基础上，以跨学科融合的新范式构建关于地域文明演进的理论体系，形成具有地域特色的学术方法和学理框架，丰富人们对于人类社会文明形态、文化共同体特质和社会主体实践机理等科学认知。从特定地域的文明考察出发，可以发现人类社会文明的演进既具有共性特征，又具有个性特征，是文明体诸要素在特定空间的历史时间集合，赋予了主体进行社会创造的内在逻辑。科学揭示这一逻辑是地域学研究的根本主线，对于更好地把握文明体的历史走向，提升文化共同体的精神自觉，在时代发展的进程中彰显地域特色，起到了理论向导作用。南京学研究突出南京作为中国历史上四大古都的文明叙事，立足讲好中华民族共同体故事，以历史地理和人文地理的基本视域凸显南京的地域文明形态，将中华文明赓续和历史文脉传承同城市人文气质塑造、城市精神价值弘扬有机贯通，彰显城市文明建设时代进程中的独特风貌。在中国式现代化的城市实践中，从城市自身的自然禀赋和人文底蕴出发，建设高品质的城市文明，既是克服“千城一面”的关键所在，也是中华文明多元一体、丰富多样的自信所在，成为引导人们创造美好生活的价值指向。因而，地域学的研究对于深化区域文明体系的历史逻辑，增强文化共同体的身份认同和情感归属具有强大的理论支撑作用。南京学是彰显南京地域文明特色的理论建构，更是铸牢中华民族共同体意识的理论话语。

（二）促进文化理解

地域学在以一定的空间尺度建构文明演进的逻辑过程中，本身就需要关注不同地域尺度的文明系统，探究自然地理环境下人类文明体的有机组成和发育过程，将不同地域范围及尺度下的文明系统作为学科对象。基于不同自然条件和文化背景的地域文明体，虽然有着各自的历史样态，表现出不同的文明特征及文化样貌，但彼此间存在着的一定的交互作用，并随着交互作用的强弱展现出或融合或分化的历史过程，使地域文明体之间呈现复杂的文化关系。面对地域文明发展历程中的复杂关系，地域学研究需要对地域文化共同体的形成机理深入探究，在梳理文明基因孕育及其载体传播路径的基础上，搭建不同文化共同体之间的认知桥梁，这对于人们在跨地域交往中的文化理解起到了促进作用。从主体自身的能动性考量，不同主体间总是存在着精神活动的差异，构成人与人交往的主体间性。地域文明体建立在独立主体彼此交互作用的基础上，主体间长期共同实践所产生的文化认同成为构筑文化共同体的精神纽带。存在于不同文化共同体之间的文化差异，需要主体以积极、开放的文化心态去理解不同的文化逻辑，而地域文明研究的一个重要维度就是揭示这一逻辑。南京学以南京城市文明的历史演进为研究对象，本身置于中华文明历史演进的宏阔体系之中，是以学术讲述中国故事的一个窗口，对于促进与世界其他文明体的城市对话和交往有着重要意义，为加深彼此的文化理解、消除认知隔阂起到了理性自塑的支撑作用。

（三）推动文明共进

地域学研究的展开是在世界文明体系中，从不同地域文明体的构造机理和演进逻辑出发，对“人—空—时”有机结合所形成的地域文明实践样态进行学理考察。在漫长的人类社会文明发展历史中，从文化意象到文明萌芽，从文明传播到国家实践，人自身的精神能动性持续得到激发和拓展，并随着知识和技术的积累达到一个又一个高峰。面向互联网广泛联接主体精神活动的信息社会和人工智能迅猛发展的“智业”文明，地域文明体的发展进入了一个全球创新时代，不同地域文明体之间既呈现合作深化的总体趋势，也存在竞争加剧的相互遏制，当今世界处于百年未有之大变局。地域学研究在构建地域文明的叙事逻辑中，不是孤立地进行学理建构，而是秉持比较的视域，在不同地域文明体之间搭建学术对话共性逻辑与个性逻辑，持续丰富和拓展世界文明的总体叙事框架。南京学以中国著名古都南京为研究对象，将城市文明地域性特质植根于中华文明母体性，凸显中国南方都城的历史基因和文明样貌，向世界展现长江文明的城市构造机理、发展动力机制和实践创新机遇。南京学研究与北京学、上海学等其他中国地域学研究成果一道，不断为丰富中国学研究的地域样本和具体叙事提供学理依据。面对世界百年未有之大变局，以城市为代表的中国学样本研究为与其他文明叙事交流对话提供了丰富且具体的学术表达，对于增进彼此深度理解基础上的文明共进具有推动作用，成为构建人类命运共同体的重要知识力量。

总之，南京学研究一方面以南京这一特定地域文明系统为研究主轴，着力在以文化赋能经济社会发展的城市现代化进程中提出系统性思维及其理论框架，为南京高质量发展服务；另一方面通过地域文明体理论体系的建构，在不同地域文明对话和交流中发挥知识主导和话语自塑作用，共同为人类文明包容和谐基础上的持续进步贡献中国智慧。

作者简介：曹劲松，哲学博士，南京市社会科学院院长、研究员，江苏省扬子江创新型城市研究院首席专家

“中山陵及其附属建筑”何以列入《中国世界文化遗产预备名单》

汪东明

钟山古称“金陵山”，南京古称“金陵 ”，便由此山得名。钟山又称蒋山、北山、紫金山、神烈山等，巍峨耸峙，蜿蜒盘伏，吐纳风云，饱经沧桑，是古都南京的山之主脉、水之源头、城之依托、林之渊薮，传承着悠久的历史文脉。钟山文化，产生于南京，发展于南京，辉煌于南京，是南京文化最集中、最典型的代表。钟山风景优美，陵谷深秀，名胜汇聚，拥有东吴大帝孙权蒋陵、六朝建筑遗址、明孝陵、中山陵、灵谷寺等文物古迹200余处。钟山文脉与城市文化水乳交融，浑然一体，故有中国“城中人文第一山”的美誉。

坐落于钟山南麓的中山陵，是伟大的民族英雄、伟大的爱国主义者、中国民主革命的伟大先驱孙中山先生的陵墓。中山陵墓工程1931年底完工，后陵园计划委员会聘请各方面专家，成立园林设计委员会，在周边建设了诸多纪念建筑，包括陈钧沛设计的永慕庐、刘敦桢设计的仰止亭和光化亭、顾文钰设计的流徽榭、赵深设计的行健亭、杨廷宝设计的音乐台、卢树森设计的藏经楼等。1961年，中山陵被公布为第一批全国重点文物保护单位。1982年，钟山风景名胜区被评为首批国家重点风景名胜区，2007年被评为首批国家5A级旅游景区。2003年，明孝陵被列入《世界遗产名录》。2009年，“南京中山陵园风景区”列入《第二批中国国家自然与文化双遗产预备名录》，实现了江苏省在“国家级自然与文化双遗产”方面“零”的突破。2016年，中山陵入选首批“中国20世纪建筑遗产”。中山陵同时还荣获了全国爱国主义教育基地、海峡两岸交流基地等诸多荣誉。

2023年，国家文物局下发文件通知，决定开展《中国世界文化遗产预备名单》更新工作，以完善预备名单动态管理机制、预备项目培育工作机制，建立申报世界文化遗产预备项目梯队，提炼展示中华文明的精神标识和文化精髓，增强中华文明传播力影响力。中山陵园管理局在南京市委、市政府支持下迅速组建工作专班，在江苏省文旅厅、南京市文旅局指导下，开展了“中山陵及其附属建筑”的申报工作。2024年12月，“中山陵及其附属建筑”作为“中国现代建筑先驱代表作”的唯一项目，被正式列入更新后的《中国世界文化遗产预备名单》。“中山陵及其附属建筑”之所以列入《中国世界文化遗产预备名单》，除了其具有的突出普遍价值外，还得自于钟山千百年来深厚的历史文化积淀。

一、钟山文脉的历史传承和绵延

钟山与石头山遥遥相对，俨然两座天然屏障，扼守金陵门户，以诸葛亮口中的“龙盘虎踞”，成为南京的象征。自战国时期出现南京“王气”的传说，钟山便以融结地气的山川形胜受到关注，楚王埋金以镇王气、秦始皇凿损钟山地脉改“金陵”为“秣陵”，固属迷惑流俗的虚妄之举，钟山文脉却借以萌发。吴主孙权以金陵“地有其气，天之所命”，改“秣陵”为“建业”，定都于此，让这座本属默默无闻的长江下游城市很快崭露头角，一跃成为南北分裂、对立状态下南方的政治文化中心。安葬孙权的钟山蒋陵，成为今天的“天下第一梅山”——梅花山。孙权为尊崇蒋子文而立的祠庙，历史上备受尊崇、声名煊赫，后称“蒋王庙”，今天地名尚存。

自汉末三国以来，天下大乱，学术文化主要依赖各地世家大族得以传授。[①]西晋末年，衣冠南渡，北来大族人士成为司马睿、王导以南京为都城

---

①陈寅恪：《崔浩与寇谦之》，收入《陈寅恪集·金明馆丛稿初编》，生活·读书·新知三联书店2001年版，第147、148页。

建立东晋政权的主要支柱，逐渐孕育出灿烂辉煌的“六朝文化”，与晦暗混乱的政治形成鲜明的对比。南朝时期，士族与皇权“共天下”的局面逐渐改变，随着国家控制力的加强，浙东会稽、江西庐山等地的士族、僧人逐渐向建康集中。[①]秦淮河南岸的乌衣巷，以及分布在其附近的贵族宅第园池，佛寺寺院如瓦官寺、长干寺等，本是建康都城的文化中心所在。刘宋之后，都城文化中心则渐次从秦淮河南岸向北岸，转移至钟山及山麓、钟山余脉覆舟山与鸡笼山一线以南的广阔区域。皇室、贵族、名士、隐士和僧人，往来于钟山王侯宅邸、大臣园宅、隐舍学馆、深山古刹与皇宫大内之间，或为文赋诗、清谈玄言，或讲经论道、品藻人物，使“钟山文化区”逐渐成为都城文化的重心所在。[②]

随着建康郊外空间逐渐园宅化，齐武帝萧赜次子竟陵王萧子良所建“西邸”和园墅聚集的“东田”对举，成为钟山文化区的双子星座，谢朓名篇《游东田》体现了摆脱玄言诗影响后清新俊秀的风格，沈约《郊居赋》展现出他晚年的内心世界。钟山上定林寺名僧辈出，译经传法，成为建康佛教的中心之一，北凉王族安阳侯沮渠京声在这里译出《佛母般泥洹经》；释僧柔的弟子法云、智藏、僧旻各自撰《成实论义疏》，合称“成实论三疏”；律学大师僧祐在这里完成了中国现存最早的佛教文献目录《出三藏记集》；刘勰在这里撰写了文学批评巨著《文心雕龙》；临川王萧宏所造上定林寺经藏，使上定林寺与华林园、建初寺成为建康三大佛教经藏收藏之所；昭明太子萧统编纂《昭明文选》之际，也常到钟山太子岩读书休憩；南朝审音文士与善声沙门在这里合作发明“四声”，推动了中国古体诗向格律诗演变的关键转折。2001年8月，南京市文物研究所与中山陵园管理局文物处对南京钟山六朝坛类建筑遗址的考古发现被国家文物局评为“2000年全国十大考古新发现”之一。2006年6月，遗址被定名为“钟山建筑遗址”，列入第六批全国重点文物保护单位。

---

①胡宝国：《将无同：中古史研究论文集》，中华书局2020年版，第202—210页。
②刘淑芬：《六朝的城市与社会》，南京大学出版社2021年版，第166—174页。

从六朝到隋唐，南京经历着频繁的改朝换代，唐人或生长于此，或仕宦于此，或羁旅于此，或途经于此，都被古都金陵独特的气质吸引，留下了数不尽的诗文遗迹、佳话传说。而在这些对金陵篇帙浩繁的吟咏中，钟山往往是不可或缺的抒情背景。昇州刺史颜真卿为钟山开善寺吴道子所画宝志像题写了李白所作《宝公赞》，寺僧刻为一碑，世称“唐贤三绝碑”①。颜真卿还为韦渠牟在钟山的隐居之所题写了“遗名先生三教会宗堂”匾额。安史之乱后，天下裂于方镇，江南成为中央的主要财赋来源地。五代时杨行密养子徐知诰掌控杨吴大权，后在金陵称帝，复姓李，改名李昪，建立了南唐政权。李昪创延宾亭以待四方之士，创造了金陵光彩夺目的文化成就。金陵文学以词的成就最为突出，南唐中主李璟和后主李煜身体力行，提倡诗词创作，李煜自号“钟隐”“钟峰隐者”“钟山隐者”“莲峰居士”“钟峰白莲居士”②，对钟山的向往自不待言。

南京本以自然形胜见长，嵯峨的钟山见证着这座城市自六朝以来的几多风雨，江山形胜与历史沧桑相互呼应，使诗人的笔下平添深沉豪壮、抑郁苍凉之气。其中，尤以隐居于此多年、歌哭于斯的北宋名相王安石最能得钟山之情致。王安石于景祐三年（1036）随通判江宁府的父亲王益赴任江宁（今南京），从此，南京成为王安石的第二故乡，他从这里出发，开始了起伏不定、波澜壮阔的宦海生涯。二次罢相后，彻底厌倦政坛的王安石选择归隐钟山半山园，在钟山定林庵建昭文斋读书休憩。米芾为其题额，李公麟为他画像，钦佩其人品学问的黄庭坚也曾到访，从前的政敌苏轼专程来访，两位文化巨人在这里一笑泯恩仇。王安石漫游钟山，寻幽探胜，流传至今的王安石诗歌有数百首与钟山有关，蔚为大观。王安石不但葬父母、兄弟于南京，葬四弟王安国、爱子王雱于钟山，还将钟山作为自己的百年之地。北宋末年以

①[宋]周应合纂：《景定建康志》卷三十三《文籍志一·石刻》，南京出版社2009年版，第861页。

②[宋]米芾撰，刘世军、黄三艳校注：《画史校注》，广西师范大学出版社2020年版，第72页。

后，奠谒王安石墓成为风俗，士大夫行经金陵，无不上荆公坟者。[①]南宋乾道元年（1165），王安石学生陆佃的孙子陆游经过建康，为寻访王安石遗迹冒雨游定林庵，题壁文字被僧人移刻摩崖，留存至今。

明代初年，明太祖朱元璋亲赴钟山选择独龙阜玩珠峰为万年吉地，修建孝陵。将远在独龙阜的宝志和尚墓塔及蒋山寺（原开善寺）东迁建灵谷寺，赐号“第一禅林”。[②]明朝谒陵制度严格，各亲王自封藩国进入南京，俱须谒陵。明末清初，南京钟山孝陵、北京天寿山明帝王陵成为明遗民寄托旧有政治认同和前朝记忆的符号。清朝建立后，为巩固其统治，缓和矛盾，清政府多次派遣官员祭谒明孝陵，清圣祖玄烨、清高宗弘历甚至在南巡时亲自前往明孝陵行礼拜谒。清末，许多反清志士如于右任、高旭、何亚君等来到钟山，拜谒明孝陵，借以抒发反对清朝统治的革命义愤。

清末以来，人们逐渐将元明鼎革视为一场伟大的革命。以孙中山先生为代表的革命党人，从一开始就以“光复中华”相号召，把明太祖朱元璋视作他们的精神偶像。1912年1月1日，孙中山在南京宣誓就职临时大总统。2月15日，亲自率领临时政府文武官员赴明孝陵，祭奠明太祖朱元璋，发表了一篇祭文，并宣读了一篇谒陵文。[③]1912年3月10日，已经辞去临时大总统之职的孙中山与儿子孙科、秘书胡汉民、侍从长郭汉章等人到紫金山行猎，对左右表示：“待我他日辞世后，愿向国民乞此一抔土，以安置躯壳尔。”[④]关于此事，1926年出版的《孙中山轶事集》记载：

---

①[宋]周煇撰，秦克校点：《清波杂志》卷十二“王荆公”条，上海古籍出版社2012年版，第160页。

②[明]仪铭：《景泰志序》，收入[清]甘熙编修，[清]谢元福增辑，佚名增补《灵谷禅林志》卷十一《杂著三》，南京出版社2019年版，第186页。

③[民国]孙中山：《谒明太祖陵文》，收入中国社会科学院近代史研究所中华民国史研究室、中山大学历史系孙中山研究室、广东省社会科学院历史研究室编《孙中山全集》第二卷，中华书局2011年版，第100、101页。

④王鹏善主编：《钟山志》，南京出版社2009年版，第147页。

> 中山先生当民元之初，在南京任第一任临时大总统时，曾与参军某游览紫金山，甚爱该处形胜，当语某参军云：“安得结庐此地，以息余年。”某参军当谓：“总统如有所欲，安得不遂。”先生谓：“我身安有休息之时，候他日逝世，当向国民乞此一块土，以安置躯壳耳。”①

1925年3月11日，孙中山临终前一天，遗言明确提出要葬在紫金山：“约十时，吴稚晖、李石曾、于右任等于客厅偏室之南室，贴一治丧主任办事处条，以决一切。十一时，吴手书一纸，略谓‘总理遗嘱须保存遗体，已由哲生（科字）与协和院商定……又先生遗嘱葬于南京紫金山’。纸贴于招待大厅。黄膺白曰：‘最好葬于景山。’精卫曰：‘吾初意亦如是，惟先生之遗嘱如是，殆示当年南京改革未彻底之意耳。’”孙中山弥留之际重申选择葬于钟山，无疑与他对朱元璋所领导革命的认可、对明孝陵文化内涵的认同有关，而他的理念和追求又超越了朱元璋的境界。

二、中山陵及其附属建筑的突出普遍价值

孙中山在北京逝世后，遗体暂厝北京西山碧云寺，遵照孙中山先生的遗愿，北京治丧活动结束后，即着手在紫金山兴建中山陵。葬事筹备处认识到，“先生之陵墓为人群之公物，非有坚朴雄厚之建筑，无以纪念此崇高伟大之人格……先生陵墓不特为民族史上之伟大永久纪念，即在中国之文化与美术上亦有其不朽之价值”。因此，中山陵的设计方案“纯取公开态度”，“期合海内外美术专家之心思才力以计划此空前之建筑”，举办面向国内外的公开建筑竞赛，征集最佳的陵墓设计方案。1925年5月15日在《申报》《民国日报》《广州民国日报》等处刊登启事，其间共收到国内外应征图案40多种，葬事筹备委员会组织评判委员会，评判委员由葬事筹备委员和孙中

①三民公司编纂：《孙中山轶事集》，三民公司1926年版，第196页。

山家属代表组成，聘请中国画家王一亭、南洋大学校长凌鸿勋、德国建筑师朴士、雕刻家李金发为评判顾问。1925年9月20日下午召开孙先生家属及葬事委员联席会议，决定得奖名单为：头奖，吕彦直；二奖，范文照，三奖，杨锡宗。[①]王一亭认为吕彦直的图案中“墓在祭堂后合于中国观念”，建筑朴实坚固，“形式及气魄极似中山先生之气概及精神”[②]；朴士认为其“与评判要点第一项观念最合，对其他各项，亦极能合格”；凌鸿勋认为此案“全体结构简朴浑厚，最适合于陵墓之性质及地势之情形，且全部平面作钟形，尤有木铎警世之想。祭堂与停柩处布置极佳，光线尚足，祭堂外观形式甚美”[③]。只有李金发认为图案“较少夺目之处”，建议将其评为二奖。[④]

吕彦直（1894—1929），1918年12月获得康奈尔大学学士学位后，前往茂飞在纽约的事务所任绘图员两年，1921年初回到中国，就职于茂飞在上海的事务所，同年加入过养默、黄锡霖开设的东南建筑公司，不久在上海开设彦记建筑事务所。吕彦直的中山陵设计方案借鉴了西方一些著名建筑物的设计手法，最初想模仿的对象是巴黎恩瓦立德新教堂内的拿破仑墓，后来决定参考中国传统的墓葬形式，保留了如同纽约格兰特墓和巴黎拿破仑墓那样的下沉式的墓圹。祭堂的设计，模仿了林肯纪念堂的空间构图，祭堂的矩形平面和双列柱廊即反映了这个著名建筑典范的影响。祭堂内四周墙上镌刻孙中山遗嘱文字的做法，模仿的是镌刻葛底斯堡演讲词的林肯纪念堂。得知葬事筹备处决定定制一座孙中山坐像后，吕彦直于1928年明确提出：“孙氏铜

---

①孙中山先生葬事筹备处：《孙中山葬事筹备及陵墓图案征求经过》，收入南京市档案馆、中山陵园管理处编《中山陵档案史料选编》，江苏古籍出版社1986年版，第15页。

②王一亭：《王一亭关于陵墓图案评判报告》，收入南京市档案馆、中山陵园管理处编《中山陵档案史料选编》，江苏古籍出版社1986年版，第157页。

③凌鸿勋：《凌鸿勋关于陵墓图案评判报告》，收入南京市档案馆、中山陵园管理处编《中山陵档案史料选编》，江苏古籍出版社1986年版，第161页。

④李恭忠：《中山陵：一个现代政治符号的诞生》，生活·读书·新知三联书店2019年版，第160页。

像，安放祭堂内，与华盛顿林肯祭堂相似。"[①]吕彦直设计的祭堂"正立面为重檐，矗立于低平的方形基座之上。在水平方向，祭堂立面为古典主义的'三段式'构图，左右对称，两边各有一个突出的墩台，中轴线的四柱廊庑之后为三扇拱形门，与巴黎大凯旋门一样，适成一几何上的正方形。祭堂的中间部分——三扇拱门和重檐顶——构成一个矩形，宽高比例为3：5，两边部分各占五分之一的比例。他设计的石柱牌坊高宽比例为2：3，与佛罗伦萨的巴齐礼拜堂这一文艺复兴时期的经典作品一样。2：3和3：5这两种比例，都在斐波那契数列之中，与正方形一样，都是西方古典式建筑所偏爱的理想比例"[②]。为赋予祭堂外观"中国古式"，吕彦直采用了坡檐、曲面屋顶、琉璃瓦、斗拱等传统装饰母题，为了突出祭堂规模或高度，吕彦直的设计借鉴罗马凯旋门传统，总体构图与凯尔西和克瑞设计的华盛顿泛美联盟大厦尤其相似，后者是1907年竞赛的获奖作品，也是20世纪初美国最著名的建筑之一。

因社会各界对孙中山先生的纪念和缅怀，中山陵周边又先后建设了音乐台、光华亭、仰止亭、流徽榭、永慕庐、行健亭、藏经楼等附属建筑。这些建筑与中山陵类似，外观保持了中国传统建筑风格，建筑材料、建筑技艺则大量采用西式，中西合璧同样是这些建筑的共同特征。

中山陵及其附属建筑承载中华民族近代以来经历和创造的历史，已成为"全民共享、保存、展示记忆的装置，为民族和国家提供认同的资源"[③]，集中展示了近代中西文明互动融合的过程，对近代中华文化圈、东亚建筑和艺术产生了重大影响，其突出普遍价值主要体现在物质性、符号性、功能性三个方面。

中山陵及其附属建筑物质性方面的突出普遍价值表现在：其现在建筑材

---

①Lü, Y.C.,"Memorials to Dr.Sun Yat-sen in NanKing and Canton", China Weekly Review,10 Oct.1928, pp.70-72.

②赖德霖：《民国礼制建筑与中山纪念》，中国建筑工业出版社2012年版，第138页。

③张力：《南京东郊纪念性场所及中山陵研究》，东南大学2019年博士论文，第71页。

料的脱胎换骨区别于传统建筑砖木结构的旧制，并由材料的转变引发建筑结构体系和构造方式的改变，在坚固耐久的前提下展现中国传统建筑的外观的美学和神韵，实现了传统样式的复兴重生。其卓越的建筑艺术成就与中国近代建筑业（设计艺术、工程技术、建筑材料和业态）转型发展密切相关，启发东方近代建筑的发展，影响极为深远。

中山陵及其附属建筑符号性方面的突出普遍价值表现在：中山陵及其附属建筑作为一个特殊的象征符号，与中国近代历史进程密切相关，从而对人类近代历史进程具有重大意义，产生巨大影响。随着观光旅游的普及，这一象征符号所承载的核心记忆，通过“谒陵”观光活动，不断跨越空间的距离，在不同地域的人群中弥散开来，并穿越时间的帷幕，在不同代际的人群中传承下去，嵌入日常生活深处的集体记忆，在日常生活的循环往复中，在经历时间的流逝后，沉淀为一种具有长久生命力、能够不时被唤起的文化传统，在新时代不断得到延续和升华，回应着人们对一个统一、富强、民主、开放并且热爱和平的现代国家的期待和全人类的追求。

中山陵及其附属建筑功能性方面的突出普遍价值表现在：一盘散沙不是一个民族，基于共同历史记忆和未来展望的精神共识，才是凝聚民族精神的关键。精神共识的形成，有赖于各项公共文化建设尤其是有形的物化场所、公共纪念建筑，中山陵即属于这类近代公共纪念建筑。与欧美各国的近代公共纪念物相比，中山陵的公共纪念内涵在具有庄严性和精英属性的同时更具世俗性和大众属性，在增强民族自豪感、增进民族认同方面发挥的作用更加突出。

中山陵及其附属建筑融合了古典与近代、中国与西方、庄严与世俗的元素，凝聚了从传统王朝向近代民族国家转型的多元经历和体验，堪称人类近代历史变革所留下的标志性文化遗产。中山陵文化内涵的关键词为“和合”，包含调和（conciliation）、和解（reconciliation）、合作（cooperation）、融合（fusion）、和谐（harmony）、和平（peace）等，既体现了悠久深厚的中华优秀传统文化，又反映了近代西方文明的浸染，代表了大航海时代以来中西文化碰撞融合的高峰。这种文化内涵，不仅是人类历史上一个重要时代集体经历和记忆的浓缩，而且对于当代中国和世界的和平发展仍然具有重大现实意义。

三、中山陵及其附属建筑申报世界文化遗产的意义

中山陵及其附属建筑作为反映近代世界历史变迁的标志性文化遗产，“将以钢筋混凝土结构为代表的西方现代建造体系，灵活运用在中国传统式样的建筑语汇之上”[①]，是高超的技术与艺术完美结合、伟大的精神与建筑高度融合的经典作品。中山陵及其附属建筑申报世界文化遗产，深度契合“三个有利于”要求。

首先，有利于突出中华文明历史文化价值。孙中山先生的思想理论和伟大实践，承接了中华民族数千年勇于斗争、不懈奋斗的优秀传统，并与近代以来的革命运动相结合，成为中华文明在中国近代的重要体现，细致入微地融入中山陵及其附属建筑之中。

其次，有利于体现中华民族精神追求。中山陵及其附属建筑均为近现代最顶尖的中外建筑师的作品，是中国近代建筑史上融贯古今、中西合璧的经典作品，具有里程碑意义，体现了中国人民在近代中国社会转型之际对中华民族精神进行传承和弘扬的努力。

再次，有利于向世人展示全面真实的近代中国和现代中国。中山陵及其附属建筑的本体、生存环境保护状况良好，凝聚了几代人的心血，具有时代特征性、文化经典性、丰厚内涵性、世界意义性，有利于向世人展示近代以来的中国。目前，每年前来参观拜谒的海内外观众近2500万人次，成为世界了解南京和中国的一个重要窗口。

根据《世界遗产公约》精神，世界文化遗产应该对人类文明整体有不可替代的贡献，促进文明文化间和平交流与共同发展，为当代和后世提供创造

①张力：《南京东郊纪念性场所及中山陵研究》，东南大学2019年博士论文，第176页。

力和精神资源，中山陵及其附属建筑申报世界文化遗产，也有这方面的意义。中山陵及其附属建筑以现代建筑技术展现“中国固有之形式”，明确传达了传承固有文明并加以推陈出新的立场和姿态，作为我国近代杰出的开放式公共纪念建筑，将人物精神与建筑精神高度融合，成为近代建筑史上中西建筑文化碰撞融合的传世之作，在中国建筑史上具有里程碑意义。中山陵及其附属建筑蕴含的建筑文化内涵，既继承悠久深厚的中华优秀传统文化，又涵摄吸纳开放包容的现代文明，代表了近代以来中西文化碰撞融合的高峰。其“整体结构和细部装饰，成功营造出一种古朴淡雅、宏壮开阔、贴近自然的氛围，突出了一个纳天地之正气、取中外之精华、继承往而开未来的形象”①，表达了人们对这种伟大、高远境界的推崇和期许，以及对于人类文明共同发展、和平交流的期待。

中山陵及其附属建筑申报世界文化遗产，对当代社会可持续发展尤其是生态环境保护，也有着积极意义。中山陵及其附属建筑作为钟山风景名胜区自然人文景观的代表，是中国传统文化中尊重自然，人与自然、建筑与自然和谐统一的集中体现。3月12日是孙中山先生逝世纪念日，也是中国的植树节。1912年，应金陵大学之聘来南京任教的美国教授裴义理（Joseph Bailie）倡议垦荒造林，安置因长江水患而流落南京的灾民以工代赈，并联合江苏、安徽士绅，发起组织义农会，孙中山支持并第一个在发起书上签名。政府拨出太平门外钟山北麓及青龙山荒山4000亩，任其自领，以谋生计。义农会又得到唐绍仪、黄兴、黎元洪、程德全、袁世凯等30人的签名支持，定名为“华洋义赈会”。②1912年5月，北洋政府设立农林部，下设山林司主管全国林业行政，规划造林护林。1914年11月，颁布了六章三十二条的“森林法”。1915年，裴义理即向农商部长张謇的秘书韩安写信，提出设立清明日

①张力：《南京东郊纪念性场所及中山陵研究》，东南大学2019年博士论文，第92页。
②南京市政协文史资料委员会：《中山陵园史录》，南京出版社1989年版，第5、6页。

为中国植树节的建议。[①]同年7月，北洋政府农商部所呈《拟定清明为植树节请以申令宣示全国俾资遵守文》获袁世凯批准，于1916年清明开始实行。[②]孙中山的《建国方略》提出了在中国北部和中部大规模进行植树造林的设想，规划了中国林业发展的蓝图。1924年，孙中山在广州演讲时也指出：“我们研究防止水灾旱灾的根本方法，都是要造森林，要造全国大规模的森林。”[③]

1925年4月孙中山先生去世后不久，北京各学术团体就开始“组织种种永久纪念”，于清明日植树节开始建造中山林，并希望每年如此，逐步推广，以“成为伟大之森林”。同时，广东大学农科院在该院栽植“中山纪念林”，省署特发出布告进行保护，这是栽植中山纪念林的最早倡议与行动。[④]这些建议与实践，促使国民政府将建造中山纪念林纳入植树节活动，借以拓展实践坐标中植树节的空间意义。1928年3月12日是孙中山先生逝世三周年纪念日，国民政府在中山门外举行了盛大的植树活动。鉴于孙中山先生生前对裴义理创办义农会在紫金山垦殖造林的支持，经陈嵘教授建议，国民政府于1928年4月7日通令全国“嗣后旧历清明植树节应改为总理逝世纪念植树式”，改定每年3月12日为植树节。1979年2月，第五届全国人大常委会第六次会议做出决定，再次明确每年的3月12日为全国的植树节。中华人民共和国成立后，中山陵所在的紫金山进行全面绿化造林，森林培育和园林建设成效显著。如今紫金山森林面积达到2300多公顷，森林覆盖率达到76.8%，并于2004年3月1日正式挂牌成为国家森林公园，对生态环境保护具有重要的示范价值，为南京的文化、旅游、生态、现代服务业发展等提供了契机。

---

①杨绍陇、黄红：《近代中国植树节倡设者之考证》，《南京林业大学学报（人文社会科学版）》2022年第3期。

②汪东明主编：《明孝陵新志》，南京出版社2023年版，第178页。

③林红：《漫话植树节》，《内蒙古林业》1981年第3期。

④陈蕴茜：《崇拜与记忆：孙中山符号的建构与传播》，南京大学出版社2009年版，第258—273页。

四、规划先行的依法保护与管理工作

中山陵园管理局是中山陵的保护管理机构，为南京市政府直属正局级事业单位，依法对陵园行使政府管理职能。中山陵园管理局较好地完成了中山陵及其附属建筑的各项保护与整治工作，展示利用水平也显著提升。1987年，南京市人民政府将中山陵东侧的藏经楼辟为孙中山纪念馆。2009年，对中山陵主体建筑、周边环境及附属纪念建筑等进行大修，更换了陵门屋面全部琉璃瓦以及碑亭、祭堂有破损的琉璃瓦；修缮了台阶、广场，并维修了四组纪念建筑。2011年6月，对中山陵进行全面维护保养修复，对卧像缺损部分进行了修补。2017年，组织对碑亭进行修复，2018年5月完工。2022年12月，在嘉麟楼实施的孙中山纪念馆改陈布展工程完成并面向公众开放。改陈后的《世纪伟人——孙中山生平史迹展》基本陈列，以孙中山先生为实现中华民族伟大复兴进行的不懈探索，中国共产党与他的真诚合作、对他革命事业的继承和超越为主线，较为全面客观地反映孙中山先生爱国、革命、奋斗的一生。2024年，对祭堂屋顶进行了维修。

中山陵园管理局历来重视文化遗产及文物古迹的依法保护。1996年，南京市人民政府批准通过了《中山陵园风景区管理办法》。经江苏省第九届人民代表大会常务委员会批准，《南京市中山陵园风景区管理条例》于1998年10月1日起执行，2004年7月1日，《条例》修改后经批准正式施行。2010年，《条例》经第二次修正，更名为《南京市中山陵园风景区保护和管理条例》，2011年1月1日起施行。《南京市中山陵园风景区保护和管理条例》在风景区规划建设、保护管理、法律责任等方面作了详细规定，对中山陵园风景区的范围界定、保护控制区域、规划和建设、保护和管理以及法律责任，都有科学解释和明确规定，对文物古迹资源和自然土地、林木资源的保护，订立了详细的法律责任及赔偿处罚条款。

中山陵园管理局坚持以规划为龙头，为各项工作的开展提供指导原则和科学依据。1996年，《南京钟山风景名胜区总体规划大纲》获国务院正式批准。2002年8月，《中山陵园风景区旅游发展总体规划（2002—2020）》，由南京市旅游事业指导委员会审批通过。2004年4月12日，江苏省建设厅正式批准《钟山风景名胜区中山陵园风景区详细规划》，并报国家建设部备案。2004年，《钟山风景名胜区外缘景区规划设计》获得南京市人民政府批准。2005年以后，中山陵园管理局陆续编制完成了《中山陵、明孝陵核心区保护规划》《中山陵园风景区生物多样性保护规划》《中山陵园风景区生态风景林建设规划》《中山陵园风景区旅游发展规划》等一系列专项建设规划。2023年1月，中山陵园管理局制订的《钟山风景名胜区总体规划（2021—2035）》文本已由江苏省林业局上报国家林业和草原局，并已根据国家林业和草原局再次反馈的意见完成修改待批复。目前，中山陵园管理局委托东南大学建筑设计研究院制订的《中山陵保护规划（2019—2035）》已报送至国家文物局审批。

五、如何提升保护、管理、研究和展示水平

党的十八大以来，习近平总书记多次就世界文化遗产的申报与保护发表了一系列重要讲话，提出了明确指示要求。中山陵园管理局将坚持以习近平新时代中国特色社会主义思想为指导，深入学习贯彻习近平文化思想，以及贯彻落实习近平总书记关于加强文化和自然遗产保护传承利用工作的重要指示精神，遵循“保护第一、加强管理、挖掘价值、有效利用、让文物活起来”的新时代文物工作方针，进一步做好“中山陵及其附属建筑”各项保护管理工作，确保“申遗”全过程顺利推进，全面提升其保护、管理、研究和展示水平，充分展现其历史、文化和艺术价值，进一步激发文化活力，增强中华文明传播力影响力，重点任务包括以下几个方面。

第一，夯实保护管理基础工作。一是完善保护管理相关规划。结合世界文化遗产申报要求，进一步修订完善《中山陵保护规划（2023—2035年）》，加快修订方案的编制和审批、公布工作。二是健全保护管理工作机制。明确各部门职责分工，形成高效协同的工作体系；制定详细的保护管理流程和操作规范，加强文化遗产日常巡查和定期检查；推动信息化管理，利

用现代技术手段提升保护管理的精准性和效率；定期开展培训和交流，提升管理人员专业素质。

第二，持续开展遗产价值挖掘、研究和阐释。一是深入挖掘遗产价值。优化中山陵遗产价值内涵表述，论证申报工作路径；优化孙中山纪念馆常设展览展陈；建设“中山陵遗产档案中心”，梳理完善文保单位“四有”档案，理清遗产要素；开展旅游研学、非遗体验等社教活动，增强公众尤其是青少年的文化遗产保护意识，深入促进文旅融合。二是加强学术研究交流。成立“孙中山学术研究中心”；出版《中国世界文化遗产预备名单项目暨中国20世纪建筑遗产：中山陵》等研究成果；启动筹备第36届孙中山宋庆龄纪念地联席会议。三是开展纪念孙中山先生逝世100周年系列活动。策划举办“纪念孙中山先生逝世100周年书法名家邀请展”暨“翰墨飘香、敬忆伟人”书画笔会；举办辛亥志士后裔文物史料捐赠暨座谈会、《百年崇思——纪念孙中山先生逝世100周年文物特展》；策划中山陵祭堂参观等待区《孙中山与中山陵历史图片展》；继续举办“中山思享荟”专题讲座等。

第三，加大文物保护修缮力度。有序组织开展中山陵祭堂、音乐台、孝经鼎、藏经楼、行健亭、流徽榭、永慕庐等建筑本体及附属建筑的保护修缮和监测工作；建设完善中山陵文物安防系统、遗产监测系统，让文物保护不留死角，同步做好遗产周边环境整治等工作。

第四，加强文物保护与利用的行业交流。一是与国内外知名博物馆、研究机构建立长期合作关系，定期举办学术研讨会和文物展览。二是开展国际文化交流活动，通过文物巡展、文化讲座等形式，向世界展示中山陵的历史文化价值，增强其在国际上的知名度和影响力。三是策划开展“中山陵及其附属建筑”申遗系列宣传活动，举办市民座谈会，广泛征集群众意见，提高公众参与度。

第五，推动保护利用传承以及展示利用方式融合创新。一是结合拜谒中山陵的历史线路，紧扣陵园路至中山陵陵寝建筑的展示核心，辅以纪念建筑为核心的周边遗存，形成中山陵完整的参观游览展示线路。二是建立文物数字化平台，利用现代科技手段对中山陵各类文物建筑进行数字化保护展示，方便更多人了解欣赏中山陵历史文化遗产。

中山陵园管理局将始终坚持高质量发展这一首要任务，以“中山陵及其附属建筑”列入《中国世界文化遗产预备名单》为契机，全面对标世界级旅游景区标准，守正创新，优化结构，升级文化旅游产品和供给模式，满足市民游客多样化需求，塑造钟山风景区国际化形象，提升生态保护和文化旅游融合的综合效益，推动建设世界级旅游景区和全民共享生态文化空间，在推进中国式现代化南京新实践中传承钟山文脉、展现钟山作为、贡献钟山力量。

作者简介：汪东明，中山陵园管理局局长、党组书记

文旅消费驱动型城市更新的空间生产机制
——基于南京老门东历史街区的实证研究

李惠芬　何　淼

摘要： 本文聚焦文旅消费驱动历史街区更新后的空间生产这一核心问题，构建场景、业态与生态三维分析框架，解读文旅消费驱动下南京老门东历史街区的空间生产机制。研究发现，通过营造怀旧场景与塑造场所精神，历史街区的文化记忆实现了场景化再现；依托传统基因与文旅消费相结合的价值传递链，文化资源实现了向文旅消费品的现代性转化；通过搭建复合型空间网络，推动街区生态跨维度融合，为历史街区更新提供新的实践范式。

关键词： 文旅消费；城市更新；空间生产；老门东历史街区

在新型城镇化从“规模扩张”向“内涵发展”转型的语境下，文旅消费作为城市更新的重要文化治理工具，以其独特的价值激活能力，正重塑着历史街区空间价值再生产的范式。住建部首批城市更新典型案例中，近半数项目采用了文旅赋能路径，凸显了文旅融合在历史街区更新中盘活存量、创造内需、激发活力等维度的独特优势。老门东是南京历史发展“活”的见证，其更新历程映射了我国城市更新范式的深层变革：实现了从“拆改留”转向“留改拆”的制度演进，从建筑本体保护到文化生态系统完善的理念跃迁，从物质空间更新到文旅场景营造的范式转型。本文基于空间生产理论，构建场景、业态与生态三个维度的分析框架，解构文旅消费驱动下南京老门东历史街区的空间生产机制，力求在实践层面提炼可迁移的更新范式，为同类型历史街区更新提供可复制、可借鉴的经验。

一、文旅消费驱动型城市更新的空间生产逻辑

（一）文旅消费驱动型城市更新的内涵建构

作为城市象征经济的一部分，文化旅游不仅是文化空间和消费服务的再生产，还是城市更新再生、经济复苏、意象重塑、地方认同的策略。[①]随着文化消费时代的来临和人文经济的快速发展，文旅产业与城市更新紧密关联，依托于现代服务业的城市更新代表了世界发展的潮流与方向。[②]

空间是承载了各种消费符号的文化意义矩阵。历史街区是文旅消费的重要空间，通过符号解码、场景营造、游客的消费实践等，推动街区在更新中实现再生产。国际现代建筑协会于1933年制定的《雅典宪章》提出的“游憩功能”奠定了文旅空间生产的原始基因，而克拉克的“场景理论”则揭示了消费符号对空间价值的重构机理。场景理论认为，消费对城市发展的重要性开始逐渐超越生产，作为文化活动的载体设施及由此带来的愉悦消费实践驱动着城市的发展。[③]在“文化供给侧改革”与“消费需求升级”的双向互动中，历史街区更新一方面通过深度挖掘地域文化基因库的符号价值、文旅消费场景，打造盘活旧城腾退空间，使之成为兼具文化体验、休闲娱乐、时尚餐饮、特色零售等多元功能的活力空间，[④]满足居民与游客的“人

①谢涤湘：《城市更新背景下的文化旅游发展研究——以广州为例》，《城市观察》2014年第1期。

②汪霏霏：《人民城市理念下文旅产业赋能城市更新的机理和路径研究》，《东岳论丛》2023年第5期。

③吴军、夏建中、特里·克拉克：《场景理论与城市发展——芝加哥学派城市研究新理论范式》，《中国名城》2013年第12期。

④何淼、宋伟轩、汪毅：《文化赋能城市更新的理论逻辑与现实路径——以南京老城南为例》，《自然资源学报》2025年第1期。

本需求”；另一方面超越物理空间改造，通过技术赋能构建虚实交融的文化感知系统、叙事重构激活文化记忆的当代价值，将历史空间从“空间生产”转向“意义再生产”，实现历史存量的创造性转化与城市发展动能的系统性升级。

可见，文旅消费驱动型更新本质上是一种以文化价值再生为核心，建构空间活化、场景赋能与意义再生产的联动机制。文旅消费驱动的历史街区，作为功能活化后的物质空间，将历史记忆转化为可传播的文化资本，既回应了人本主义空间消费的诉求，又重塑了城市公共空间的场所精神；作为意义升维后的文化生产场域，深化了游客的文化体验感知，促进了地方性文化的互动性保护与创新性传承，是兼具理论创新与实践价值的城市更新路径。

（二）文旅消费作为内需增长极的空间经济学逻辑

内需是我国经济发展的基本动力，习近平总书记在2022年的中央经济工作会议上指出：“消费日益成为拉动经济增长的基础性力量。要增强消费能力，改善消费条件，创新消费场景，使消费潜力充分释放出来。”①2023年的中央经济工作会议进一步强调，要积极培育文娱旅游、国货潮品等新的消费增长点。研究表明，文旅产业具有显著的乘数效应，旅游业每收入1元可带动相关产业收入4.3元。②文旅产业乘数效应在历史街区更新中呈现了独特的空间经济学逻辑：通过重构消费空间、优化产业生态、激活文化资本，提升历史街区的空间效能，实现文化资源的增值，增强社群的受益度，有利于探索平衡经济活力与历史文脉延续的城市更新创新路径。

中心城区正从传统功能载体转型为文旅消费的超级体验场。刘易斯·芒福德将城市视为“文化容器”，认为城市不仅仅是“建筑物的群集”，更是

---

①习近平：《当前经济工作的几个重大问题》，《求是》2023年第4期。

②王珂：《推动旅游高质量发展迈上新台阶》，《人民日报海外版》2024年5月17日第4版。

“文化的归极”[①]，城市本身“也是可消费的”[②]。文化符号是吸引人们旅游关注力的重要因素，有研究表明，“当地文化特色符号”成为吸引游客多次游玩文旅城市或愿意向他人推荐该城市最主要的原因，占比超过24%。[③]在存量更新时代，中心城区通过“微更新+深运营”的创新路径，将城市所内含的各种文化元素、文化符号嵌入城市更新网络，在空间的生产中不断对文化符号重新解读与传承，构建具有本土文化韵味、集体记忆价值的城市文旅空间。如适应城市漫步潮流，诸多中心城区以“标志性场所+毛细血管”的空间组织模式，将历史文化转化为可体验的消费符号、公共空间升级为可驻留的社交节点、存量载体重构为可增值的体验经济平台，既吸引了客流、带动了人气，也推动了街区业态的可持续经营。而且，随着游客的兴趣点从单纯的观光打卡转向深度体验，旅游目的从跟随导游前往景区旅游转变为前往陌生城市感受风土人情，“城市就是一座大景区”正从观念变为现实。[④]文旅消费驱动型的历史街区更新，通过将城市文化、历史等要素与创新场景、互动技术相融合，为中心城区成为“可阅读、可体验、可共生”的文旅消费新空间提供了核心支撑。

（三）政策共振中历史街区更新的耦合效应

文旅消费已成为城市更新政策共振的关键场域。《“十四五”文化和旅游发展规划》明确提出，要将文化旅游融入城市更新，盘活文化遗产资源；国家发展改革委等部门出台的《关于打造消费新场景培育消费新增长点的措施》专项政策提出，支持利用老旧厂房等空间打造创意市集等新场景。在政策合力推动下，历史街区通过资本引导机制促进历史文化空间再生产，形成

①[美]刘易斯·芒福德著，宋俊岭、倪文彦译：《城市发展史——起源、演变和前景》，中国建筑工业出版社2005年版，第91页。

②[美]刘易斯·芒福德著，宋俊岭、倪文彦译：《城市发展史——起源、演变和前景》，中国建筑工业出版社2005年版，第557页。

③北京市科学技术研究院课题组：《“重新发现”宝藏城市——我国城市文旅可持续发展研究报告》，《光明日报》2024年5月2日第5版。

④刘佳璇：《当城市成为景区》，《瞭望东方周刊》2024年第4期。

了城市文脉延续、旅游活力提升、街区空间生产的协同效应。如苏州平江历史街区秉持“修旧如旧、活化利用、文旅融合”的理念，将街区转化为“城市会客厅”，成功入选住建部首批城市更新典型案例。不仅如此，在传统商圈更新转型领域，基于区位优势与文化积淀的历史街区更新渐成主流，如长沙的东茅街茶馆，通过复原传统茶艺、展示老物件、举办本土文化活动等，以场景化体验实现历史记忆与消费业态的有机转化，形成“文化+商业+社交”的多元业态，将文化遗产转化为可体验的场景。这种以政策工具为牵引、空间再生产为载体、业态重组为核心的协同创新机制，有效助推了更新后的历史街区的可持续发展。

城市更新正从“物理改造”向“价值共生”转向，中央与地方政策的协同共振助推“主客共享”成为文旅消费型历史街区空间生产的新方向。《“十四五”文化和旅游发展规划》提出的“主客共享”理念，与地方实践中构建主客共享的文化和旅游新空间形成政策共振，共同推动历史街区更新模式不断创新。这种耦合效应在供需双侧表现为结构化变革：在需求端，“旅游生活化”趋势日渐显著，旅游者游览活动正从注重与目的地标志性景观的浅层接触越来越多地向深度融入目的地日常生活、体验当地生活风情转变，[①]催生了“游客凝视”与“在地生活”的深层互动。在供给端，精准对接游客对目的地城市美好生活的体验需求，融合优质旅游产品和消费场景，建设“主客共享型”的文旅新空间以满足本地居民和外来游客的不同需求，成为历史街区更新的重要内驱力。

可见，文旅消费驱动型的城市更新，聚焦于“体验感”“获得感”“幸福感”“归属感”，通过催生新场景、新业态、新消费，推动旧城空间可感、可读、可游、可消费，实现文化与空间、生产与生活、历史与当下的融合，有效推动了城市更新的内生造血能力。

---

①李萌：《从“蝴蝶结阳台”现象看主客共建共享旅游空间》，《中国旅游报》2021年6月24日第3版。

二、南京老门东历史街区更新的历史语境

老门东承载着南京城市的历史记忆，在长期的发展变迁中，呈现了历史脉络的延续性、空间形态的稳定性与市井文化的代表性特征。随着城市化进程的加剧，老门东进行了较大规模的城市更新，更新后的老门东历史街区成为集历史文化、休闲娱乐、旅游景观、商体联动、文化生产于一体的文化街区，是我国历史街区更新中“文旅消费驱动型”的典型代表。

（一）历史层积：从贵族遗存到城南民居的功能嬗替

老门东的形成与发展可追溯至三国时期，太守吕范坐镇建业（今南京），奠定了该地区街巷式布局的空间形态。东晋南朝时期，由于北方人口大量南迁，老门东地区成为上流阶层的集聚之地。孙吴张昭旧居位于今江宁路北端的老虎头，“娄湖者，吴张娄侯昭所开也。……其坡陀处为南冈，六朝士大夫萃聚之所”[①]。门东地区作为老城南的一部分，是城市商业网的重要组成部分。南朝时期，仅秦淮河两岸就分布了一百多个大小市集。南唐时期，作为都城的江宁府，商业发达，秦淮河两岸临街设有商肆。自元代起，“匠户”主要集中在集庆路以内的秦淮河沿岸，使秦淮河具有了生产功能，[②]位于秦淮河边的门东地区，成为匠户的主要聚居地之一。

明代是老门东空间格局定型的关键时期。明朝初年，老门东一带是守城兵卒的重要驻扎地，至今仍留有边营、中营、军师巷等地名；同时，城南沿秦淮河一带也是明朝功臣宿将集中分布的贵族区，其范围自东水关西达武定桥，转南门而西至饮虹、上浮二桥，复东折至三坊巷、贡院。[③]如明初信国公汤和久居信府河，英国公张辅居住于膺福街[④]。一些大商人也居住在这一

①[清末民初]陈作霖、[民国]陈诒绂撰：《金陵琐志九种（上）》，南京出版社2008年版，第111页。娄湖，后讹传为老虎头。

②阳建强：《秦淮门东门西地区历史风貌的保护与延续》，《现代城市研究》2003年第2期。

③南京市地方志编纂委员会编：《南京人口志》，学林出版社2001年版，第73页。

④膺福街，原名英府街，后两江总督李鸿章取“膺祥得福”的寓意，改名为膺福街。

带，如江南首富沈万三居住在与剪子巷平行的马道街。门东地区的阶层聚居与产业演化呈现出显著的空间生产特征，上流阶层的集聚推动了商业与手工业的发展，门东地区成了商贸、手工业与居民集聚的主要区域之一，至今留存的箍桶巷、剪子巷等地名，印证了该地区所具有的生产、交易与居住叠合的空间特征。

清末民初，老门东等城南地区逐渐成为以居住功能为主的民居集结地。在社会结构方面，该区域呈现出“平民化”与“精英遗存”并置的复合特征。虽然晚清时期著名的富商蒋寿山、太平天国时期中国唯一的女状元傅善祥、太平天国英王陈玉成等也曾在此居住，但这一时期的居民仍以平民为主，形成了相对封闭的社会网络和生活方式。古井、老树、官沟、石板路等古老遗存，表明这里曾是世世代代、土生土长的南京贫民的聚居之处。①在建筑风格上，以青砖、小瓦、封火墙（马头墙）组成的砖木结构，集中体现了南京老城南传统民居的风貌。截至20世纪90年代，门东地区尚保留一百多处明清老宅，半数以上为三进穿堂庭院式民居，也有少数为多路三、四、五进古民居群。②在空间—社会—文化的三维互动中，老门东为市井文化的传承和延续奠定了基础。

（二）规划协调：功能补缺与文脉保护的渐进探索

进入近代社会以来，由于城市中心北移、社会生产方式变革，以及战争的破坏等原因，老门东的商业虽逐渐衰退，局部空间被占用，但整体空间形态依旧得以保留。新中国成立初期至改革开放初期，有关部门出台了《南京地区区域规划》（1960年）、《南京城市轮廓规划》（1975年）等文件，提出了老城南建设与更新的方向。这一时期门东地区的更新，主要充当了“城建保障”的角色，以“填补式”为建设路径，其空间形态并未被破坏。

1978—2000年，门东地区进入了以物质更新为主导的城市更新期。这一

①嵇刊：《老门东，重拾金陵记忆（上）》，“江苏省科协”微信公众号，2020年9月2日。

②杨永泉：《老门东的那些人文轶事（上）》，《南京史志》2019年第2期。

时期，该地区人口密集，居住条件差，无法满足居民生活水平日益增高的要求。据统计，门东居住区的建筑密度高达60%，人均居住建筑面积不足6平方米，户均居住面积不到20平方米。[①]“居民主要为国企普通工人（占47%）、一般服务人员及外来务工人员，失业、待业居民近10%，知识分子不足10%。”[②]为优化城市功能，作为城市发展的调节机制，南京的老城更新进入了以物质条件改善为主的时期，具体表现为大规模的推倒重建和基础设施建设。在开展大规模更新的同时，政府也开始关注历史遗产保护，1992年修编的《南京历史文化名城保护规划》，将门东、门西、大百花巷、金沙井、南捕厅确定为5片传统民居保护区；1998年编制了《门东门西地区保护与更新综合规划研究》，为城市更新中如何保护历史文化遗产提供了政策支持。

（三）更新转型：制度调试下功能活化的模式创新

老门东作为老城南的重要组成部分，具有深厚的历史文化底蕴和独特的市井文化特色，是南京城市发展的重要节点。2001—2010年，门东地区的城市更新进入了保护与开发的博弈期。在城市化快速推进的热潮中，门东地区的发展仍然远远落后于城市的发展，90%以上的居民家中无独立厨房、卫生间，几乎没有现代化的市政设施。[③]依据“一疏散三集中”的城市建设方针，2001年，南京旧城改造一号工程——“门东地区旧城改造规划设计方案”启动，计划通过商业开发的方式将整个门东43万平方米的历史街区全部推平，三至四年间“全地区的旧城改造任务全部完成”。[④]随着社会的发展，人们的历史文化保护意识逐渐觉醒，老门东的历史文化价值逐步得到社会关注；同时，十运会对基础设施建设与城市形象塑造的要求，使得老城南

①李振、管雪松：《历史文化街区改造现状研究——以南京老门东为例》，《大众文艺》2019年第5期。

②南京工业大学：《南京中华门门西地区保护与更新研究》入户调查资料，2002年。

③周岚：《历史文化名城的积极保护和整体创造》，科学出版社2011年版，第4页。

④胡恒：《庶民的胜利——浅析2001—2010年南京老门东的三次规划方案》，《新建筑》2017年第5期。

以商业开发为路径的城市更新方式引发了广泛争议。为应对老城南的历史文化保护与开发问题，2002年出台的《南京历史文化名城保护规划》与2003年编制的《南京老城保护与更新规划》将“门东”纳入历史文化保护区；2006年编制的《南京门东“南门老街”复兴规划》，探索以渐进式、小规模为特征的“镶牙式”更新理念，强调在保护历史文化的基础上进行合理开发。但在更新实践中，门东的历史文化仍然遭到了破坏，多位学者呼吁尽快停止破坏性的“旧城改造”行为，并请求停止对老城南的拆迁行动。南京的政府部门及时调整了更新策略，要求老城更新中避免大拆大建，为保护城市肌理、延续城市空间脉络提供了制度保障。

从三国时期的街巷式布局，到明代里坊街巷的纵横交错，再到近代以来的衰败与保留，老门东的空间形态始终承载着南京城市发展的历史记忆。为充分激活老门东承载的城市记忆，2011年以来，老门东进入了以文化旅游驱动街区更新的阶段。2011年开始实施的《南京老城南历史城区保护规划与城市设计》，开始更多关注地方性场所的营造，力求通过地方性物质符号的保护传承、现代文化业态的有机植入等方式更新历史街区。这一强调“将文化内涵注入旅游产品，在历史和现在、内涵和载体、文化和项目天然耦合中促进城市现代化建设与历史文化传统有机衔接”①的更新实践，营造了业态多样性、旅游体验性、文化表演性、商业展示性的历史街区氛围，在空间品质的提升中增进了人与地方、人与人之间的情感联系与认同。2020年，南京市规划和自然资源局公布了门东东延整治更新地块修建性详细规划设计方案，要求在保护历史肌理和街巷的前提下引入住宿、餐饮、零售等业态，为门东历史街区在保留传统特色的基础上实施以文旅模式带动城市更新夯实了政策基础。

①何淼：《再造“老城南”：旧城更新与社会空间变迁》，中国社会科学出版社2019年版，第188页。

三、南京老门东历史街区文旅消费驱动型更新的空间生产路径

文旅消费驱动型的城市更新，通过场景更新重塑历史叙事空间、业态融合形成符号消费体系、共生发展构建文化展示系统等方式，实践着文化资本的空间再生产。老门东历史街区通过符号化再生产，将场所精神转化为体验经济的载体，传统街巷空间提升为文化消费场域，实现了"文化资源与旅游经济""地方社会文化价值与历史文化价值"[①]的有机融合，成了南京以城市更新践行人文经济的新样本。

（一）情感共鸣：怀旧文旅消费的场景再生产

场景理论认为，场景是文化价值被镶嵌在不同设施上的组合，是各种消费实践所形成的具有符号意义的空间。[②]历史街区的空间更新，通过营造传统生产生活方式的集中展示地与怀旧体验场景，使得特定时期的城市场景及附着于其上的生活文化以商业形态得以再现，在时空维度上形成了唤起群体共鸣的同源情感锚定点，[③]实现了从物理环境整治的单一维度向以文化消费为纽带的情感价值再生产的转向。

怀旧文化是文旅消费驱动型历史街区的重要更新路径。文旅消费驱动型的历史街区，深度挖掘各种符号所蕴含的价值，以文化为生产要素，以消费为导向，[④]通过媒介怀旧与文化记忆的结合，构建怀旧空间，建立历史信息与游客注意之间的连接，形成了"商家—业态—游客"互促上升的螺旋效应。[⑤]老门东历史街区深度解码本地文化符号，"城南旧市"成为其核心文化符号之一，现保留有34处历史建筑，并修建、复建了一批代表老城

---

①吴晓庆、张京祥：《从新天地到老门东——城市更新中历史文化价值的异化与回归》，《现代城市研究》2015年第3期。

②吴军、夏建中、特里·克拉克：《场景理论与城市发展——芝加哥学派城市研究新理论范式》，《中国名城》2013年第12期。

③宋洋洋：《文旅融合视角下旅游对城市更新的作用》，《旅游学刊》2024年第3期。

④许婉婷、朱喜钢、操小晋：《文化场景营造视角下的老旧街区更新路径及策略研究——以南京市南湖东路怀旧主题街区为例》，《上海城市规划》2024年第2期。

⑤熊海峰、卢树北：《让历史文化街区焕发新的生机活力》，《中国旅游报》2024年5月9日第3版。

南市井文化的古建筑与古民居院落，构建了“最金陵”“最具南京记忆”的场景意象。更新后的街区“处处见历史、处处显文化”，通过复原传统民居建筑风貌、有机织补街巷格局、融入古树古藤等乡土植物、打造传统生活场景系列雕塑小品等举措，老门东形成了以主街再现老城南繁华景象、以鱼骨状向两侧延伸的窄街小巷再现老城南传统生活的情感消费沉浸式界面，推动街区从基础设施落后的高密度旧城聚居区向可供游客凝视、具有丰富人文意涵的消费空间转变，为游客营造了一份独特的怀旧型文旅消费场景。

场所精神承载着人对特定场所的归属感和认同感。场所精神由区位、空间形态和具有特性的明晰性明显地表达出来，能够在历史变迁中经久不变。[①]老门东历史街区在更新实践中将文化保护传承与现代功能植入相结合，凝聚并彰显了场所精神。如通过修缮和复建蒋寿山故居、沈万三故居、傅善祥故居等名人宅邸，恢复骏惠书屋、问渠茶馆等古建筑，老门东不仅保留了历史的痕迹，更将这些元素转化为讲述南京深厚历史文化的载体，使街区蜕变为一个充满故事与情感的文化空间。老门东还注重通过文化叙事的方式塑造场所精神，作为将社会习俗、文旅消费与民众共同记忆交汇融合的连接点，老城南记忆馆的官方介绍强调：“依托老城南记忆馆延续了老城南记忆的血脉，能在现代城市化中找到历史的痕迹，体现出人文景观。”同时，老门东历史街区发挥文化活动作为怀旧情感投射与文化消费转化载体的作用，构建了“物质载体—文化活动—消费符号”的三阶递进模式。如“南京文化艺术节·门东艺术季”，2022年共举办53场演出及活动，吸引超20万人次参与，推动文商旅融合消费近800万元。[②]

（二）业态融合：文旅消费产品的当代转译

在城市化进程从增量扩张转向存量更新的背景下，历史街区的功能迭代

①包亚明：《场所精神与城市文化地理学》，《文汇报》2017年10月20日第13版。

②邢虹：《江苏南京：“门东艺术季”吸引超20万人次参与 “文艺范”融合烟火气，点燃金陵夏日》，《南京日报》2022年7月15日。

已突破单一物质空间修复的局限，转向以产业价值链重构为核心的业态更新，以文旅消费产品驱动更新成为诸多历史街区的必然选择。老门东历史街区更新注重文旅消费产品的迭代升级，将历史文化的抽象内涵通过具体且多样的产品形式予以呈现，并在营销方式、商业模式、配置形式上实现高水平的渗透重组和价值耦合，[①]形成了复合型、多元化的文旅商业态分布格局，纾解了同质化顽疾，为历史街区更新提供了“功能重置不破坏肌理，业态创新不割裂文脉”的样本。

多元要素的共生性互动构建了文化经济景观的再生机制，以“文创+老字号”双核驱动重构历史街区生态。老门东历史街区在更新中将场景与文创相结合，构建了文创与传统老字号的动态共生系统：设有南京味道小吃街、老字号品牌店、特色手工艺品店、文创产品店等190多家店铺，带动流量变现力强。据统计，仅“好一朵茉莉花”老门东店，2023年营收同比增长高达520%。[②]老字号作为中华优秀传统文化的重要载体，不仅是历史的见证者，更是文化的传承者，通过传统技艺再语境化与品牌资产活化，老字号在促进街区文旅消费上发挥着重要作用。老门东历史街区联动文旅资源，引进了绿柳居、南京冠生园、桃源村、韩复兴、蒋有记、咸亨酒店等21家老字号，其中中华老字号9家，南京老字号12家。同时，桃源村的“糕点文化博物馆”、片仔癀博物馆等老字号博物馆的设立，将生产空间转化为文化记忆再生产场所，为消费者在留存记忆的同时制造了怀旧的“时尚体验”，[③]实现了传统技艺再语境化与品牌资产活化的有机统一。

层级网络协同催生商业生态的迭代能力，旗舰品牌与小众业态互补性共生重塑历史街区的价值生产。品牌是历史街区的核心竞争力之一，不同品牌之间的相互引流，不同业态之间的协同发展，为历史街区构建多元协调的消

①侯天琛、杨兰桥：《新发展格局下文旅融合的内在逻辑、现实困境与推进策略》，《中州学刊》2021年第12期。

②《“南京礼物”故事多，圈粉又吸金》，《南京日报》2024年6月17日。

③华茹茹：《怀旧：历史街区文化构建与空间消费》，南京大学2015年硕士论文。

费生态夯实了基础。老门东既引进了绿柳居、桃源村等传统老字号品牌，也引进了先锋书店、德云社、豆花庄、星巴克、TOI图益等知名品牌，形成了引流效应。与此同时，老门东还培育了多个小微文创工作室以保持业态多样性，避免同质化陷阱。这种“旗舰品牌锚定+长尾业态共生”的模式，为消费者打造了一个既保留传统韵味又充满现代气息的完整体验场景，形成了“消费场景嵌套”效应，使历史空间蜕变为具备自我更新能力的商业有机体。

技术赋能与夜间消费的相互赋能重构时空价值的增值维度，创造文化资源转化的新型通道。老门东历史街区紧抓国家数字化发展与夜间经济发展战略，拓展“数智+文化+消费+夜经济”的应用场景，推动街区生产方式变革。如2024年，老门东历史街区联动中华门城堡、南京城墙博物馆，打造了“南京城墙”巨幅幕布，设置了《南京城门》影像展，为文化传承与发展提供了新的时空维度，南京城墙在小红书、抖音、微博等自媒体平台成为南京文旅关注热点。①老门东历史街区在打造夜间经济集聚区的进程中提出了“第二个8小时”的概念，率先将国家级体育赛事引入历史街区，举办了“花漾音乐季”“咪豆星球主题音乐派对”等活动，有效延长了游客的停留时间，实现了文化资源向文化资本的转变。据统计，体育赛事引入街区后，老门东每天晚上的客流占比50%以上，夜游人群增加了12%。②

（三）生态重构：共生发展导向的空间融汇

历史街区作为城市文化的重要载体、特定空间，通过功能要素、文化单元、空间供需的协调，促成街区空间功能与文化价值匹配，③推动街区可持续发展。门东社区作为南京唯一的景区社区，在更新实践中将公共文化空间、产业空间和多元载体有机结合，形成商区、景区、街区、社区融

---

①《南京老门东历史街区：古韵与新潮交织的城市记忆》，“CBC建筑中心”微信公众号，2024年10月24日。

②《这个夏天，老门东真“热”》，“秦淮发布”微信公众号，2022年9月12日。

③肖竞、李和平、肖文斌、马春叶、曹珂：《区域重构背景下城市历史街区多尺度协同更新与价值活化》，《城市观察》2023年第4期。

合共生的更新机制，打造生产生活一体、居民游客共享的多元社会空间体系，[①]为历史街区更新提供了“新旧共生、主客共融”的示范性解决方案。

历史街区是一个小文化生态系统，系统内的产业空间、公共空间、景观空间多样化发展、协调共生。老门东历史街区通过科学规划与合理布局，成功地将传统文化与现代生活、历史文化与文旅产业、文化空间与产业空间相结合，不同功能空间既独立又相通，彼此有机衔接、互补发展，形成了充满活力的文化生态系统。在空间生产理论视域下，老门东历史街区的更新实践呈现出文化资本再生产的典型空间图式。街区西北部集聚了金陵美术馆、南京书画院、云起美术馆、老城南记忆馆等文化场馆，通过艺术展览的象征性实践完成了城市文化记忆的权威叙事。东半部及主街聚集了文创零售与文化艺术店铺，在历史空间实现了将地方性知识向可流通文化商品的转化。特色餐饮贯穿整个街区，民宿客栈主要分布在街区的西部和北部区域，形成差异化需求响应机制。

空间是“聚在一起的可能性”，社会空间与社会互动是相互依存、不可分割的，[②]其本质在于通过社会互动实现关系网络的具象化。当物理空间的重构与多元主体的空间实践形成共振时，便能催生具有持续生命力的社会空间生态系统。老门东历史街区在更新实践中，注重跨界合作与共赢的发展理念，创新性地将街区+景区+社区+商区“四区融合”理念具象为空间生产机制，鼓励居民参与街区管理和服务工作，社区达人和志愿者牵头在庭院开展公益市集活动，不仅促进了历史街区与本地社区的融合发展，还提升了街区的凝聚力和向心力。而且，街区强化与学校的跨界合作，教育实践场域经由文化展演等实现了空间拓展，历史街区空间则经由教育实践进一步激活了知识生产功能。如2022年，金陵高等职业技术学校团委学生会与门东社区建立了合作关系；2023年，南京艺术学院、南京师范大学等5所高校的戏剧社团参与了开心麻花和老门东联合主办的沉浸式喜剧生活节，既重塑了街区的社

①宋洋洋：《文旅融合视角下旅游对城市更新的作用》，《旅游学刊》2024年第3期。
②刘思达：《社会空间：从齐美尔到戈夫曼》，《社会学研究》2023年第4期。

会关系网络，也为高校的教育教学实践提供了丰富的资源。

四、启示与思考

历史街区更新作为城市可持续发展的重要命题，不应局限于物质空间的改造，还应注重历史文化资源的保护与传承，实现多维度的文化生态重构。南京老门东历史街区的保护与更新实践，构建了“肌理修复—功能置换—生态重构”三位一体的实践路径，通过“青砖黛瓦”的形态转译、文化记忆的具象化呈现、消费场景的沉浸式建构、“主客共享”的关系重塑等，深化了从空间形态的“形似”到文化基因的“传承”、从功能替代的“输血”到价值再生的“造血”，推进了历史空间再生产。据统计，自2013年开街以来，老门东年客流量从400万人次激增至2023年的2200万人次，其中南京本地人占到70%左右。①

老门东更新本质是一场历史空间内的文化治理与文化生产实践，这一实践表明，历史街区更新需以“文化引领”为魂，立足地域特色，避免“模式化”“套路化”改造，实现从文化感知向场所历史文脉传承的回归；以“产业驱动”激活场景价值，发挥文旅产业在盘活存量、创造内需、吸引流量方面的多元作用，持续增强内生造血能力；以“主客共享”平衡公益与效益，在城市宜居宜业宜商宜游中促进城市“流量”与“留量”双增长，同时警惕过度旅游化的街区异化。这既是对习近平总书记“微改造”理念的学理深化，也是对新人文主义城市更新关键命题的实践回应，还有助于为全球历史街区保护提供中国方案。

本文为2024年度“江苏省社科应用研究精品工程”市县专项课题“城市传统中心区深化文旅融合的创新探索——以南京秦淮区为例”（项目编号24SSL-09）、南京市青年文化英才培养项目“文化赋能城市研究博士工作

①陈洁、仇惠栋：《南京老城焕新打开“人文经济”密钥》，《新华日报》2024年2月29日第1、3版。

站”的阶段性成果

作者简介：李惠芬，社会学博士，南京市社会科学院研究员，江苏文化强省建设研究基地研究员；何淼，社会学博士，南京市社会科学院副研究员

地方学资源融入应用型大学人文类专业课程内容的路径探索——以“南京学”为例

邹雨橙　程宏亮

摘要：本文致力于探索提取地方学资源建构课程内容的策略、路径与方法。针对“南京学”的丰富资源，金陵科技学院人文类专业教学团队确立了选择“南京学”素材融入课程内容的原则、标准。基于实践探索，文章分析归纳出四种汲取“南京学”资源建构课程内容的融合模式：创构以“南京风景与文学”为代表的“南京学”专题课程；以“南京学”信息要素阐释国内主流文化中的南京文化经典；选取“南京学”内容，补足或替换通行教材中的课程内容；以“南京学”案例阐释课程中的学理性问题。

关键词：课程内容；南京学；融合原则；融合模式

在习近平新时代中国特色社会主义思想的指引下，以及“新文科”建设理念的推动下，地方文化资源融入学科以及专业课程内容建设，业已成为当前高等院校文科专业聚焦改革的一大动向。专业课程汲取地方文化精华建构课程资源，有利于校地融合共建，对于落实“课程思政”教育、促进人才素能培育以及策动地方文化“双创”发展，均有积极意义。“南京学”所涉及的南京历史文化资源十分丰富，其功能与价值也十分显著，南京地区高校人文类专业将“南京学”资源融入课程建设具有广阔的前景。本文以金陵科技学院人文类专业课程建设为例，讨论挖掘利用南京地方文化资源的原则、标准，以及汲取素材融入课程内容的模式类型与方式方法。

一、“南京学”资源类型及执教者选取素材融入课程的原则、标准

自20世纪90年代以来，我国地方学应时而起，日益勃兴，“南京学”也挣开襁褓，焕然而生。卢海鸣的《试论“南京学”》一文，指出“南京学”的研究对象为1949年之前南京的自然、人文和社会现象，而人文科学范围主要包括“文学、历史学、哲学及其基础学科如美学、逻辑学、宗教学、伦理学、文献学、考古学等”[①]。“南京学”所关注的人文资源是南京地方高校文科课程内容取材的重要库源。这些人文资源，种类繁多，主要包括南京历史上的各类人文活动现象，如语言文学、历史事件、风俗礼仪、建筑造型、各类艺术等。

根据本文所确立的研究议题，金陵科技学院人文类专业教学团队（后文以“本教学团队”代指）在课程内容建构时对拟采撷融入课程的地方文化资源类型进行了深度研讨，并确立了提取与融合的原则或标准：

第一，内容上具有切合性和拓展性。首先，所选资源要具有较强的地方代表性。可融资源能够反映南京历史环境中的地方特色，意味浓厚，且与其他地域文化相比具有明显的差异化特点。比如，教师可依据南京非物质文化遗产名录进行选材，像南京云锦、南京剪纸、古琴艺术（金陵琴派）、秦淮灯会、蒋王庙庙会、雨花台传说、达摩传说、骆山大龙、六合龙袍蟹黄包等，都是良好的课程素材资源，对其进行合理应用，既便于阐释问题，也便于拓展学生的认知、审美及品格塑造等。其次，所选资源要具有较高的文化价值与社会影响。南京是闻名中外的历史文化名城，具有2500年以上的建城史（新近也有3100年的建城史之说），自然会产生斑斓多姿的文化形态。有

①卢海鸣：《试论“南京学”》，收入曹劲松、卢海鸣主编《南京学研究》，南京出版社2020年版，第13页。

些国内主流文化具有南京地方文化标识，如《文心雕龙》《诗品》《文选》《儒林外史》《泊秦淮》《背影》等文学理论或文学作品，栖霞山、牛首山、大报恩寺等处的佛教文化，黄天荡之战、康熙乾隆下江南等历史文化事件等。这些文化资源本身是全国的，也是地方的，具有很高的文化价值与社会影响，被选择并融入课程资源的理由无需讨论，只要切合教学需要即可提取。若已入编全国视野下的某门课程教材内容中，为提升教学效果，可以在教学过程中融入背景性地域文化信息予以导学。除了南京大牌文化资源外，本教学团队在制定取材的原则与标准时，主要致力于选择那些次于国内主流资源而知名度较大，且一般又没有被选入国内通行教材中的南京文化资源。如与地域景观密切关联的文化，像“燕子矶”之诗文戏曲作品等；又如一流名家的非一流作品，像苏轼《同王胜之游蒋山》、杨万里《游定林寺即荆公读书处四首》等；再如在历史上曾经产生过强大影响后来又逐渐萎缩或者淡化的文化现象，像紫金山之蒋子文传说、南京白局演唱艺术等。

第二，符合专业课程建设理念且又具有实践上的可操作性。首先，符合新文科提倡的学科知识交融特性，且能对人才培育具有正面的促进作用。以秘书学专业课程为例，该专业各门课程都可以从南京市各类档案馆、纪念馆汲取革命文化的红色基因，将其融入课程以落实“课程思政”教育使命，促进社会主义核心价值观教育，从而与思政课教育保持同向发力。其次，所提取素材便于师生使用，有利于双向互动，或有助于促进教学讨论，或有助于提高学习体验和认知感受。像“旧时王谢堂前燕”中的王导、谢安家族成员身上汇聚的许多精彩故事，如新亭酒会、东床快婿、围棋赌墅、芝兰玉树等充满着故事性，适合角色扮演，具有思考价值，将其融入“古代汉语”“中国文化概论”“秘书传播素养”“秘书写作”等课程，既能增强趣味性，也能使师生在互动中磨砺思维品质。又如秦淮八艳、金陵画派故事等，适宜于用虚拟现实技术进行数字化呈现，创造沉浸式学习环境，利于课堂互动、理解情境和美育教育。

二、以“南京学”资源建构课程内容的融合模式与方式方法

“南京学”资源琳琅满目，汲取素材融入课程的样式也是多种多样，别具风采。以下着重讨论四种模式类型与表达样式。

（一）提取“南京学”相关内容建构专题特色课程

2025年1月，中共中央、国务院印发了《教育强国建设规划纲要（2024—2035）》，指出“按照研究型、应用型、技能型等基本办学定位，区分综合性、特色化基本方向，明确各类高校发展定位”。当前大多数2000年以后升格为本科的高校，也包括一些办学更久的地方本科院校，都旗帜鲜明地提出要建设一流或优秀的应用型高校，诸多学校在办学定位中也都明确提出地方化或特色化的建设目标，不少学校将地方文化建设作为自身内涵建设的特色化目标。特色化目标最终落实落细到课程建设上来，其代表性行动之一就是创构地方文化专题课程，有些学校已经历了长时间的教学实践，业已形成了具有地域特色的专业人才培养亮点。泰山学院汉语言文学（含师范）专业扎根于泰山、黄河文化，在课程体系中开设了系列地方文化专题课供学生选修，如“泰山概论”“泰山儒学文献专题研究”“泰山碑刻专题研究”“中国现当代文学中的泰山书写研究”等，该校所开设的地方文化课程量大意丰，且特色鲜明。巢湖学院坐落于我国五大淡水湖之一的巢湖之滨，该地环境优美，历史传说素材蕴藉深厚，该校汉语言文学教育专业开设了“环巢湖民间文学研究”。黄山作为天下名山，誉满全球，群峰环抱中的黄山学院濡染于徽文化之天地灵气，该校在汉语言文学专业、文化产业管理专业中顺势利导，开设了“徽文化专题”“皖南文化旅游”。四川绵阳是诗仙李白青少年时期的成长地，绵阳师范学院在中文、秘书学等专业中开设了“李白文化研究”专题课程，成立了“太白书院经典读书班”。泰州是扬子江畔的历史文化名城，泰州学院文学院所设专业因地取材，开设了“泰州文学史”。上述这些高校都通过校地融合共建，形成了特色地方课程，也收获了良好的目标效益。

笔者所在的金陵科技学院秘书学专业顺应学校“南京化”战略引领，积

极承接市级“南京学研究基地”任务，主动汲取南京学资源，为秘书学专业课程建设添砖加瓦。在课程设置中所开设的“南京风景与文学”课程，既面向秘书学学生，也服务于全校热爱南京文化的各专业学生。该课程切入南京历史地理，从空间视野观察景观环境中的文学现象之生成与演绎，致力于梳理南京自然、社会与人文资源之间的关系。该课程的讲授要点包括：（1）龙盘虎踞与文学书写；（2）三山矶、燕子矶的文学表达；（3）栖霞山的文学景观；（4）牛首山、方山的文学记忆；（5）秦淮河的文本记忆；（6）文学镜像中的玄武湖；（7）诗仙李白与南京；（8）王安石与南京；（9）吴敬梓之《金陵景物图诗》。该课程内容丰富，纵横交错，融合了地理学、景观学、建筑学、历史学、文学、艺术学等多学科，对学生形成了多维度的滋养，包括地域文化认知、人文情怀熏陶、思维品质训练以及对高校所在地的认同感、自信感和归属感等。基于执教人的引导，南京景观资源积极赋能学生素能品质提升，在教学相长的过程中，师生课堂内的学习交流实践以及深入真实场景中的研学活动，也促进了南京景观与文学现象的积极传播。开设该门课程的目标落实于促进文旅融合，努力实现认知、教育、审美及文化产业创意等多重文学功能，从而为“以文塑旅”“以旅彰文”的时代主题贡献智慧。多学科融合的特性，决定了在教与学的过程中需要立足问题中心，协同运用多学科话语，综合使用多种教学方法，如情境式教学、互动式探究、多媒体呈现、AI辅助等，实现系统性运行框架下的融合型教学目标。

（二）借助地域文化要素，创新性阐释国内通行教材中习用的南京文化资源

南京作为六朝古都、十朝都会，诞生于此地的诸多历史文化现象，借助于政治、经济、文化、军事、外交中心等优越传播条件，呈现出具有全国共享性特点的主流文化标识特征。

以文学为例，南京目前是全国唯一一座“世界文学之都”，其诸多文学名著业已成为国内通行教材中习用的素材。袁世硕担任首席专家的“马工程教材”《中国文学史》及其所主编的《中国古代文学作品选》，选取了许多南朝时期的文学素材。因南朝都城在建康（今南京），故当时诞生于建康的诸多作品，如萧统《文选》、刘义庆《世说新语》自古至今皆为全国性文学作品的典型代表。《中国古代文学作品选》收录了南朝文学家不少精品，诸如孔稚珪《北山移文》，谢朓《入朝曲》《暂使下都夜发新林至京邑赠西府同僚》《之宣城郡出新林浦向板桥》《晚登三山还望京邑》，阴铿《开山寺诗》，庾信《奉和山池》《寄王琳》《哀江南赋序》，南朝乐府民歌《青溪小姑曲》等，上述作品出自《文选》所辑甚多；《世说新语》中的《过江诸人》《王右军与谢太傅共登冶城》两篇佳作也被选中编入作品选教材。上述诗文，或写于建康，或写作题旨指向建康。本教学团队古代文学任课教师在讲授这些作品时，能够结合“南京学”历史文献，如张敦颐撰《六朝事迹编类》、周应合纂《景定建康志》、陈开虞纂修《康熙江宁府志》、蒋赞初著《南京史话》等书籍，勾连南朝关联性历史背景，联系南京地理景观变迁特点等展开教学，再辅之以学生课外寻访遗迹的实践行动。此举既有利于学生深刻理解作品内容，又容易从作品中读出诸多地方性色彩和创新性意味。诗仙李白与南京的关系笃厚，李白文化自然是南京文化的重要内容。李白的《登金陵凤凰台》，可谓家喻户晓、耳熟能详，其中“三山半落青天外，二水中分白鹭洲”脍炙人口，尤为经典。一般教学者的施教关注点可能多聚焦于“三山”与“二水”，而作为熟悉南京地方文化的执教者，对首联“凤凰台上凤凰游，凤去台空江自流”或也会产生深刻的体验。且不论史书上所记南朝刘宋永嘉年间凤凰翔集于此的传说，单就当下南京存有的与凤凰关联的地名而言，就极其丰富，使人“思接千载”“视通万里”而“神与物游”①。当代南京除存有古金陵“四十八景”之凤凰台古地名以外，还有凤台山、凤凰里、凤凰街、凤游寺、来凤街、凤仪街、凤台路、凤凰山、凤凰农庄、凤凰社区、凤凰广场等，这些带凤凰意味的地名并不集中于一地，而是分布于南京长江两岸，可以说经李白凤凰台诗所传承的“凤凰”文化已深

①[南朝梁]刘勰编，黄霖导读：《文心雕龙》，上海古籍出版社2008年版，第53页。

入“南京学”文化的血脉之中。李白诗尾联“总为浮云能蔽日，长安不见使人愁”，别有深意，熟悉李白与南京文化的教师很容易理解出“长安”地名所蕴藉的象征性内涵。根据李白《金陵三首》“晋家南渡日，此地旧长安”中“此地”与“长安”的关系，教师可引导学生挖掘出新意：“长安不见使人愁”中的“长安”其实也指“金陵”。基于此，可将首联的古金陵凤凰寓意祥瑞与尾联“金陵”即“长安”的象征意味绾合起来，容易使读者深刻理解李白心目中对金陵衰落的感慨（“凤去台空”），以及对金陵复活的殷切期待（像唐时“长安”一样具有帝都气象）。师生在意义建构与解构过程中双向奔赴，有助于提升课堂效果。

以史学为例，南京作为都城所发生的诸多历史事实往往入列中华主流文化共享资源宝库，不少经典也被编入当代全国性通行教材之中。面对通行教材中出现的南京地域历史，如何提高施教效果？基于传播学“共通的意义空间”理论，借助师生对产生历史事实之地理空间环境“大体一致或接近的生活经验和文化背景”①进行导学，则师生之间容易产生良好的教与学的互动，由此可获得共识并提高学生的习得效果。在此，所教理论知识若内蕴着教材文本中具有南京标识的内容，那么师生所借助的共通性经验和背景性知识自然含有“南京学”的文化成分，或可借用皮亚杰图式教学理论中学习者主动建构意义的认知观点引导教学行为及其过程。所谓“图式”，也即“基模”，英文原词是schema，可认为是学习者内部信息处理系统中内存着的“人的认知行为的基本模式”，或者称之为“认知导引结构”②。教师借助南京地域文化背景知识为学生设置过渡性认知媒介，通过激活学生认知结构中潜在的关乎南京历史文化的“场景图式、事件图式、角色图式等图式”，由此“增强学生基于原图式同化或顺应学习内容的积极性与主动性”。③如此，当可有力提升学生学习新知识的习得效果。值得注意的是，

①郭庆光：《传播学教程》（第二版），中国人民大学出版社2011年版，第44页。
②郭庆光：《传播学教程》（第二版），第68页。
③程宏亮：《图式理论与秘书学本科课程教学》，《金陵科技学院学报》2021年第1期。

将“南京学”地方文化知识所形成的媒介性知识模块融合至课程资源中，不仅有利于理解教材文本中的理论知识，也可以强化学习者的历史文化自信，以及作为南京人的自豪感和使命感。如秘书学专业的“中国秘书史”“中国通史”“中国文化概论”等课程，在教学过程中，常会涉及南京古代历史素材，如六朝战争、《千字文》诞生、明代国子监、明清江南科举考试、清代江宁织造府功能与职官变迁等，对待这些问题，执教者若擅于提取一定的地域文化背景知识，通过情境式或铺垫式教学，借助马克思主义中国化之“第二个结合”的思想和逻辑方法，往往可以生成诸多创新性历史意识，由此可以大幅提高教学效果，也可以强化在宁大学生的家国情怀，并助力提升其道德素质和精神境界。

（三）选取“南京学”内容，补足或替换通行教材中的课程内容

通行教材一般包括“马克思主义理论研究和建设工程重点教材”，以及一些具有全国性影响力或国内使用范围较广的教材，不论哪种教材，其编辑目标趋向于适应国内绝大多数师生需要，教材的主流性、共性化特征鲜明，而个性化地域色彩偏弱。教师在使用教材时，可以根据专业人才素能培养需求、学生的知识积累情况、教师的知识结构与科研积累优势等要素，甄选教材中的大部分内容进行教学；教师在教学过程中，也可以灵活设置一些自选内容以建构课程资源。针对人文类课程建设，教师可以从地域文化中挖掘、提取一些优质素材，以补足教材中的薄弱之处或替换掉通行教材中针对性不强的内容。以秘书学核心课程“文书工作与档案管理”为例，一般教材在阐述“档案的整理”“档案的排架与编目”“档案保管”等教学内容时，往往只有条条框框的要点陈述，而缺乏个案支撑。针对这种现象，本教学团队教师就地取材，特别选择了南京的纪念馆、档案馆、方志馆等场馆中的实体档案材料，以充实课程内容。例如，通过网络路径调取雨花台三维馆藏空间中的档案材料输入课堂；又如，带领学生走进学校附近的陶行知纪念馆，面对实体档案材料进行现场教学；诸如南京市档案馆、江苏省档案馆、江苏省方志馆中的部分档案材料以及这些场馆中管理档案的方式方法和工作经验，往往都被吸纳成为课程教学中的补充内容。在阐述古代档案库房建设时，有些教材乐于用北京的“皇史宬”作为主要案例进行细致阐述，而本团队教师则更愿意用明代建于玄武湖的“黄册库”来进行替换性阐释或补充性说明。关于“语言艺术与审美”选修课，通常的选材一般都聚焦于选择国内共享性经典作品，而笔者在教学中，却着力以南京方言说唱——南京白局为补充内容，因南京白局这种曲艺形式具有独特的语言魅力，就地取材，采用星散浸润之散点式融合法织入主体教学内容之中，由此彰显了地方语言艺术的情趣并丰富了语言艺术教学的内容和形式。针对“古代文学”课程中需要着力阐释的清代大文学家袁枚，大多数院校配套的《中国古代文学作品选》（袁世硕主编）收录的三首诗《马嵬（四首选一）》《独秀峰》《蠹鱼》，与南京均无关联，[①]教师在教学中更换或补充袁枚题写南京的诗歌就显得相当必要，像袁枚《抵金陵》《晚登清凉山》《重登燕子矶游永济寺作》等诸多佳品均可供选择。教师在引导学生学习袁枚南京作品时，可以借助在地的“南京学”知识辅助阐释诗人的艺术成就及其所倡导的性灵学说，这些对培养学生的文学解读能力、陶冶学生的南京情怀以及弘扬南京地域文化等，均大有益处。

（四）用“南京学”案例助力阐释学理性内涵

从“南京学”宝库中选取资源融入秘书学多类型课程，是金陵科技学院秘书学课程建设的常见做法。除了上述三种融合模式外，用南京地方文化案例助力阐释具有普遍意义的学理性问题，也是一种常见类型。例如，“古代文学”课程中涉及的北宋历史上著名的政治家、文学家王安石，一生约有二十年时光在南京度过，他的行踪和作品为“南京学”抹上了一层斑斓多姿的底色。王安石晚年诗歌别具特色，《中国古代文学史（中）》文稿中引用了黄庭坚的评语予以评价：“荆公暮年作小诗，雅丽精绝，脱去流俗（见胡仔《溪渔隐丛话·前集》）。”[②]黄庭坚之评具有学理性质，如何进

---

①袁世硕主编：《中国古代文学作品选》，人民文学出版社2002年版，第163—165页。

②《中国古代文学史》编写组编：《中国古代文学史（中）》，高等教育出版社2016年版，第249页。

行理解？教材中只有判断，没有阐释。在“古代文学”课程教学中，为促进学生理解黄庭坚的诗学观点，任课教师在进行阐述时可以采用演绎思维教学方式，通过分析王安石写于江宁的几首精品小诗予以证实，像《北山》《钟山即事》《书湖阴先生壁》等均体现了这种风格，教师通过分析这些诗歌引导学生理解黄庭坚的诗学评价，就是汲取“南京学”资源阐释学理的典型做法。又如，笔者在教学《传播学概论》中“施拉姆的人际传播循环模式”时，借用了唐代秦淮河畔所产生的两首互赠诗歌来进行阐释，其一为李白所写《送王屋山人魏万还王屋并序》，其二是魏万所赋《金陵酬翰林谪仙子》。通过讲解李白与魏万之间信息互动传播的个案，指出人际传播结构所具有的鲜明特征：“呈现出互动性、传受主体的角色交替性、传播过程之相互连接与交织的系统化特点。”[①]在该案例中，名人、诗意与地域风采交相辉映，容易激发学生的兴趣，调动学生的在地经验积累，推动学生认知视野迁移，这些对促进学生理解学理性问题大有裨益。

结语

当前，挖掘地方文化建构课程资源是人文类专业践行“新文科”建设使命的现实需要和责任担当。本文以金陵科技学院人文类专业挖掘应用“南京学”资源为例，着力探索提取地方学资源建构课程内容的策略、路径与方法。笔者所在教学团队针对南京丰富的地方文化资源确立了选择“南京学”素材融入课程内容的原则、标准，并在实践基础上归纳出四种汲取“南京学”资源建构课程内容的融合模式。“南京学”素材融入课程内容的教改行动既促进了人文类专业人才培养，也促进了师生科研发展；师生在使用“南京学”资源的过程中，对南京这块文化沃土产生了挚爱深情，由此促进了对“南京学”的学理思考和探索兴趣，进而也形成了一些有利于助力南京地方文化传承与发展的科研成果，其中以李白与南京、南京红楼梦文化、南京城

---

①程宏亮：《传播学视域下的李白与魏万交往论》，《苏州科技大学学报（社会科学版）》2019年第3期。

墙文化等方面的研究和学术普及成果较为显著。

综上，挖掘地方文化资源对于建构高校人文类专业课程内容具有积极的功能和价值。有效利用优质地方文化资源，有利于高校课程供给侧扩容与创新，南京的高校在专业课程建设中用好“南京学”资源，是一条促进校地融合发展的教改好路径，也是一条为南京培育文化人才以推进城市文化繁荣发展的优势渠道。

本文为金陵科技学院教育教改研究课题“新文科视角下融南京学于秘书学本科专业课程建设的路径探索”（项目编号JYJG202314）的阶段性成果，由金陵科技学院南京学研究基地资助

作者简介：邹雨橙，文学博士，金陵科技学院人文学院讲师；程宏亮，文学博士，金陵科技学院人文学院教授

“南京文化遗产的世界价值”笔谈

南京重要物质文化遗产的世遗价值

龚　良

南京是中国首批国家历史文化名城，文化江南的起源地，长江以南唯二的皇皇都城，也是汉文明和中华文化的重要组成部分，目前保存有数量巨大的物质文化遗产。2024年12月，国家文物局批复了江苏新一轮的《中国世界文化遗产预备名单》，其中涉及南京的有“中国明清城墙（南京城墙）”“海上丝绸之路江苏段”“中国现代建筑先驱代表作（中山陵及其附属建筑）”，并要求“深入挖掘遗产历史文化内涵”“挖掘阐释遗产潜在突出价值”“夯实保护管理工作基础”“理顺遗产保护管理体制”等。

南京作为中国四大古都之一，历史悠久，文化底蕴深厚，拥有多项具有世界文化遗产价值的文物、文化遗产和文化景观。就笔者个人的理解，以及南京这座江南古都的文脉传承，从世界文化遗产全球价值和具体6条标准来说，南京最具世界文化遗产价值的项目综合而言主要有三项，且一脉相传，在传承中有创新有发展，是长江文明在下游地区最杰出的代表。

一、“文化江南”在南京的产生、发展和弘扬

“江南”的地域概念，至少在先秦时已经出现，大体指的是长江以南中下游的广袤地区，即地域上的“大江之南”。《楚辞》里就有“魂兮归来，哀江南”的文字。对长江下游地区而言，至少在太伯奔吴的时候，人们已经

开始有了“江南”的概念。到了两汉时，江南仍是统治者认定的经济文化相对落后的地区，其地域范围更多地被认定为离首都长安（今西安）较近的长江中游（以武汉为中心）以南的大片区域，包括今天的鄂北、鄂东南、湘北、赣北一带，即洞庭湖周围区域，是相对于中原的长江以南。此时的中原地区气候相对温和湿润，植被较为良好，而江南地区还是一个相对湿冷的天气，是北方贵族不敢轻易前往的苦蛮之地。

自六朝在南京建立都城（三国吴都建业、东晋都建康），特别是西晋末永嘉之乱，大量的皇室官僚、士族门阀和学者名人为避战乱纷纷南迁。这些人物到江南后，打破了江南土著原有权力的垄断，形成了交流融合。巧合的是，大约自东汉末六朝初开始，江南的气候开始越发温暖湿润，而中原的气候却逐步寒冷干燥，森林大规模地消失，大型的野生动物如大象等也开始不见踪影。因此六朝时期中国的政治、经济重心逐渐南移。

六朝时江南在文化上有了很大的发展，都城建康城成了一个学习《考工记》理念、有市政规划的方正城市；南朝的陵墓承汉风、启唐制，出现了引导墓主升仙的陵墓石刻麒麟、辟邪、天禄，它们都是人们想象中的灵兽，带有一对神奇的翅膀，符合六朝精神中的理想浪漫。在文学艺术上，则有了绚丽诗歌、笔记小说、骈散文赋、史书典籍、文学批评等，其中最著名的有刘勰的《文心雕龙》、萧统的《文选》、锺嵘的《诗品》、谢赫的《古画品录》等，形成了以建康为中心的文化高地。

在这个高地上，“江南”一词频频出现，并且在地理概念上向东扩展，包括苏南、浙北和皖南。同时开始有了文化上专指的概念，最主要的内涵是密布的水乡河网、富饶的生产生活、典型的城镇风貌，以及描绘江南的文学艺术。较早在文章中出现的时间大致为东晋南朝。当庾信的《哀江南赋》及颜之推的《观我生赋》这样的文章出现后，开始有了特指的文化江南。

因此，“文化江南”是六朝初从南京开始确立的。南朝谢朓《入朝曲》所谓“江南佳丽地，金陵帝王州”，至少让人理解“江南”的概念已是以都城建康为中心的长江以南的大片区域；文化概念也已具备环境优美、经济发达、文化昌盛的特征。它上承长江下游文明中的环太湖流域和宁镇地区的早期文明，如骆驼墩文化、张家港东山村崧泽文化遗址、以寺墩为代表的良渚文化遗址、北阴阳营文化、湖熟文化，以及之后的吴越文化；下启唐宋的发展兴旺，明清的繁盛富足。江南成了中国最美好生活的样板，是谓小桥流水、鱼米之乡，粉墙黛瓦、耕读传家，精巧雅致、生活富足。当丝绸华美、昆曲婉转、手工精致、园林意匠同时出现在人们的视野里时，江南成了最美好生活的代名词，也是文化江南的文化内涵所在。

“文化江南”对中国及世界而言，具有重要的文化遗产价值。这一区域给人们提供了一个独特的地理区域概念和文化特征概念，是一种特有的、富足的经济活动方式，一种极具美学特征的城镇景观和人文思想，一种美好居住地的杰出范例，至少符合世界文化遗产价值标准中的Ⅱ、Ⅳ、Ⅴ条。

二、“明南京城”是汉文化一脉相承的江南都城

以南京城墙为代表的“中国明清城墙”，早在2006年就列入了国家文物局批复的《中国世界文化遗产预备名单》。明孝陵则在2003年以“明清皇家陵寝”的扩展项目列入了《世界遗产名录》。其实，以这两个项目为代表的“明南京城”对中国和世界而言，无论是其真实性、完整性，还是突出的普遍价值，都具有无可比拟的世遗价值。

“明南京城”仍保留着众多的文物古迹，至今仍有较完整的整体格局呈现，且个性特色明显。至少可以归纳为：一是尊重自然的城市整体格局。南京城墙目前仍保留有宫城、皇城、京城、外廓（土城）四重城墙，且大部分城墙及城门仍屹立地表或保留地下遗址；城内主要道路、河流的基本格局仍然存在，包括明故宫在内的宫殿衙署遗址依旧存在；城外皇家陵寝、功臣墓葬得到了较完整的保护。特别是京城城墙的营建，全长35.267公里，现存地面城墙25.091公里，是中国乃至世界最长的都城城墙。在营建上没有遵循古制规划方正，而是利用南京及周边低山丘陵的特点，依山为城，因地制宜，形成了不规则的城垣平面。城外已列入世界文化遗产的明孝陵整体布局也

是如此，整个陵园有两道陵墙、三道护陵河，分神道和陵寝两个区域。整个神道的中轴线呈弯曲的“北斗七星”形，非常特殊。二是国家治理发展上既继承又创新的汉文化传统。官僚体系中的六部五府、国子监等，虽然名称有所不同，但大抵仍继承了唐宋时的架构，当然明代更加强化了中央集权制机构的设立。明初功臣的住宅和墓葬，分别位于皇城和皇陵的附近。皇家陵园神道、陵寝的总体格局追随唐宋，而神道依地形而建的务实作风、陵寝前方后圆的格局、石刻艺术的简约流畅，为后世开创了先例。南京明城墙、故宫、衙署和孝陵，都是“遵循礼制、呼应天象、顺应自然”的杰作。经济上的综合性商业区、手工作坊区主要位于秦淮河与长江交汇的旧城区。明仇英《南都繁会图》中有“东西两洋货物俱全”的招牌，说明当时南京的对外贸易十分兴盛。宝船厂遗址、静海寺、天妃宫与郑和墓、洪保墓，以及与之相关的郑和七下西洋的故事，构成了南京对外交往的宏大叙事，成了海上丝绸之路的重要组成部分。三是以儒学、佛学为代表的文化思想得到传承弘扬。秦淮区以学宫、夫子庙、江南贡院为代表的文化场所，以及南京武庙、大报恩寺、灵谷禅寺、栖霞寺、牛首弘觉寺等，反映了南京作为儒释文化交汇中心的地位，是南京汉文化思想的杰出代表。江南贡院仍保留有明清时期的明远楼和部分考棚遗迹，是中国科举取士制度的一个重要见证地，今天建设有南京中国科举博物馆。四是长江文化江南地域文明的集中反映。建筑技术中包括明故宫、大报恩寺塔、鼓楼等宏伟建筑的营建技艺，反映了当时高超成熟的建筑技术和简洁大气实用的风格，是谓明式（家具亦然）。特别是南京城墙和城门的营建，展现了14世纪中国筑城技术的顶峰。其筑城方法因地制宜，有条石墙、城砖墙、条石与城砖混砌墙、包山墙和夯土墙五种，节约资源，坚固实用。南京明代的十三个城门，布局位置奇特，营建方式多样，防御功能卓越，广泛使用拱券砌造技术。其中聚宝门（今中华门）的三重瓮城、四道券门和藏兵洞，具有强大的军事防御功能。此外，明代中后期，随着商品经济的繁荣，南京人口扩张至百万规模，市民文学、小说、传奇等贴近市井生活的题材广泛流行，市民文化蓬勃兴起。当时南京秦淮河畔的茶楼酒肆既是饮食场所，又成为曲艺表演、文人雅集的文化空间，既具有江南地域特色，又体现南北开放交融特色。

综上，“明南京城”至少符合世界文化遗产标准的有：标准Ⅱ，传承创新的明初都城规划及治理；标准Ⅲ，明式江南文明及汉文化传统的美好见证；标准Ⅳ，明代宏大建筑杰出的营建技艺；标准Ⅴ，南北交融的汉文化民族聚居地政治、经济、文化生活的杰出范例。

三、“南京近现代建筑代表作”在中华文化上的传承与创新

列入国家文物局世界文化遗产预备名单的“中国现代建筑先驱代表作（南京‘中山陵及其附属建筑’入选）”，目前没有公布具体内容。从名称来看，应是从建筑师的角度阐释中国现代建筑的发祥及成就，会涉及近代建筑中中国传统建筑样式与西方建筑设计理念的碰撞与融合。对南京而言，更具有世界文化遗产价值的应该是以中山陵为杰出代表的优秀近现代建筑这个群体，或者更确切地说，应该是继承中国传统建筑形式，采用西方建筑材料和技术创新而成的建筑群体。这应当是一个传承创新的概念，是砖瓦与钢筋混凝土的结合，是大屋顶与室内大空间的结合。这个群体我们不妨称其为“南京近现代建筑代表作”，不包括近现代建造的传统木构架建筑。

“中山陵及其附属建筑”位于南京紫金山，其内容包括牌坊、墓道、陵门、碑亭、祭堂、墓室等中山陵建筑本体，以及音乐台、光化亭、仰止亭、流徽榭、永慕庐、行健亭、藏经楼等附属建筑。时年31岁的青年建筑师吕彦直，按照20世纪20年代后国民政府倡导大型公共建筑设计应采用“中国之固有形式”的理念，以及孙中山先生葬事筹备处设计公告中提出的“先生陵墓不特为民族史上之伟大永久纪念，即在中国之文化与美术上亦有其不朽之价值”的要求，设计出了既具有中国传统陵寝建筑序列特色，又有西方建筑内部空间理念，还有现代纪念功能的划时代纪念建筑。今天看来，中山陵的文化遗产价值巨大，主要体现在：一是将中国传统的陵墓类礼制建筑同西方建筑设计相结合，形成了开放的空间，使之成为面向大众的公共建筑，纪念意

义巨大。二是将中国传统的牌坊、碑亭、祭堂、墓室等建筑，以及大屋顶、琉璃瓦等传统建筑要素，与钢筋、混凝土、室内大空间等西方建筑营建方法灵活结合，民族时尚的效果明显。三是在建筑色彩与建筑装饰上有了传统和时代的结合。其色彩采用了民国最时尚的蓝、白二色，而非古代私密的皇家陵寝的红黄二色，既保持了传统的庄重肃穆，又体现了时代的开放时尚。其装饰有较多简化的传统建筑纹样和匾额楹联，如回纹、卷草纹、团花纹、祥云纹，“博爱”“天下为公”“民族”“民权”“民生”等，是建筑形态与人文精神的最完美结合。四是紫金山的生态建设和中山陵纪念建筑结合，将山水风景、纪念建筑、名胜古迹及园林环境融为一体，形成了陵墓与庞大自然景观的相互映衬，文化景观特征十分明显。梁思成曾评价说：“中山陵虽西式成分较重，然实为近代国人设计以古代式样应用于新建筑之嚆矢。”

这种继承传统建筑礼制、文化、思想、序列、屋顶、图案的要素（即中国建筑之固有形式），并运用当时最先进的设计语言和建筑材料技术建造的“南京近现代建筑代表作”还有许多，是一个时代发展的产物。自20世纪20年代开始，南京进入了一个城市建设快速发展的时期，保存到今天的仍然有“国民大会堂”“中央博物院”“中央研究院”“中央大学”“金陵大学”“中央体育场”等旧址的公共教育文化体育设施，“孙中山临时大总统府”“临时政府参议院”“国民政府交通部”“最高法院”“考试院”等旧址的行政机关建筑遗存，“国民政府官邸”“梅庵”“李宗仁公馆”“赛珍珠旧居”“马歇尔公馆”“孔祥熙住宅”等旧址的公馆式住宅建筑，“英国驻中华民国大使馆”“法国驻中华民国大使馆”“美国驻中华民国大使馆”等旧址的使馆类建筑，位于紫金山的廖仲恺何香凝墓、邓演达墓、谭延闿墓、国民革命军阵亡将士纪念碑等民国名人墓葬等，不一而足，大致数量不下大几百处。这种将传统建筑外观、序列与西方建筑技术、材料有机结合，成为中国新民族风格建筑的代表之作，具有里程碑式的意义。当然，一定有近现代著名建筑师的身影在其间闪耀。

以中山陵及其附属建筑为杰出代表的“南京近现代建筑代表作”主要符

合世界文化遗产价值的有：标准Ⅱ，中国传统建筑文化与近代西方设计施工的有机结合；标准Ⅲ，见证中国从封建制度向现代社会的过渡转型；标准Ⅳ，是近现代建筑技术与美学结合的杰出代表；标准Ⅴ，代表了一种传统居住地创新生活的杰出范例。

从古代到近代，从封建到民生，南京这个长江文明哺育、中华传统文化浸润的重要都城，其文化遗产的世界价值是伟大且永恒的：它是中国文化江南的肇始、长江文明的重要组成；从政治制度、经济发展、人民生活到对外交流交往，彰显出华夏民族伟大都城的深远影响；从传统到创新的转型过程中，成为中国近现代建筑的重要试验场。

作者简介：龚良，南京博物院名誉院长，江苏省文化和旅游厅原副厅长，研究馆员、博士生导师

“中山陵及其附属建筑”入选《中国世界文化遗产预备名单》之畅想

曹志君

近日，一则新闻让南京人兴奋不已，中国现代建筑先驱代表作（中山陵及其附属建筑）入选《中国世界文化遗产预备名单》。作为一名在文物系统工作40年的从业者，为其鼓而呼之，祝愿“中山陵及其附属建筑”早日成为世界文化遗产大家族中的一员！

一

南京是一座风景优美的现代都市，更是一座令人流连和向往的古城，拥有众多文化“符号”和“名片”。南京这座南方唯一的都城，肇始于六朝，成长于明清，城市轮廓和空间布局形成于20世纪二三十年代。有ICOMOS专家认为，20世纪八九十年代，南京是国内大城市中唯一具备条件，可以整体申报世界文化遗产的城市。高耸的城墙、宽敞的林荫道、美丽的河湖，山川与城林，人文与古迹，特别是1500余栋民国建筑是流淌在这座城市大街小巷的一个个音符，给古城增添了一抹现代都市气息。孙中山《建国方略》中称：南京“其地有高山、有深水、有平原，此三种天工，钟毓一处，在世界中之大都市诚难觅如此佳境也”。当然，由于诸多原因，这已经成为历史和美好的记忆。

自2003年明孝陵申遗成功后，南京就有以“中山陵及其附属建筑”申遗的设想和思考。2009年，中山陵园管理局与广州中山纪念堂管理处、《建筑创作》杂志社等单位合作，编纂出版了大型图册《中山纪念建筑》，作为中山先生奉安大典80年之纪念，并向吕彦直等中国近现代建筑先驱致敬。时任国家文物局局长单霁翔欣然为该书作序，“中山纪念建筑是为中山先生而存在的，但集中反映着中国人民在过去一百年的奋斗历程和所思所想，理应被承认为中国近现代史上最珍贵的文化遗产”。该书还被列为“中国近现代建筑经典丛书”开篇之作。2011年，国家文物局启动《中国世界文化遗产预备名单》的调整工作，南京市文化广电新闻出版局积极响应，组织专家和编制单位，以明清城墙组合项目南京城墙、海上丝绸之路南京项目、中山陵为代表的民国建筑等三个项目申报，因多方原因，南京民国建筑项目最终落选。2023年3月，国家文物局再次启动《中国世界文化遗产预备名单》的更新工作，全国人大代表、南京市博物总馆宋燕副馆长提交了关于加快推进“中山陵及其附属建筑”申报世界文化遗产的建议。2024年12月30日，国家文物局同意，将中国现代建筑先驱代表作（中山陵及其附属建筑）项目列入更新后的《中国世界文化遗产预备名单》，“中山陵及其附属建筑”申报世界文化遗产工作向前又迈进了关键一大步。

二

南京是中国近现代建筑的摇篮和重镇，诞生了一众代表性建筑和先驱建筑师。南京现存1500余栋近现代优秀建筑，从建筑风格和功能上可分为五种形态、八大门类，其流派纷呈，造型独特，风格各异。这些美轮美奂的建筑遍布南京大街小巷，是南京市民和外地游客驻足、打卡的一道风景线。孙中山是“一位伟大的民族英雄、伟大的爱国主义者、中国民主革命的伟大先驱”，为纪念孙先生举全国之力营造的中山陵及其附属建筑，是其中的集大成者。南京近代建筑凝聚了吕彦直、赵深、刘敦桢、卢树森、杨廷宝、赵志游等我国一批学贯中西的建筑师的心血和理念，他们“坚守着本民族建筑文化精神永存的信念，博采当时领先地位之西方建筑技术与观念，是以建筑寻求民族文化再生的伟大尝试——在当代华人社会中具有不可替代的文化价值”。“中山陵及其附属建筑”是南京的更是世界的，是庄严肃穆的，也是时代之记忆和民族之精神的集萃，还是用建筑表达伟人精神和民族复兴愿景的重要标志，被公认为中国新民族风格建筑的开山之作而入选首批“中国20世纪建筑遗产”。

中山陵位于紫金山南麓，占地8万多平方米，周边还有不同时期建成的各种纪念建筑，面积超过3平方千米。音乐台、光华亭、仰止亭、藏经楼、流徽榭、永慕庐、行健亭、国民政府主席官邸旧址等，是中国建筑史上独一无二的、规模宏大的公共纪念建筑群，被列为第一批全国重点文物保护单位、首批国家重点风景名胜区，其历史、科技、文化和社会价值，很多文章专著都有涉猎，在此不一一赘述，借用卢海鸣先生《南京近代建筑》中的一段话加以阐释：“中山陵的设计既继承传统，又有所创新和突破，熔中西建筑风格于一炉。中山陵在建筑比例、体型组合、色彩运用、材料选择和细部处理上，表达了庄严肃穆的气度和逝者永垂不朽的精神，取得了令人瞩目的成就。当时人就认为：‘全部工程，融会中国古代与西方建筑之精神，坚朴壮丽、别创新格，足以表示一时代之艺术。’中山陵不仅是民国建筑中最优秀的民族形式的建筑作品，也是近代化与民族化相结合的建筑典范，是中国建筑史上的一座丰碑。”

当然“中山陵及其附属建筑”申报世界文化遗产，其研究和阐释的方法需融入国际语境，依据《保护世界文化和自然遗产公约》，对照世界遗产评定标准，列举中山陵及其附属建筑申报世界文化遗产的理由。比如：

Ⅰ.代表一种独特的艺术成就，是某种文化的代表作。“中山陵及其附属建筑”是中国传统建筑元素与西方建筑美学融合的最佳结晶，其轴线对称、依山而升的格局，延续了明孝陵等古代帝陵的庄重感，又通过祭堂的穹顶、石阶的几何设计，新材料、新工艺的运用等，展现了现代建筑技术的突破。这种融合标志着中国建筑从传统向现代转型的关键节点，也体现了20世纪初全球建筑文化交流的深度，无愧为这一时期代表性杰作。

Ⅱ.能在一定时期内或世界某一文化区域内，对建筑艺术、纪念物艺术等发展产生过重大影响。“中山陵及其附属建筑”是一个时代的产物和代表性杰作，因为孙中山先生爱国、民主、平等思想的影响，其建筑文化和理念也随之传播到国内其他城市及海外。据统计，国内及海外有中山史迹纪念建筑、荣誉命名的中山纪念建筑、专题建造的中山纪念建筑等近500处，建造时间持续60余年，遍布美国、加拿大、日本、新加坡等国家及北京、上海、南京、广州、香港、台北等城市，形成独特的“中山纪念建筑现象”。其对东亚、东南亚等区域文化及纪念建筑艺术的影响是持久的，未来还将产生深远影响。

对照世界遗产评定标准，中山陵及其附属建筑还满足Ⅳ、Ⅵ等条件，限于篇幅在此不一一枚举了。

中国现代建筑先驱代表作（中山陵及其附属建筑），以独特的建筑艺术、深刻的历史象征、创新的文化传承，完整诠释了世界文化遗产标准中关于“人类创造性杰作”“文化重大影响”“文明交流见证”“历史阶段典范”等核心价值，被列入预备名单并推进申遗，不仅是对中国现代建筑先驱代表作遗产地位的认同，更有助于社会各界理解中国建筑从传统迈向现代这一文明交流互鉴的转型历程。同时，世界文化遗产申报工作不仅要对当下遗产价值充分尊重，更要承担起对遗产保护未来的责任。今年是孙中山先生逝世一百周年，如何把中山陵及其附属建筑留给下一个一百年，任重道远，使命神圣。

三

“中山陵及其附属建筑”列入世遗预备名单可喜可贺，但是还有很多工作要做，还有很多方面需要完善。建议有三：

第一，把中山植物园、紫金山天文台，以及廖仲恺、邓演达、谭延闿、范鸿仙等墓园纳入遗产地范围。吕彦直在《建设首都市区计划大纲草案》中提出了“国家公园”的设想，“中山陵园之设计，大致以中山陵墓为中心，包括钟山之全部……有植物及天文台学术机构，为国家文化事业附设于此者。此外则拟有烈士墓之规定，及纪念总理之丰碑”。“中山陵及其附属建筑”理应包含原总理陵园管委会植物园、孙中山追随者名人墓园以及紫金山天文台博物馆等组成的“国家公园”级别的遗产地。

第二，中山纪念建筑分散于全国各地及海外，据统计，现存与“中山史迹”关系密切的遗产点仍有50余处，形成“中外建筑史上非常独特的建筑现象——中山纪念建筑”。南京理应联合广州、北京、上海等中山纪念建筑所在城市，以“中山纪念建筑”（或中山史迹）联合申遗，形成中国现代建筑先驱代表作的体系，当然还应该包括吕彦直等建筑大师及其人文故事。

第三，南京对“中山陵及其附属建筑”的研究成果已非常丰硕，出版了大量的论著，如刘先觉《中国近代建筑总览·南京篇》、卢海鸣等《南京民国建筑》、周琦《南京近代建筑史》、卢海鸣《南京近代建筑》以及《中山陵档案》《总理陵园管理委员会报告》等。“中山陵及其附属建筑”申报世界文化遗产，须依据《保护世界文化和自然遗产公约》，从遗产突出普遍价值和世界遗产名录标准的维度和层面，加强系统研究和阐释，由此重构中国现代建筑先驱代表作的研究体系和叙事模式。

以伟大之建筑，作永久之纪念；以崇高之事业，践行神圣之使命。

参考文献：

1.《中山纪念建筑》，天津大学出版社2009年版。

2. 周琦等：《南京近代建筑史》，东南大学出版社2022年版。

3. 卢海鸣：《南京近代建筑》，南京出版社2024年版。

4. 宋燕：《关于加快推进中山陵及其附属建筑申报世界文化遗产的建议》。

作者简介：曹志君，南京市博物总馆首席专家，研究馆员

江海交汇处的文明灯塔
——浅谈南京“海上丝绸之路遗迹”的世界价值

胡 勇

长江浩荡东流，金陵王气巍然。南京地处长江下游，是中国江河与海洋交汇的重要节点，自古以来就是连接内陆与海洋交通的枢纽。在漫长的历史中，南京不仅在政治上多次成为都城，亦在对外交往与文化交流中扮演了关键角色。特别是在古代“海上丝绸之路”的发展中，南京以其独特的地理与人文优势，成为文明交汇的灯塔，留下了丰富的历史遗迹。

一、南京在海上丝绸之路中的历史角色

1. 南朝时期的文化交流

公元4至6世纪的南朝时期，建都建康（今南京）的宋、齐、梁、陈等朝代对外交往频繁，以佛教传播为代表的文化交流尤为突出。有研究者指出，南朝时期南京一度成为中国乃至东亚的佛教文化中心。考古发现也印证了这一点：在南京六朝墓葬中出土了一些来自印度的佛教造像，这些佛像很可能经由海上丝绸之路传入中国。这一时期，来自南亚的佛教经典和艺术通过南京传播到朝鲜半岛和日本列岛，同时，中国的丝绸、瓷器等物产也沿航路从南京辐射出去。这种双向交流奠定了南京作为“江海交汇”文明交融地的早期地位，为之后更大规模的海上丝路往来打下基础。

2. 明代郑和下西洋与官方贸易中心

进入明代，南京的海上交流迎来了新的高峰。明太祖朱元璋定都南京，重振对外关系；永乐帝朱棣时期至宣德年间（15世纪前期），更以郑和七下西洋的壮举将南京推上世界航海史的舞台。南京成为当时世界著名的航运中心和外交使节往来的枢纽。据历史记载，洪武年间（1368—1398），明朝派遣出使海外的官方使团达57次，而各国派往南京的朝贡使节多达183次，其中绝大多数是通过海路抵达。这一数字表明，南京在15世纪初已是名副其实的国际交往中心。这一时期，南京的对外贸易和交流主要以官方朝贡贸易形式进行，既向海外输出丝绸、瓷器、茶叶等物产，也接受来自亚洲、非洲各国的珍奇贡品。著名的例子是1414年明廷收到来自东非的长颈鹿作为贡礼，中国人视其为瑞兽麒麟。明代南京繁忙的外交贸易往来，不仅带动了物质商品的交换，更促进了科技、航海知识和文化习俗的传播与融汇。

二、海上丝绸之路南京遗迹及其价值

南京在海上丝路历史中的重要地位，凝聚为一系列珍贵的物质文化遗产。这些遗迹见证了当年辉煌的交流场景，具有突出的历史、文化和科学价值。

1. 宝船厂遗址——世界造船史上的技术丰碑

宝船厂位于南京城外秦淮河入江处，是明代国家造船中心。史料记载，永乐五年（1407）南京宝船厂一次性整修和建造了各类船只249艘，以满足郑和下西洋外交船队的需要。考古发掘出土了当年船只所用的牡蛎壳舷窗、隔舱板等遗物，展示了明代先进的造船工艺。例如，考古人员发现的贝壳窗经过精磨后薄如蝉翼，不仅透光且防水，体现出古代工匠高超的技艺。此外，船厂遗址揭示的隔舱防漏结构，即在船体板缝中填塞麻纤维并以桐油、石灰密封，保证船体坚固不易进水。这项技术比西方大航海时代的同类技术领先许多世纪，彰显了中国古代航海工程的创造力。作为郑和宝船的诞生地，宝船厂遗址无疑是人类航海史上的重要坐标，其保存和展示对于理解15

世纪前后的造船水平和远洋探索具有全球意义。

2. 郑和墓与航海遗产群——大航海时代的东方坐标

牛首山麓的郑和墓，与长江边的静海寺、天妃宫共同构成完整的航海文化景观。静海寺内保存的郑和带回的婆罗洲铁力木、天妃宫现存的中国最大妈祖碑刻，实证了明代海洋信仰的国家化进程。尤其值得注意的是，《郑和航海图》明确标注航线“自宝船厂开船，从龙江关出水”，将南京定位为15世纪全球航海网络的东方起点。相较于哥伦布船队83人的规模，郑和船队2.7万人的建制、30余国的航行范围，重构了世界对“大航海”的认知边界。

特别值得关注的是2010年发现的洪保墓。洪保是郑和船队中的重要人物，曾多次以副使身份随郑和出使西洋。洪保墓坐落于南京祖堂山，墓中出土了洪保的墓志铭——《寿藏铭》，全文741字。这一碑铭是研究郑和航海的第一手珍贵史料，铭文明确记载了郑和船队的规模和船只型号，其中提到当时建造和使用了“五千料”的巨型海船。这一记载为学界关于郑和宝船体量的长期争论提供了有力证据，被认为终结了关于超大型宝船是否存在的质疑。洪保墓的发现表明，南京保存的不仅有物质遗迹，还有翔实的文字记录，能够从实证角度丰富对明代航海壮举的认知。该遗迹将个人历史与世界航海史联结起来，对于研究早期全球化进程具有重要价值。

3. 浡泥国王墓——跨文明对话的永恒见证

雨花台区乌龟山南麓的浡泥国王墓，是中国现存仅有的两处外国君主陵墓之一。1408年，浡泥（今文莱）国王麻那惹加那乃率150余人使团随郑和船队访华，病逝南京后依礼葬于中华。墓园神道两侧的石像生群雕，既有中国传统文臣武将造型，又融入东南亚艺术元素，碑文以汉文、阿拉伯文双语铭刻，见证了中国与南海诸国的政治互信。这种“生死相托”的外交佳话，打破了“国强必霸”的西方叙事逻辑，彰显了中华文明“以礼化夷”的交往哲学。浡泥国王墓的龟趺碑融合中国礼制与南洋装饰，成为跨文化对话的“石质辞典”。

此外，南京还有其他与海上丝绸之路相关的重要遗存。如郑和于南京立下的“天妃宫碑”，记载了航海途中的所见所感和对海神的祈恩，反映出明代航海活动中的信仰世界和仪式实践。又如明代所建的大报恩寺琉璃塔（俗称“瓷塔”），虽然主要功能在宗教，但因其壮丽声名远播海外，17世纪以来成为西方探险者笔下的“东方奇观”，也是南京对外形象的象征之一。这些遗迹共同构成了南京海上丝路遗产的丰富内涵，涵盖了航海技术、宗教信仰、外交关系和文化传播等多个层面。

三、海上丝绸之路南京遗迹的世界意义

南京“江海交汇”的地理位置和历史实践，使其在海上丝绸之路中发挥了不可替代的作用。正如联合国教科文组织在世界遗产价值评估中指出的，广州、泉州、宁波和南京等港口城市是海上丝路最重要的节点，建立了完善的港航体系，孕育出大量见证多元文明交流的遗存。

南京的海丝遗迹生动诠释了古代东西方经由海路进行贸易和文化往来的宏大历史图景。相较于泉州“市井十洲人”的商贸盛景，广州“千年商都”的持续繁荣，南京海丝遗迹的独特性体现在三个方面：一是政治维度，作为十朝都会，承载着国家主导的海洋外交记忆。南京的海丝遗产填补了都城型节点的空白，完善了人类海洋文明的叙事谱系。二是技术维度，宝船制造体系代表古代造船业巅峰，远超同期欧洲水平。宝船厂的标准化作塘和造船技术，创造了前工业时代造船技术的巅峰。三是文化维度，佛教初传、妈祖信仰制度化等充分体现意识形态的海洋转向。这些都充分证明，南京在海丝文明交流中既是接收者，也是创造者，形成了独特的海洋文化认同。

总之，南京的海上丝绸之路遗迹，堪称人类文明交流史上的一座灯塔。它所承载的不仅是中国古代对外交流的辉煌篇章，更是人类早期全球化进程的珍贵见证。在今天全球化深入发展的背景下，重温南京海丝遗产的世界价值，有助于我们理解不同文明交流互鉴的重要性，以及和平合作对于文明发展的深远意义。

参考文献：

1．南京市考古研究院：《南京龙江船厂遗址发掘报告（2003—2005）》，文物出版社2008年版。

2. 王志高：《南京祖堂山洪保墓考古发现与研究》，《考古》2013年第5期。

3. 贺云翱：《浡泥国王墓考古调查与保护规划》，南京大学出版社2015年版。

4. 贺云翱：《海上丝绸之路南京史迹的遗产价值》，《东南文化》2016年第3期。

5. 赵志军：《六朝建康城与海上丝绸之路关系新探》，《历史研究》2019年第2期。

6. 金国平：《郑和船队技术体系的世界意义》，《自然科学史研究》2005年第4期。

7. 胡阿祥、李天石、卢海鸣编著：《南京通史·六朝卷》，南京出版社2009年版。

8. UNESCO：《保护世界文化和自然遗产公约操作指南》，2021年。

9. ICOMOS：《海上丝绸之路主题研究》（*Thematic Study on Maritime Silk Routes*），2015年。

10. 数字资源：南京文化遗产监测预警平台（http://njchcc.com）。

作者简介：胡勇，哲学博士，江苏省社科院哲学与文化研究所研究员，南京市南京学研究会副会长

考古发现与文化遗产

南京孙吴张昭家族墓考古发掘及相关问题初探

朱中秀　颜颖珂　于通海

摘要：张昭家族墓是南京近年来继丁奉家族墓后发现的又一孙吴重臣墓地。本文在介绍张昭家族墓发掘收获的基础上，对墓葬年代、结构、规制、出土文物等做了初步思考，指出该墓葬的发现对进一步深入研究孙吴墓葬分区、墓葬演变以及丧葬习俗等具有重要参考价值。

关键词：孙吴；张昭墓；墓葬规制与结构；出土文物

一、发掘概况

2023—2024年，为配合市政建设项目，南京市考古研究院对南部新城油库公园地块进行了考古发掘工作，共清理汉至明清墓葬395座，以明清土坑墓居多，出土有陶器、瓷器、铜器、金器等遗物。其中孙吴张昭家族墓是本次考古发掘中最为重要的发现。

本次发掘地点位于南京市秦淮区汇景北路以南、神机营路以西，原为南京大校场机场油库所在。墓葬区域东距秦淮河1.8公里，西北距雨花台约3公里，周边原始地貌为低缓丘陵，海拔22米。

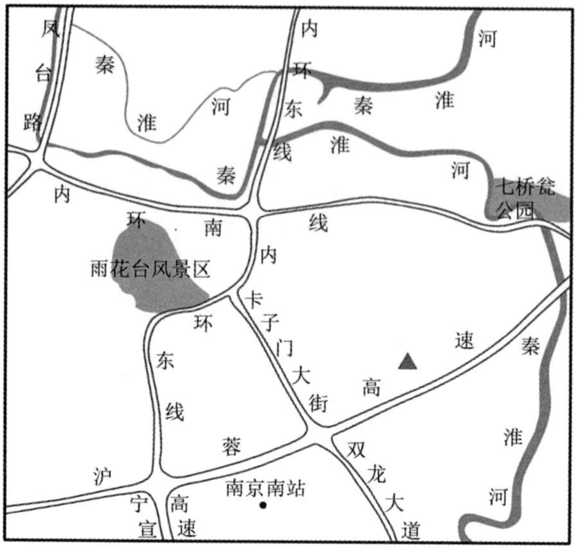

墓地位置示意图

二、发掘收获

本次发掘的张昭家族墓，由八座孙吴时期的砖室墓组成（自西向东顺序编号2024NQYM170—M177，以下简称M170—M177），墓葬方向基本一致，自西向东并排分布于一土坡顶部，此处亦为整个油库地块的最高点。各砖室墓之间多有排水沟连接，这也是确定家族墓地的重要证据。

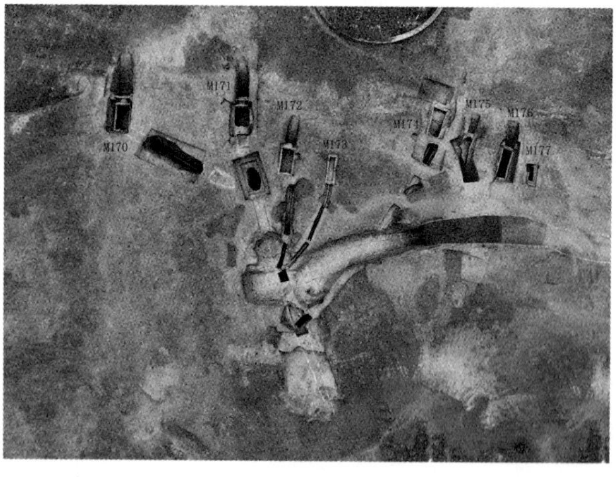

张昭家族墓分布图

M170出土有金印两方，印文分别为“辅吴将军章”“娄侯之印”，且该墓形制、用砖、出土器物等，均具有孙吴时期特征。经查阅史料可知，孙吴历史上受封“娄侯”者有张昭、张休（张昭次子）、陆逊等，而拜“辅吴将军”者，仅张昭一人。根据史料记载，孙权称帝后，张昭“更拜辅吴将军，班亚三司，改封娄侯，食邑万户”[①]。据此可以推断M170墓主为三国时期孙吴重臣张昭，两方金印也成为确认M170墓主及该处家族墓葬归属的直接证据。

张昭，《三国志》等有传。汉末战乱，张昭南渡长江，被孙策任命为长史、抚军中郎将，孙策临终前更是将孙权托付与张昭。作为托孤重臣，张昭安抚江东豪强世族，对于江东的稳定起到了关键性作用。张昭一生辅佐孙策、孙权两代吴主，为孙吴政权的建立奠定了基础。嘉禾五年（236），张昭去世，享年八十一岁，孙权素服临吊。

张昭墓（M170）为带墓道竖穴土圹砖室墓，墓葬主体平面呈“甲”字形，墓向17°，由土圹、砖室、排水沟组成。土圹分为墓道及砖室墓圹两部分，总长8.74米。砖室由封门墙、甬道、墓室组成，总长4.42米。墓室平面呈长方形，内长3、宽1.8米。墓葬出土有金印、金钏、金铃铛、铜弩机、铜钱等遗物。

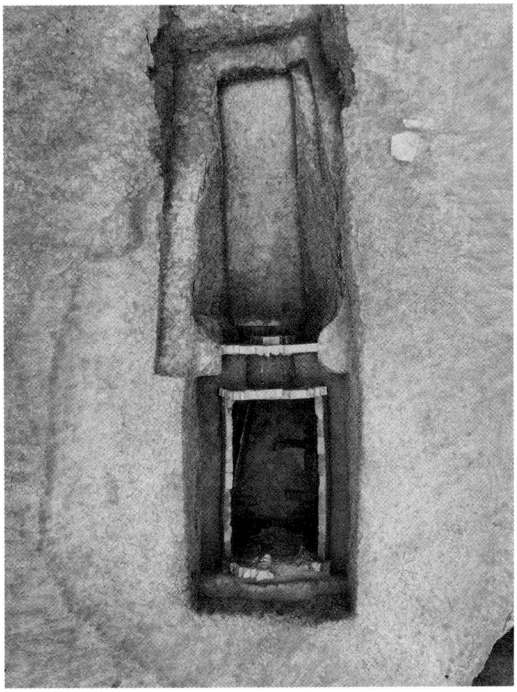
张昭墓

在张昭墓附近另发现孙吴砖室墓七座，出土有青瓷卣、青瓷罐、青瓷砚、青瓷蛙形水注等遗物。其中M171墓室后部设置有以筒瓦砌筑的排水沟，张昭墓等其他六座墓葬后部亦设置有明暗沟结合的排水沟，均延伸与M171主排水沟相接，形成一套复杂而有序的地下排水系统。M177虽未发现排水沟，但是距M176较近，朝向相

①《三国志》卷五十二《张昭传》，中华书局1982年版，第1221页。

同，且出土器物、用砖与其他几座砖室墓的时代一致。这八座墓葬以M171为中心，自西向东并排而建，共同构成了张昭家族墓地。

三、相关问题初探

（一）墓地营建年代及沿用时间

据文献记载，张昭卒于嘉禾五年（236），M170的营建时间与此不会相距太远。与M170相邻的M171，根据打破关系判断，时代早于M170，有可能为张昭的父兄辈。这两座墓形制、大小、用砖、朝向等均较为类似，营建时间也应接近，均属孙吴早期，墓地的启用时间也应在这一时段。

此外，其他几座家族墓也出土了能够佐证年代的标准器物，主要以青瓷器为主。M173出土有一件青瓷卣，此类器型较为罕见，与赤乌十二年（249）马鞍山朱然墓①出土的青瓷卣形制类似，据此推测该座墓葬时代约为孙吴中期。M177出土青瓷蛙形水注与江苏金坛方麓永安三年墓②出土水盂相似，时代当在孙吴中晚期。M174出土的青瓷狮形插器，也具有孙吴晚期至西晋早期特征。

综上所述，张昭家族墓启用于孙吴早期，并延续至孙吴晚期，前后使用时间可能接近40年。除张昭墓外，其他七座墓葬未发现能够证明身份的文字材料，墓主身份已不可考。但可以确定的是，这处墓地见证了张昭家族的兴衰荣辱，也埋葬了重臣贵胄们的功过得失。

（二）墓葬规模偏小的问题

张昭家族墓的一个显著特点，是其规模相对于其身份明显偏小。规模最大的M171，砖室长度4.62米。张昭墓的砖室长仅4.42米，而与其身份、地位接近的朱然、丁奉等，墓葬砖室长度均在8米以上。墓葬形制方面，张昭为单室券顶墓，而其他孙吴高等级墓葬，多采用前后室、穹隆顶的设计。

---

①安徽省文物考古研究所、马鞍山市文化局：《安徽马鞍山东吴朱然墓发掘简报》，《文物》1986年第3期。

②常州市博物馆、金坛县文管会：《江苏金坛县方麓东吴墓》，《文物》1989年第8期。

这种现象，我们推测原因可能有二：一是《三国志》载，张昭临终前曾“遗令幅巾素棺，敛以时服”[①]，同时代诸葛瑾去世时亦有类似遗令。可见当时社会流行简葬，这种理念在张昭家族墓营建过程中被贯彻执行，并贯穿了始终，因此这八座墓葬的规模均较小。二是张昭家族墓始建于孙吴早期，此时建国未久，丧葬等级制度可能尚未建立。就发掘情况来看，张昭家族墓仍有汉墓遗风，比如排水沟设置于墓后及墓侧，墓葬集中分布于山顶而非山腰等。

总之，张昭的遗令，简葬习俗的流行，丧葬制度的不健全，可能是造就这一特殊现象的重要因素。

（三）排水沟相关问题

张昭家族墓的排水系统，也是本次考古发掘的重要发现，在南京地区较为罕见。发掘证实，M170—M176的排水沟存在连通共用的情况，通过不同形式的排水设施，形成了一套地下排水系统。从分布情况看，M171的排水沟位于家族墓地中心区域，不存在弯折、转向的现象，且长度最长，被其他几座墓的排水沟打破，应为墓地最早的主排水沟，其余排水沟作为支流汇入主沟内。这种通过排水沟连接家族墓葬的方式见于南京仙鹤山孙吴墓[②]、湖北公安县大北山孙吴西晋墓[③]等墓葬。

张昭家族墓地延用数十年，而后期的几座墓葬在营建过程中，总可以精准找到主排水沟的位置，并与其相连接，我们推测M171的这条主排水沟在地面上应有可供辨识明确的标记。通过现场的发掘情况来看，排水沟除实用功能外，这种互相连通的现象也是对家族身份的认同，或者说是一种血缘的“纽带”。

①《三国志》卷五十二《张昭传》，中华书局1982年版，第1223页。

②南京市博物馆、南京师范大学文物与博物馆学系：《南京仙鹤山孙吴、西晋墓》，《文物》2007年第1期。

③荆州博物馆：《荆东高速公路公安县大北山六朝墓葬发掘简报》，《江汉考古》2005年第4期。

（四）关于出土金印

两方金印无疑是本次考古发掘的最重要发现，也是确认张昭家族墓的核心证据。两印均为龟钮方座，龟首上翘，龟背中间阴刻六边形龟甲纹，龟甲边缘刻有连珠纹图案用作装饰，龟四足作蹼状，印台中间均有凹坑，印面分别錾刻阴文篆字“辅吴将军章”“娄侯之印”，文字端庄方正。印文凿刻使用明显的“双刀法”，笔画横截面呈V字形。笔画两端常补以横向切刀，形成末端平整切口。

M170出土的金印及印文

“辅吴将军章”的尺寸较“娄侯之印”稍大，二者龟钮的形制亦有差别，“辅吴将军章”的磨损程度也较大，且两印用料考究、刻工极其精湛，种种迹象表明金印不是为了随葬统一制作的明器，而是张昭生前使用过的官印。这种追赠官印的例子，史书中也有记载，如《三国志·吕范传》载：“黄武七年，范迁大司马，印绶未下，疾卒。权素服举哀，遣使者追赠印绶。”①

张昭金印是首次考古出土的、时代明确的三国时期金质官印，是研究三国时期玺印的重要实物资料。

（五）关于出土青瓷器

除金印外，张昭家族墓还出土了一批制作精美、等级较高的青瓷器，这批青瓷器釉色莹润，胎釉结合较好，少有脱釉现象。经专家鉴定，这批瓷器多为浙江越窑产品。

其中最具代表性的是M173出土的青瓷卣。该件青瓷卣直口，短颈，折

①《三国志》卷五十六《吕范传》，中华书局1982年版，第1311页。

肩，扁垂腹，腹下饱满，圈足外撇，通体呈扁圆形。肩部左右两边塑有犄角兽首，其上各立一系。器身饰有菱形网格纹及珠圈纹等纹饰。器盖外扣于肩部水平处，浅盘状，盖钮为蹲兽状，兽身遍布凹点纹。青釉，釉色润泽，浅灰胎，有细小开片。同类青瓷卣较为罕见，马鞍山朱然墓中出土有一件，另故宫博物院、安徽博物院各藏一件，M173出土的这件是其中体型最大、保存最完整的一件。卣原为青铜礼器，始见于商代，秦汉时仍见。[①]M173及朱然墓出土的青瓷卣，器型上完全仿照了商代晚期至西周早期青铜卣的造型，该器型工艺精美复杂，制作难度较高。有学者研究认为，这类器物并不局限于丧葬活动，而是作为等级较高的器物融入了这一时期的贵族日常生活。[②]

M173出土的青瓷卣

还有一个值得注意的现象是，张昭家族墓中未发现其他孙吴墓中常见的陶器及模型明器。张昭墓中，金印、铜弩机、铜带钩等均为实用物品，其他金器、琉璃器等多为女性日常饰品，墓中未发现陶瓷器及其残片，推测当时应未随葬此类器物，而非后期盗扰所致。其他七座墓中未发现陶器及其残片，出土器物均为青瓷器，器型有洗、碗、盏、砚台、狮形插器、蛙形水注等。不难发现，所出青瓷器多为实用器具，未发现专门用于随葬的模型明器。

由此，我们可以看出，张昭家族墓出土器物具有很强的实用色彩，随葬器物很可能都是墓主人生前所用之物。张昭本人生于崇尚厚葬的汉代，视死如生的丧葬理念自然也是深入其心。然而亲历了汉末战乱、颠沛流离之后，

①张懋镕主编，马军霞著：《中国古代青铜器整理与研究·青铜卣卷》，科学出版社2015年版，第63页。

②疏沛原：《纪念朱然墓考古发掘40周年学术研讨会论文资料汇编》，第206页。

又经过了宦海浮沉，这种人生阅历很可能改变了张昭本人的生死观，重生前而轻身后，因此丧葬从简，不做特殊安排。通过本次发掘，我们也能窥探张昭及其家族成员的生活方式、丧葬观念和精神世界，真正做到与古人“对话”。

四、价值及意义

张昭家族墓是继马鞍山朱然墓、南京丁奉墓后，发现的又一处具有明确记载的孙吴重臣墓地，也是东吴时期墓葬考古的重要发现。本次发现丰富了南京地区六朝墓葬的考古研究材料，对进一步深入研究孙吴墓葬分区、墓葬演变以及丧葬习俗等具有重要参考价值。

张昭作为孙吴名臣，在南京的历史画卷上也留下浓墨重彩的一笔。时隔一千八百年，南京仍留存有与张昭有关的地名，朝天宫西街有张公桥，传为张昭所建；张昭宅第附近有地名老虎头（娄湖头之转音），也因张昭封娄侯，宅在娄湖而得名。本次张昭家族墓的发现，让我们触碰到了真实的历史，了解了真实的张昭，也让这些传说中的地名有了注脚和印证，其历史和文化价值尤为重要。

目前，张昭家族墓已原址保护，保护方案也已在制定中，未来也必然成为南京这座历史名城重要的文化名片。

作者简介：朱中秀，南京市考古研究院馆员；颜颖珂，南京市考古研究院助理馆员；于通海，南京市考古研究院馆员

六朝建康运渎考

王 宏 高 浩

摘要： 运渎是六朝建康城西的一条重要河流，原始文献中有关运渎的记载多有相互抵牾之处，导致了诸多迥然不同的建康城复原图。本文立足历史文献，结合六朝建康城复原研究成果、南京城市考古及自然地理形势，以考古的视角重新审视文献中的矛盾之处，从运渎是否流经建康宫城及西州桥的位置两个问题切入，提出更符合逻辑的推测，以期呈现出更接近实际的河流形态。

关键词： 运渎；《建康实录》；建康宫城；西州桥

运渎是孙吴时期在建业城西开凿的一条南北向的人工运河，北接后湖之水，南通秦淮，与同时开凿的青溪、潮沟构建起孙吴建业城的水网系统，后来的东晋、南朝基本沿用了这一水网系统，其都城范围均未突破这一水网系统围合的区域。在六朝建康城空间复原研究中，学者们也越来越意识到水道因素的重要性，青溪、运渎、潮沟三条水道就是建康都城的空间范围的界限，这基本已经成为学者们的共识。在具体的南京城市考古工作中，河道遗迹的重要性也逐渐被认识到，从原先的被忽视，到现在被提升到与城墙、道路遗迹等同视之，成为六朝建康城空间结构复原工作中的关键要素。尽管历史文献中关于运渎的记载不少，但许多方面语焉不详，且有自相矛盾之处，其后果就是诸多前辈学者的建康城复原图中，运渎的位置、走向经常呈现出迥然不同的情况，[①]给读者造成极大的困惑。本文在二十多年来南京城市考古及六朝建康城复原研究所取得的成果的基础上，对运渎的相关文献记载进行重新审视，找寻其中相互抵牾之处，分析出现抵牾的可能因素，并提出更符合逻辑的推测，以期能呈现出更接近历史实际的河流形态。

一、六朝建康城自然地理概况及城市水网建设

南京位于秦淮河与长江的交汇处，长江南京段自西南向东北流经南京城西，因此在历史上，包括南京在内的长江下游地区被称为“江东”。南京城东有钟山，西面沿江有类似石头山、四望山、卢龙山等一系列的小山丘，正是历史文献所谓“钟山龙盘、石头虎踞”的自然地理基础。孙权选择在钟山与石头山之间、秦淮河以北建设吴都建业，开启了南京作为都城的历史。永嘉年间，晋室南渡，华夏文明的政治、文化中心也随之从黄河流域来到了长江流域，经东晋南朝近三百年的经营，建康完美地赓续了华夏文化的血脉，并将华夏文明推进到新的高度。六朝建康城则是六朝繁华最具代表性的载体。然而其所在的钟山、石头山之间，地势低平，北高南低，北有钟山之水及不定期的江潮，水患频仍，并不适合早期人类居住，该区域的考古发掘也未发现汉以前人类活动的遗迹，已有研究表明两汉时期南京地区的中心并不

①前辈学者复原建康城图分别见朱偰《金陵古迹图考》之《金陵古水道图》，商务印书馆1936年版；郭湖生《台城辨》之《六朝宫城及都城位置图》，《文物》1999年第5期；郭黎安《六朝建康》附《南朝萧梁建康城推拟图》，香港天马图书有限公司2002年版；贺云翱《六朝瓦当与六朝都城》之《青溪和运渎上的桥梁位置推拟图》，文物出版社2005年版；王志高、杨国庆《南京城墙志》之《南朝梁代建康城布局示意图》，凤凰出版社2008年版；张学锋《所谓“中世纪都城”——以东晋南朝建康城为中心》之《东晋建康示意图》，《社会科学战线》2015年第8期。

在今南京市区。[①]直到孙吴时期，统治者通过“穿堑发渠”等国家行为，建设并完善了城市水网系统，使城市尽可能地避免水患的侵扰，为建康城市建设和发展奠定了坚实可靠的基础。

建康城的城市水源主要来自城北钟山西侧来水，其水利设施一方面要解决夏秋时节城市排涝，另一方面还要保障冬春枯水期的建康城的正常用水。青溪、运渎、潮沟的开凿使城市水网初具系统，在随后逐渐完善的过程中，建康城北的后湖（今玄武湖）的建设是其中关键所在。后湖位于钟山以西，覆舟山（今九华山）和鸡笼山（今北极阁）以北的低洼之地，在远古曾是长江汊道，后因地质时期钟山及其余脉微微隆起，导致河流改道。[②]钟山西侧来水汇入此低洼之地形成湖泊。在夏秋汛期，北面的江潮也会涌入后湖，并从两山之间的缺口涌进城内，因此孙权在建业城北开凿一条东西向的河道“以引江潮”，名为潮沟。同时在东西两侧凿青溪、运渎，把北来之水导入秦淮入江。即使解决了江潮入侵问题，遇到暴雨极端天气，城市依然发生内涝。吴大帝太元元年（251），“八月朔，大风，江海溢，平地水一丈。右将军吕据取大船以备宫内”[③]。2003年，南京市博物馆考古队在大行宫地区考古工作中发现了一条相互叠压的南北向道路，遗迹可分为孙吴、东晋、南朝三个时期，其中早期（孙吴时期）道路宽约15.4米，两侧的土路沟开口

①张学锋、陈刚：《吴都建业的都城空间与葬地》，《魏晋南北朝隋唐史资料》第三十六辑，上海古籍出版社2017年版。后被收入张学锋编《“都城圈”与“都城圈社会”研究文集——以六朝建康为中心》，南京大学出版社2021年版，第273—308页。

②石尚群、潘凤英等：《古代南京河道的变迁》，《历史地理》第八辑，上海人民出版社1990年版，第59—76页。

③[唐]许嵩撰，张忱石点校：《建康实录》卷二《太祖下》“太元元年八月”条，中华书局1986年版，第60页。此次极端天气在《三国志》中有略微差别的描述：“秋八月朔，大风，江海涌溢，平地深八尺。”“太元元年，大风，江水溢流，渐淹城门，权使视水，独见据使人取大船以备害。”分别见于《三国志》卷四十七《吴书·吴主传第二》、卷五十六《吕范传》，中华书局1982年版，第1148、1310页。

宽超5米，深逾2米。[①]孙吴建业城内道路两侧有如此又宽又深的路沟用来排水，可见夏秋汛期北面来水对城市建设存在着巨大的隐患。

晋室南渡之初，晋元帝司马睿已经认识到这座城市存在的这个问题，于是在太兴三年（320），“筑长堤，创北湖，以雍北山之水”[②]。到宋文帝元嘉年间，“堰玄武湖于乐游苑北”[③]。经过东晋和刘宋两次在覆舟、鸡笼两山之间修堤壅水，把钟山西侧来水约束于建康城北，同时也有效地控制了江潮的侵袭，使建康城市水网系统趋于完善，大大降低了城北之水对建康城的威胁。其效果在梁敬帝太平元年（556）北齐军队入侵建康的战事中得到了体现。战事过程中，一场暴雨过后，在玄武湖北的北齐军队“昼夜坐立泥中，悬鬲以爨”，而玄武湖南的“台中及潮沟北水退路燥”[④]，梁军得到轮换，最终取得了战争的胜利。

大行宫地区考古发现的南朝时期道路路面宽达23.3米，两侧砖砌路沟宽约2、深约0.6米。与孙吴时期的路沟相比，宽度和深度都大幅度变小。[⑤]这些应该是在建康城北筑堤成玄武湖后，给建康的城市建设带来的变化。

二、运渎流经城内、城外之惑

在南京早期城市河道中，与青溪、潮沟不同，运渎之名并不见于六朝时

①王志高、贾维勇：《六朝古都　掀起盖头》，《中国文物报》2004年3月10日；《南京大行宫地区六朝建康都城考古》，收入国家文物局主编《2003中国重要考古发现》，文物出版社2004年版。

②[唐]许嵩撰，张忱石点校：《建康实录》卷五《中宗元皇帝》“太兴三年”条，第135页。

③[唐]许嵩撰，张忱石点校：《建康实录》卷十二《太祖文皇帝》“元嘉二十三年”条，第444页。

④《陈书》卷一《高祖上》：“齐军至玄武湖西北莫府山南，将据北郊坛。众军自覆舟东移，顿郊坛北，与齐人相对。其夜大雨震电，暴风拔木，平地水丈余，齐军昼夜坐立泥中，悬鬲以爨，而台中及潮沟北水退路燥，官军每得番易。”

⑤王志高、贾维勇：《六朝古都　掀起盖头》，《中国文物报》2004年3月10日；《南京大行宫地区六朝建康都城考古》，收入国家文物局主编《2003中国重要考古发现》，文物出版社2004年版。

期的正史中，只见于唐人许嵩所撰《建康实录》中，《建康实录》是关于南京城市最早的一部地方文献，是进行南京城市研究的基础文献，具有无可替代的作用。书中对这几条河道有详细、系统的记载，其中对运渎的开凿目的、用途、走向均有比较详细的描述，仔细分析这些文字，发现其中存在相互矛盾之处。运渎的流向问题就是如此，运渎究竟是流入建康城宫城内，还是在建康城外流淌，这个看似简单的问题，实际上让后来人困惑千余年。而造成这一状况的原因就是许嵩在《建康实录》中记述运渎流向时的模棱两可：

潮沟亦帝所开，以引江潮，其旧迹在天宝寺后，长寿寺前。东发青溪，西行经都古承明、广莫、大夏等三门外，西极都城墙，对今归善寺西南角，南出经阊阖、西明等二门，接运渎，在西州之东南流入秦淮。其北又开一渎，在归善寺东，经栖玄寺门，北至后湖，以引湖水，至今俗为运渎。其实古城西南行者是运渎，自归善寺门前东出至青溪者，名曰潮沟。其沟东头，今已湮塞，才有处所，西头则见通运渎，北转至后湖，其青溪北源，亦通后湖，出钟山西，今建元寺东南角，度溪有桥，名募士桥，吴大帝募勇士处。其桥西南角过沟有埭，名鸡鸣埭。齐武帝早游钟山射雉，至此鸡始鸣，因名焉。其沟是吴郗俭所开，在苑陵[①]后，晋修苑城为建康宫，即城北堑也。东自平昌门西出，经阊阖门，注运渎。今东头见在建元寺门，西头出今夏公亭前蓦路西，至孝义桥入运渎。运渎旧有六桥：孝义，本名甓子桥。次南有杨烈桥，宋王僧达观斗鸡鸭处。次南出有西州桥，今县城东南角路东，出何后寺门。次南有高晔桥，建康西尉在此桥西，今延兴寺北路东度此桥。次南运渎临淮有一新桥，对禅灵渚渡，今之过淮水桥，名新桥，本名万岁桥。[②]

①[唐]许嵩撰，张学峰、陆帅整理《建康实录》作“苑城”。

②[唐]许嵩撰，张忱石点校：《建康实录》卷二《太祖下》“赤乌四年冬十一月”条，第49页。

与许嵩同时代的人都认为归善寺东、北通后湖的河道是运渎。按书中描述，这条河道在建康城的正北，其北通后湖，南接潮沟。许嵩对此其实并不同意，他认为，建康城外西南行的才是运渎。然而同书还有一条关于运渎的记载又与这种认识出现了矛盾：

> 使左台侍御史郗俭监凿城，西南自秦淮，北抵仓城，名运渎。案，建康宫城，即吴苑城，城内有仓，名为苑仓，故开此渎，通转运于仓所。①

从此处记载中，运渎连接秦淮河和宫城内的仓城，“通转运于仓所”这样的开凿目的似乎也非常合理。但从自然地理的角度来考量，建康城北高南低，流经宫城的运渎的水源不可能是来自南边的秦淮河，只能是来自北面，究竟源自哪里，文献中没有明确说明。从河流与宫城相互的空间位置来推断，流经宫城可抵苑仓的河道，基本可以认为就是与前面所说的归善寺东的河道相通，其源头就是城北的后湖。其实许嵩更认可经过苑仓、宫城，南出建康城后继续西南行入秦淮的河道是运渎，却又同时否定这条河道北出建康城的源头部分。这种对运渎走向问题认识上的模棱两可，导致了在记述建康其他河流时的混乱。潮沟是与运渎相通的河道，“即城北堑也”，就

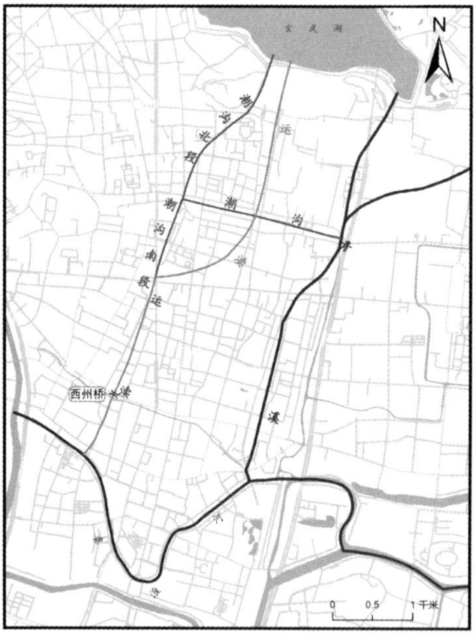

《建康实录》所述六朝建康水系

①[唐]许嵩撰，张忱石点校：《建康实录》卷二《太祖下》“赤乌三年十二月”条，第45页。

是建康宫的北护城河，应该是东西向的一条河道，东接青溪，西通运渎，将建康城北面来水导入秦淮，最终入江。然而据前引文献关于潮沟的描述，潮沟东发青溪，向西流经建康都城北墙的三座城门后有个90度的转弯，再向南流经建康都城西墙的两座城门后与运渎相接。此外，潮沟从东向西流至建康都城西北角处又北拐通后湖，书中将潮沟描述为东西向河道分别向南北两个方向分汊呈侧倒T形的地理形态，对于一条人工开凿的城市河道，这种形态的复杂性令人费解，也给后来建康城复原图的绘制带来了极大的困惑。

许嵩生活在唐玄宗、肃宗时期，据学者研究，许嵩不仅在江宁居住过，而且对六朝遗迹做过实地考察。[①]六朝建康城虽经隋军平荡耕垦，建筑宫室都被破坏，但建康城水网系统应该没有改变，虽有局部的湮塞，但整体的格局不变，可以继续为整个城市的运转服务。因此，许嵩所见的江宁县水网系统沿用自六朝时期建康城的水网系统。他在《建康实录》中对建康城市水网的描述虽然有些混乱，相关描述明显有相互抵牾之处，但我们仍然可以从中了解建康城市水网结构的自然状态。由玄武湖导出南流之水有三处：西边为潮沟西端北通后湖之水，东边为青溪北源，中间是归善寺东经栖玄寺通后湖之水。这三股水，东边是青溪，认识很明确，所谓“青溪北源”。中间归善寺东之水文献中只说是南通潮沟的，但根据其空间位置及其他文献记载推断，应是孙吴后主开凿的城北渠，到南朝时期就是珍珠河，通往建康宫城的河道。出了建康城后与西边的运渎汇为一处，最终注入秦淮。西边之水被描述为潮沟北段，其实应是运渎的北段。

《建康实录》中关于建康城市河道描述的自相矛盾和混乱，究其原因，是作者许嵩对建康城市水系的认识偏差，尤其是对运渎走向的错误认识。这是因为他对城市水网系统发展变化缺乏正确的判断，将不同时期开凿的河流当成一条河是其错误认识的根源。要了解这种认识上的偏差，有必要将孙吴对建业都城的营造做一梳理，从时间序列、空间关系两个维度上动态地了解

---

①[唐]许嵩撰，张忱石点校：《建康实录》点校说明。

城市的发展变化。

建安十六年（211），孙权从京口徙治秣陵，第二年营建石头城，并将秣陵改为建业，[①]开始了对以今南京市区为中心的建业都城的营造。这时的建业除了有石头城外，还应有孙权的将军府，就是后来孙吴太初宫的前身。

建安二十四年（219），任命吕范为丹阳太守，始镇建业。[②]在讨平关羽后的建安二十六年（221），孙吴将丹阳郡治所从宛陵（今安徽宣城）迁到建业。建安二十八年（223），丹阳太守吕范被任命为扬州牧，镇守建业。[③]同时另任命丹阳太守，并将丹阳郡的治所迁回宛陵。吕范任丹阳太守、扬州牧时在建业必定有治所，治所在何处，是在石头城、孙权的将军府，还是另有其地，文献虽然失载，但值得关注。

黄龙元年（229），孙权称帝，自武昌迁都建业，把之前的将军府作为太初宫。[④]

赤乌三年（240），在城西南开凿运渎通秦淮。[⑤]

赤乌四年（241），开凿青溪和潮沟，使其贯通。[⑥]

赤乌八年（245），开破冈渎，通吴会。[⑦]

赤乌十年（247），孙权适南宫，改作太初宫。赤乌十一年（248），太初宫成。[⑧]

---

①[晋]陈寿撰，[宋]裴松之注：《三国志》卷四十七《吴书·吴主传第二》，第1118页；[唐]许嵩撰，张忱石点校：《建康实录》卷一《太祖上》，第14页。

②[晋]陈寿撰，[宋]裴松之注：《三国志》卷五十六《吕范传》，第1310页；[唐]许嵩撰，张忱石点校：《建康实录》卷一《太祖上》，第17、18页。

③[唐]许嵩撰，张忱石点校：《建康实录》卷二《太祖下》，第45页。

④[晋]陈寿撰，[宋]裴松之注：《三国志》卷四十七《吴书·吴主传第二》，第1135页；[唐]许嵩撰，张忱石点校：《建康实录》卷二《太祖下》，第38页。

⑤[唐]许嵩撰，张忱石点校：《建康实录》卷二《太祖下》，第45页。

⑥[唐]许嵩撰，张忱石点校：《建康实录》卷二《太祖下》，第49页。

⑦[晋]陈寿撰，[宋]裴松之注：《三国志》卷四十七《吴书·吴主传第二》，第1146页；[唐]许嵩撰，张忱石点校：《建康实录》卷二《太祖下》，第53页。

⑧[晋]陈寿撰，[宋]裴松之注：《三国志》卷四十七《吴书·吴主传第二》，第1146、1147页；[唐]许嵩撰，张忱石点校：《建康实录》卷二《太祖下》，第54、55页。

宝鼎二年（267），在太初宫之东建新宫昭明宫，另开城北渠，引后湖水流入宫内。①

从以上文献的罗列中，大致可以明晰建业城营建的时间顺序：在229年孙权称帝之前，先有石头城，并改秣陵为建业。这时孙吴的政治中心在长江中游的武昌（今湖北鄂州），只留吕范镇守建业，任丹阳太守，并将丹阳郡治迁到建业。后随着吕范升为扬州牧，建业自然也成为扬州州治所在。行政区划设置的调整，使建业由一处沿江的军事据点，一跃成为区域的行政中心，这一时期对建业的政治建设为其成为孙吴的政治中心奠定了坚实的基础。

孙权称帝之后，孙吴的主要精力在于应付与魏、蜀的战事，直到局势平稳，才开始对建业进行有规划的建设。首先"穿堑发渠"，建设建业城的水网系统，之后又对太初宫进行改作。而在后主孙皓时期，新建了昭明宫，并且凿城北渠，引后湖水入宫内。

从空间位置上看，《建康实录》载：

> （黄龙元年）冬十月至自武昌，城建业太初宫居之。宫即长沙桓王故府也，因以不改。今在县东北三里，晋建康宫城西南，今运渎东曲折内池，即太初宫西门外。池吴宣明太子所创，为西苑。②

运渎在太初宫西门外，孙吴太初宫位于"晋建康宫城西南"，东晋南朝的"建康宫城即吴苑城"。而昭明宫位于太初宫之东，因此孙吴昭明宫与晋建康宫城（孙吴苑城）之间的位置关系就特别值得关注。昭明宫究竟是在吴

---

①[晋]陈寿撰，[宋]裴松之注：《三国志》卷四十八《吴书·三嗣主传第三》，第1167页；[唐]许嵩撰，张忱石点校：《建康实录》卷四《后主》，第98、99页。

②[唐]许嵩撰，张忱石点校：《建康实录》卷二《太祖下》，第38页。书中认为太初宫的前身是孙策所建的将军府，然《三国志》裴注引《江表传》载孙权诏称"建业宫乃朕从京来所作将军府寺耳"。《建康实录》此处的错讹，刘淑芬在《六朝建康城的兴盛和衰落》中早有辨析，见氏著《六朝的城市和社会》（增订本），南京大学出版社2021年版。

苑城之外，还是就建在苑城之内，历史文献中没有明言。2017年，南京市考古研究院在碑亭巷考古工地发现了一处孙吴时期的拱券顶砖砌排水沟。[①]推测与孙皓时期开凿城北渠、引水入昭明宫的记载相关，应该就是孙吴城北渠的遗存。如此，我们或可认为孙皓修建的昭明宫也是在东晋建康宫城范围内的，通过城北渠入昭明宫之水其实就是流入建康宫城之水。进入建康宫城之水又流向何处呢？从前引《建康实录》可知，流经太仓的河道是西向出城，与秦淮相通。而出城的具体位置，或许能从南京城市考古的一次重要发现中得到答案。2007年10月至2008年1月，南京市邓府巷东侧工地发现了建康宫城西墙、城壕及排水设施，排水设施呈东西方向穿过南北向城垣。揭露长度16.8米，顶部已坍塌，其构造可分为三段：东段和中段沟壁多用木板、木桩加固护岸，沟底铺木板；西段稍宽，内宽2.4米，残深2米，两侧壁用大砖砌筑护岸，沟底用长条形木板阶梯状铺垫，推测当时排水方向为由东向西。[②]邓府巷东侧工地发现的这处排水设施遗迹点应该就是建康宫城内水向西穿过宫城西墙所在。

基于上述辨析，基本可以确定孙权时期开凿的运渎应该在太初宫西门外，而流经建康宫城的河道应该就是孙皓时期“引水入宫”的城北渠。从城北流入城内之水穿过西墙与城外的运渎相通，最终汇入秦淮。许嵩将这两条不同时期的河道都命名为运渎，河道南段确是汇为一流，但河道的北段却是开凿于不同时期的两条河道，许嵩对此并没有加以区别，而是模棱两可。这种认识的偏差及命名的含糊让后人常常深陷矛盾，无法理解。

三、西州桥下运渎的具体位置

杨吴南唐时期，南京城市格局发生了重大改变，“南唐金陵城，利用建

①陈大海：《玄武区碑亭巷53—91号南京外国语学校太平北路校区考古发掘》，收入南京市考古研究院《2017南京考古工作报告》，第38—40页。

②王志高、贾维勇：《探秘——六朝建康城》，《中国文物报》2008年6月6日第8版。此处南朝时期排水设施遗迹后被整体迁移，现在六朝博物馆负一楼展厅展示。

康都城的一部分修建了宫城，放弃了都城潮沟以北的禁苑，又将原建康都城以南以西的人口稠密地区包入都城”[①]。金陵城的修建也改变了原有的城市水网系统，金陵城的扩大尤其是金陵城北墙的修建，将运渎与青溪之水挡在城外，运渎水不再南流，而是东折汇入潮沟故道（即杨吴城濠北濠）东流，再经竹桥，与同被截在城外的青溪一起汇合进杨吴城濠东濠，最后流入秦淮。而原来引水入建康城的城北渠水似乎没有受到影响，继续南流入金陵城。另金陵城的南扩把秦淮河纳入城中，秦淮河主流的大部分被导入杨吴城濠中，沿金陵城郭，经长干桥，最终入江。而北来的青溪、运渎之水经杨吴城濠东濠，入上水门，进入金陵城内流经南唐宫城时，水被导入宫城的护龙河，后出栅寨门入江。《宋史》将这条在城内与秦淮河并行的东西向河流称为“青溪”[②]。宋代的青溪是东西向的，与六朝时期东北—西南走向的青溪完全不是一条河道，[③]为何要以青溪命名，究其原因，更大可能是因为这条东西向河道中流淌的水来自在竹桥被截在城外，再由上水门入城的原本青溪之水。这条河即沿着今白下路、建邺路一线南侧的河道，现在被称为“秦淮中河”。

在现在的城市空间中寻找古代运渎的具体位置，有必要先在文献中找出运渎四处关键节点，自北向南依次是玄武湖、潮沟、西州桥、秦淮河。这四处节点中，玄武湖是运渎的源头，其水向南纳潮沟之水，继续南流经西州桥，最终汇入秦淮河。今天的玄武湖和秦淮河或与历史时期有变化，但大致位置不差。潮沟的具体位置，根据历史文献与建康城复原研究的成果也能基本确定，现珠江路以南的东西向河道应该就是六朝潮沟的孑遗，由于潮沟这个历史地名在今天的地图上已无标注，因此将东西向的珠江路作为这一处节

①张学锋：《“近世都城”的出发——以南唐金陵城为例》，收入南唐二陵文物保护管理所编，夏仁琴主编《南唐历史文化研究文集》，南京出版社2015年版。

②[元]脱脱等《宋史》卷九十七《河渠七》：“秦淮之水流入府城，别为两派：正河自镇淮新桥直注大江；其为青溪，自天津桥出栅砦门，亦入于江。”

③六朝时期青溪的情况，见王宏《六朝建康城青溪故道考》，《历史地理研究》2020年第4期。

点的替代。西州桥作为文献中的“运渎六桥”之一，是西州城南道路通过运渎的桥梁，而这条道路东延与建康都城南墙外的道路相连，应该就是今天的建邺路、白下路一线。为叙述方便，将其中的两个节点转化成现在的城市街道，并以这四处节点把运渎分为三段：玄武湖与珠江路间为运渎北段、珠江路与建邺路之间为运渎中段、建邺路与秦淮河之间为运渎南段。

通过前文对《建康实录》中相关河道记载的辨析，我们对运渎北段和中段有了比较合理的认识。运渎北段其实就是前述所谓潮沟西端北通后湖之水，也就是明代的进香河（现为进香河路）。[①]运渎中段在今珠江路和建邺路之间，如前辨析的结果：玄武湖之水经城北渠入建康城内，出城后与西侧的运渎合为一水，至西州桥。在这一区段内，运渎之水也可分为南北两部分，北部有两股水，分别是城北渠入建康城之水、城外运渎之水。城内之水出城后在南部与运渎汇合为一股，流至西州桥。

宋代时期的地方志在述及六朝时期的河道时已经有了古今之别，如《景定建康志》中有关运渎的史料云：

> 今宫城西北兴严寺前有沟，迤逦至清化市东，乃古运渎。但自此西南悉堙塞，不复可辨。虽东南为宫城西堑，疑非古迹。然由宫墙堑至清化桥西折，过钦化桥，再南则运渎旧迹复见，今乾道桥一带河是也。[②]
>
> 今所凿城在西门近南，其水东行，过小新桥而南，经斗门桥，流入秦淮。又东北过西虹桥，循宋行宫城西，迤逦向北，乃其故道。[③]

---

①关于进香河是运渎故道的观点最早见朱偰《金陵古迹图考》，后贺云翱《六朝瓦当与六朝都城》根据地质钻探资料也认同了这一看法。

②《景定建康志》卷十六《疆域志二·桥梁》“运渎六桥”条，收入《宋元方志丛刊》第2册，中华书局1990年版，第1544页。

③《景定建康志》卷十九《山川志三·沟渎》“运渎”条，第1601页。

其中“古运渎”“疑非古迹”“故道”等表述的出现，表明作者已经意识到了当时的城市水网系统与六朝时期相比有了明显的不同，或许也知道这种不同是因金陵城修建所产生的结果，但对于这种变化的具体情况还是缺乏深入、系统的认识。再加上之前许嵩对以运渎为代表的建康城市河道模棱两可的认识，因此宋元文献中的相关认识就显得更加混乱，其中对后人影响最大的一个错误就是将南唐西护龙河作为运渎故道。

如前述由于杨吴南唐金陵城的修建，将原本建康城外运渎所流经的区域纳入城内，却将运渎北来之水截入杨吴城濠的北段东流。纳入金陵城内的运渎故道因无水源而逐渐淤塞废弃，原本运渎中段原建康城外的运渎故道彻底废弃，[①]只剩下原建康城内流出的水，而这股水也不再流经西州桥，而是被引入南唐“宫城西堑”西护龙河，时人虽也“疑非古迹”，但苦于没有深入研究，只好承认“循宋行宫城西，迤逦向北，乃其故道”。宋人将南唐西护龙河错定为六朝时期的运渎故道，严重误导了后人对运渎走向的判断：

> 吴所凿运渎，盖发源后湖，由北水关入城，循北极阁前水道（今犹有遗迹可寻），绕今中央大学之西，过大石、莲花等五桥，径廊后街、相府营、香铺营、破布营、金銮巷（今日犹有遗迹）等陂池而至笪桥，西流出城，南流入淮，来源去道，彰彰可考者也。[②]

此处提及的笪桥，在今评事街北，近建邺路的秦淮中河上，而这条河开凿于杨吴南唐时期，六朝时期的运渎自然不会流经笪桥。但后人在探讨运渎走向时，绝大多数学者却都采用了西护龙河就是运渎故道的结论。

那西州桥的具体位置该如何确定呢？最关键还是要确定运渎的具体位置。运渎故道中段早已淤塞，运渎南段的确定就显得尤其重要。运渎南段在

---

①据张九文《德基广场二期工地古代遗存》，该工地发现的宽约30米，东北—西南走向的古河道或许就是运渎故道的遗存。

②朱偰：《金陵古迹图考》，第48页。

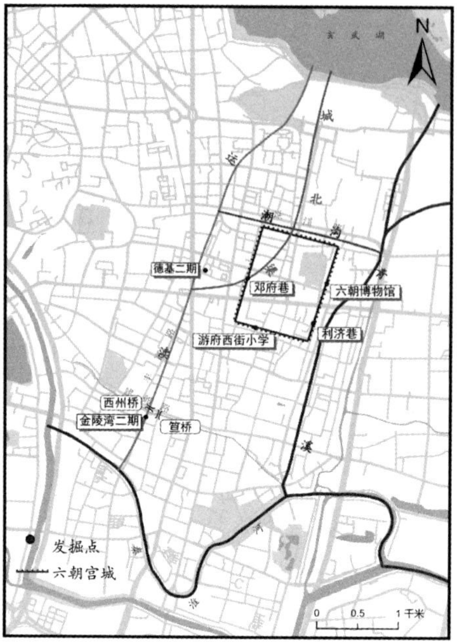

本文六朝建康水系复原图

西州桥南，前引《建康实录》“运渎六桥”中西州桥南的高晔桥、新桥就在运渎南段上。[①]宋人对运渎南段的判断似乎比较确定，“然由宫墙堑至清化桥西折，过钦化桥，再南则运渎旧迹复见，今乾道桥一带河是也”。运渎南段由于没有受到金陵城扩建的影响，基本没有太大变化，在清末民国的地图上，这段河道清晰可见，直到1949年后被填为道路。2008年，南京市博物馆考古部在建邺路南的金鼎湾二期项目中清理出大致南北向的河道，宽约38米。[②]另外，在建邺路以北、丰富路以东的工地施工中，曾发现一处南北走向的古河道，其位置在金鼎湾二期古河道遗址正北方向，被认为是运渎故道，[③]其说甚是。两处均应是运渎故道，西州桥的具体位置就应在这两处地点之间，与东西向道路相交之处。

结语

运渎本是孙权时在建业城西开凿的一条河道，由于《建康实录》作者许嵩认识的偏差，导致文献对运渎及其他相关遗迹描述的混乱，这种认识也使

①《建康实录》中“运渎六桥”条下只记载了五座桥，西州桥南有两座。贺云翱在《六朝瓦当与六朝都城》中，怀疑漏记之桥在杨烈桥与西州桥之间，系都城西门阊阖门西出道路过运渎之桥，是为一说。今建邺路南至秦淮河间有三条东西向道路，其过运渎当有三座桥，《建康实录》只记高晔、新桥两处，而《景定建康志》却有三处——乾道南、北两桥及斗门桥，疑其漏记之桥或在西州桥之南。

②李翔：《鼎新路金鼎湾二期工程考古工地古河道遗址》，收入《南京考古2006》（内部资料）。

③贺云翱：《六朝瓦当与六朝都城》，第77页。

六朝建康城复原图充满着矛盾。本文从城市考古的视角出发，充分考虑自然地理因素，在城市格局演变轨迹中去辨析史料，得出以下结论：

许嵩将孙皓时期开凿的城北渠和孙权时期开凿的运渎混为一体，使运渎既流经建康城内，也在城外流淌。经城北渠流入建康城之水在今邓府巷东侧附近出城后与运渎汇合南流经西州诸桥，流入秦淮。杨吴南唐金陵城的修建，改变了城市水网格局。其中运渎中段废弃，原城北渠之水入金陵城后汇入南唐宫城外的护龙河，但这条河并非运渎故道，也不流经西州桥。运渎南段历经千余年变化不大，是寻找西州桥具体位置的关键。金鼎湾二期及丰富路东侧发现的古河道才是运渎故道，其与东西向道路的交会处才是西州桥所在。

作者简介：王宏，南京市考古研究院研究馆员；高浩，南京市考古研究院馆员

南京大报恩寺遗址南区建筑布局与功能探析

祁海宁

摘要： 大报恩寺是明代重要的皇家寺院，总体上分为南、北两区。北区是寺院主要的宗教活动区，其建筑布局经过全面、系统的考古发掘，并与历史文献和图像资料比对，已经得到完整、清晰的呈现。大报恩寺南区是寺院的配套服务区，承担了寺院管理、后勤保障，以及贮藏《南藏》经板、承接印经业务、开展佛学教育等多项功能。南区建筑布局采取多院制，至少包括11处功能不同的片区。本文依据文献记载、图像资料和已取得的考古成果，对南区内部各片区的建筑布局和功能进行探讨，推动大报恩寺遗址的研究工作进一步走向深入。

关键词： 大报恩寺；南区；建筑布局；藏经殿；大禅堂；三藏殿

一

大报恩寺是明代等级最高、规模最大的皇家寺院之一，与灵谷、天界并列明代南京三大寺。该寺紧临南京正南门（明代称聚宝门，现称中华门），受周边山水格局的影响，该寺的朝向为坐东朝西，占地400余亩，总体上分为南、北两大区域。

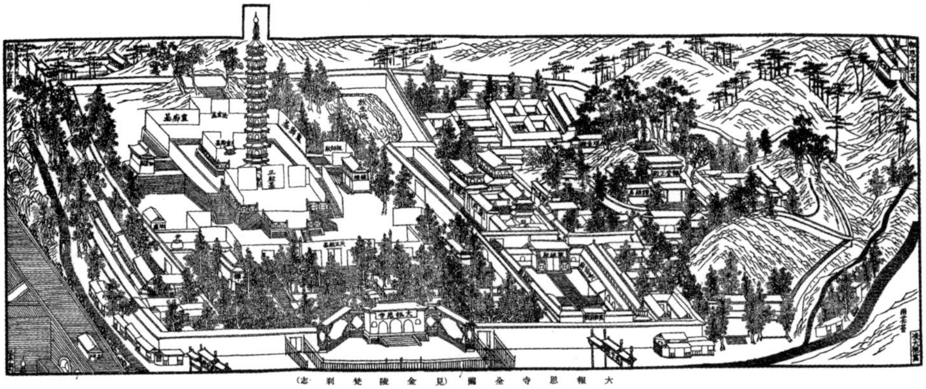

《金陵梵刹志》收录的《大报恩寺全图》①

中外关于大报恩寺的史料记载相当丰富，直观反映该寺面貌的画作亦有多幅，其中最为重要的是明代葛寅亮所撰《金陵梵刹志》收录的由凌大德绘制的《大报恩寺全图》，较好地反映出明代大报恩寺的整体布局。然而该图绘于万历年间，嘉靖四十五年（1566）大报恩寺因遭雷击发生大火，北区主要建筑除琉璃塔外，几乎全部被毁，导致该图之上的北区建筑大都仅存基址。明末清初，北区建筑陆续得到恢复，由此在清代大报恩寺僧人释悟明所撰《折疑梵刹志》，以及乾隆《南巡盛典》收录的两幅大报恩寺全图上，北区的建筑布局与风貌得到完整的呈现。

结合文献记载与图像资料，大报恩寺北区的建筑布局已经相当明确：整体形如“中”字，以中轴线为核心，左右对称，主要建筑设置于中轴线上，次要建筑分布于两侧，四周以长廊围绕。在中轴线上，依次设置了山门（金刚殿）—香水河桥—天王殿—大殿—琉璃塔—观音殿—法堂等七座建筑；在中轴线两侧，两两相对地设置了永乐、宣德两座御碑亭，轮藏殿与藏经殿，伽蓝殿与祖师殿等三组与中轴线垂直分布的建筑。从天王殿开始，至最东端的法堂，两侧建有连续的廊庑，与轮藏殿、藏经殿串联，形成一个南北宽103米、东西长240米的长方形院落。北区也有少量建筑和设施非对称分

①[明]葛寅亮撰：《金陵梵刹志》卷三十一，南京出版社2011年版，第480、481页。下文多次使用该图的局部，不再一一注明出处。

乾隆《南巡盛典》收录的大报恩寺图①

布，比如中轴线左侧的中部设有一座钟楼，但右侧并未相应配置鼓楼；左侧最后部设有一座施生池；中轴线右侧还有一座油库，系为琉璃塔夜间点灯而专设。北区的功能相当明确，它是寺院最主要的宗教活动区，是开展皇家祭祀、法会等大型活动的场所。

2007—2014年，南京市考古研究院对北区进行了全面、系统的发掘，取得重要收获。除了山门、钟楼、藏经殿、祖师殿、南侧画廊等建筑被现代建筑破坏、未发现基址之外，北区其他主要建筑的基址皆得到发掘和保护，现已成为大报恩寺遗址公园的核心保护与展示区。通过发掘，北区的建筑布局得到验证，与历代大报恩寺图反映的情况完全可以对应。

大报恩寺南区从总体上可以看作北区的配套服务区，承担寺院的管理、后勤保障功能，并且还具有收藏《南藏》经板、服务印经需求、开展佛学教育等明朝政府要求大报恩寺承担的多项附加功能。南区面积广大，东西长约410米，南北宽约400米，总面积达16.4万平方米，约为北区的两倍。南区内

①[清]高晋著，张维明选编：《南巡盛典名胜图录》，古吴轩出版社1999年版，第97页。

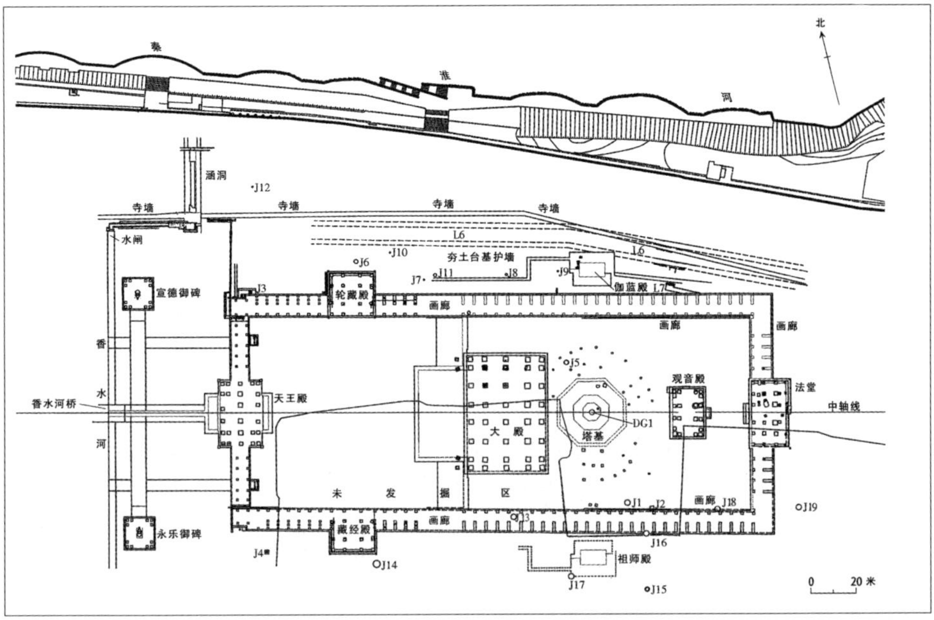

考古发掘揭示的大报恩寺北区主要建筑平面分布图

建筑密集，布局方式与北区完全不同，采取多院制，由藏经殿、库司、大禅堂、公学、旃檀林、方丈、三藏殿、“南岗前山”、“中官住所”等多个相对独立的片区组合而成，分别承担不同的功能。在《金陵梵刹志》收录的《大报恩寺全图》中，南区部分片区如藏经殿、库司、大禅堂、三藏殿等标注有名称，相关区域的性质和功能也较为明确；但也有部分片区未做文字标识，需要根据各种文献记载进行分析与推断。

南区的东部目前仍为南京晨光集团厂区所占据，无法开展考古工作。根据相关文献分析，明代这里分布有公学、旃檀林、东方丈、三藏塔等建筑片区。南区的西部经过市政府的拆迁整治，南京市考古研究院于2016—2020年开展了考古工作，分布于西部的藏经殿、库司、大禅堂等片区得到了相当程度的揭露，片区内的建筑格局已经基本厘清，功能也得到验证。有鉴于此，本文依据文献记载、图像资料和已取得的考古成果，对南区内部各片区的建筑布局和功能进行探讨，以此推动大报恩寺遗址的研究工作进一步走向深入。

二

大报恩寺南区各个片区之间，大都有院墙分隔，彼此界限明确。经过研判，笔者认为至少可分为11个相对独立、功能不同的片区，下面一一进行分析、介绍。

大报恩寺南区及藏经殿片区位置图

1. 藏经殿

又称为经房，位于南区的西北角，是一个由主殿、前殿，两侧各十九间廊房构成的封闭式院落。《金陵梵刹志》卷二《钦录集》记载：“经房，高二丈三尺五寸，深三丈五尺，长七丈二尺，两边房三十八间。”[①]经房因位于南区，未毁于嘉靖四十五年（1566）大报恩寺的火灾，但是到万历时期也已年久失修。万历三十四年（1606）至三十五年（1607），时任南京礼部祠祭司郎中葛寅亮得到施主张应文、张文学等人的支持，重修经房。重修后将这组建筑改称为“藏经殿”。[②]

①《金陵梵刹志》卷二《钦录集》“宣德三年”条，第91页。

②《金陵梵刹志》卷四十九《南藏目录》所附《条约》，第736页。

藏经殿的功能是收藏明代首部官刻大藏经《南藏》①的全套经板，共有五万七千一百六十块。②它们被贮存于经房两侧的廊房之中。葛寅亮记载了万历时期廊房内经板放置的情况：“藏简各登其座，座各有号。而签分架列于廊庑者，灿然可按指索也。”③可见廊房内设有经架，架再分座（区），按一定秩序将经板上架归座，座架和经板上皆贴有标签，需要时可以迅速地按照座号和标签取用经板。这种贮存、检索经板的方式与现代的图书馆颇为类似。

2018—2019年，该组建筑群在考古发掘中得到了较好的清理，除了北部贮经廊叠压在现代道路下暂未清理外，藏经殿的整体面貌已经清晰呈现。考

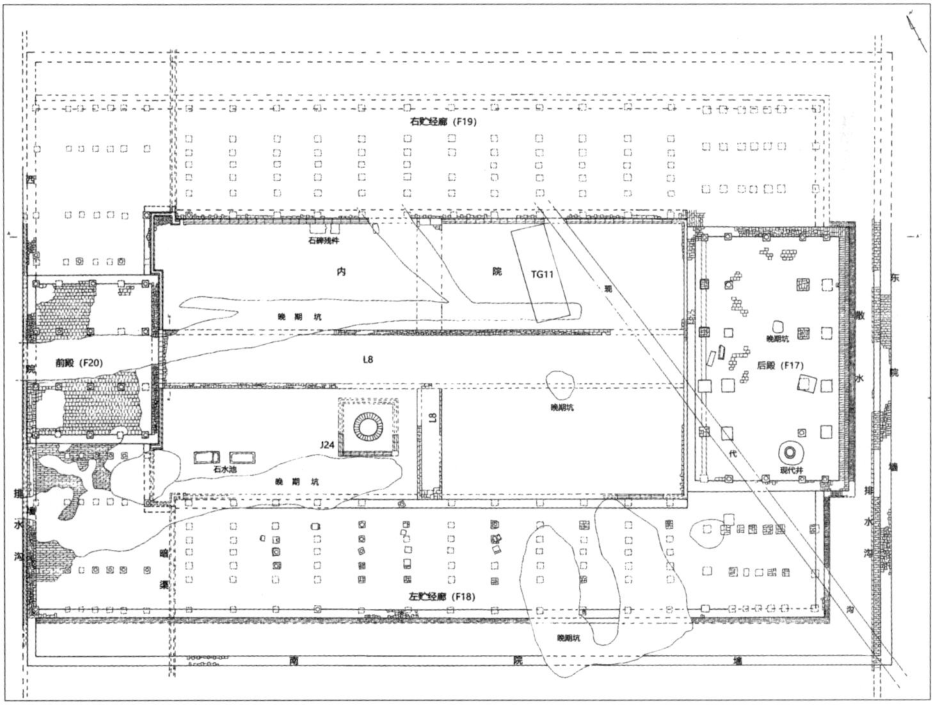

藏经殿片区平面分布图

①明代官刻大藏经有《南藏》《北藏》之分。《南藏》于洪武至建文时期刊刻于南京，刻成后经板收藏于大报恩寺及其前身的天禧寺中，因此被称为《南藏》。而《北藏》于永乐至正统时期刊刻于北京，刻成后经板藏于宫中。

②《金陵梵刹志》卷四十九《南藏目录》，第688页。

③《金陵梵刹志》卷三十一收录的《报恩寺九号藏经并藏殿碑记》，第498页。

古发掘证实，藏经殿由前殿、正殿，以及两侧各十九间贮经廊房构成，外围以围墙环绕，形成一个长约80米、宽约57米的长方形、封闭式的院落。建筑格局、建筑丈尺与文献记载完全一致。院落中部设有一口直径2.5米的大井（J24），院落中保留两个长方形石水池。

值得重视的是，藏经殿片区出土的琉璃构件几乎全部为黑色，与大报恩寺北区出土的绿釉琉璃、五彩琉璃风格迥异，表明该片区的建筑尚黑，以黑色琉璃装饰、铺设屋顶。黑色在中国传统文化中代表水，结合内院中精心砌建的大井，以及两座石质水池，表明藏经殿建筑群对防火问题的高度重视，推测水井和石水池皆为消防设施，以便发生火灾时就近取水。

另外，在藏经殿片区的发掘中，出土了银质、青白瓷、米黄釉瓷等多件不同质地的笔架，说明该片区需要进行大量的文字工作，这与该片区专门从事收藏、校对、租借大藏经板的属性是相符的。

2. 库司

库司与大禅堂相连，位于藏经殿片区的东侧。发掘揭示，库司与大禅堂共同建有围墙，形成一个封闭式院落，在两个片区的南侧，还建有一个牌坊式大门，上书“禅堂大门”。

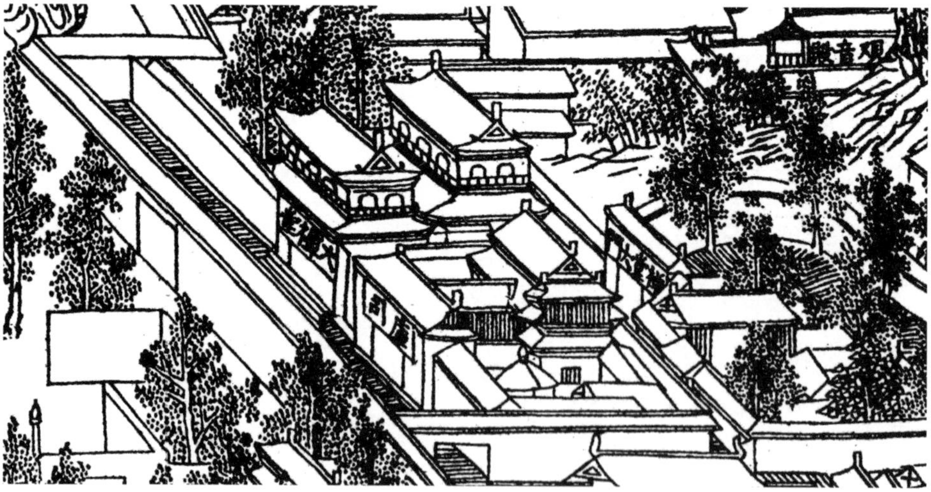

库司与大禅堂片区

在《大报恩寺全图》上，库司主要有前、后两座大殿，前殿为重檐歇山顶，后殿为歇山顶，两殿之间有通道相连，平面如“工”字形。前殿西侧还有一座两层楼阁式的建筑。《金陵梵刹志》卷二《钦录集》对此片区的记载简单明了：“厨房，高三丈三尺四寸，深五丈六尺三寸，长十一丈九尺；库房，高二丈八尺一寸，深五丈一尺八寸，长七丈五尺。”[①]《金陵梵刹志》卷三十一《聚宝山报恩寺》则记录了厨房与库房更正式的名称：“库司：韦驮殿、香积厨七楹。”[②]说明库司中的两座大殿分别被称为韦驮殿和香积厨，每殿皆各有七个开间。

通过考古发掘，在库司片区确认了存在两座主殿。前殿编号为F15，即香积厨；后殿编号为F24，即韦驮殿。香积厨基础保存完整，面阔七间，进深三间，长37.6米，进深14.4米（按基槽间距测算为17.6米），与《钦录集》记载的厨房丈尺一致。

不过，香积厨的基址有特殊之处：自东向西1—6间的柱网结构为正常布局，每间长2.2—4.9米；但最西侧第七间的结构与其他六间完全不同，开间长达12米，进深也只有一进，每角设3个柱础，中部无柱网，开挖出一个长方形地下室。地下室以三层青砖铺地，四壁以条石砌筑，保护十分严密。从香积厨特殊的柱网结构，并结合文献和图像信息，笔者认为香积厨的基础虽然是一个整体，但上层建筑实际分为两座：自东向西的1—5间坐北朝南，是香积厨的主体，功能是厨房兼僧人用餐的斋堂；第7间自成一体，地上两层，地下建有地下

考古发现的香积厨（F15）基址

①《金陵梵刹志》卷二《钦录集》“宣德三年”条，第91页。
②《金陵梵刹志》卷三十一，第482页。

室——很可能为地窖或冰窖，推测是香积厨贮藏食材的贮藏室；第6间为分隔两者的通道。

后殿韦驮殿受到的破坏较严重，部分面积仍被现代道路占压。不过从已揭露的区域分析，它应是《钦录集》记载的库房，面阔七间，进深三间，体量比前殿的规模小很多，其功能应是收藏寺内的重要物品。

3. 大禅堂

在《大报恩寺全图》上，该片区由前后两座双层大殿构成。《金陵梵刹志》卷三十一称为“大禅殿”和“后禅殿”，皆为五楹，旁边还有小房三楹。该片区与库司共同形成一个大院落。

考古发掘工作确认了大禅堂片区的两座双层大殿。前殿大禅殿（F16）的基址保存较好，格局完整。它坐北朝南，面阔五间，进深四间，东西长35.3米，南北深20.2米，与《钦录集》记载的大禅堂的数据几乎完全一致。后殿（F23）目前大部分为现代道路占压，仅局部得到揭露，已揭露的区域与前殿的形制一致。

大禅堂片区的两座大殿体量巨大，是大报恩寺南区最具代表性的建筑。该区域是寺内僧人进行禅修和举办重要活动的场所。

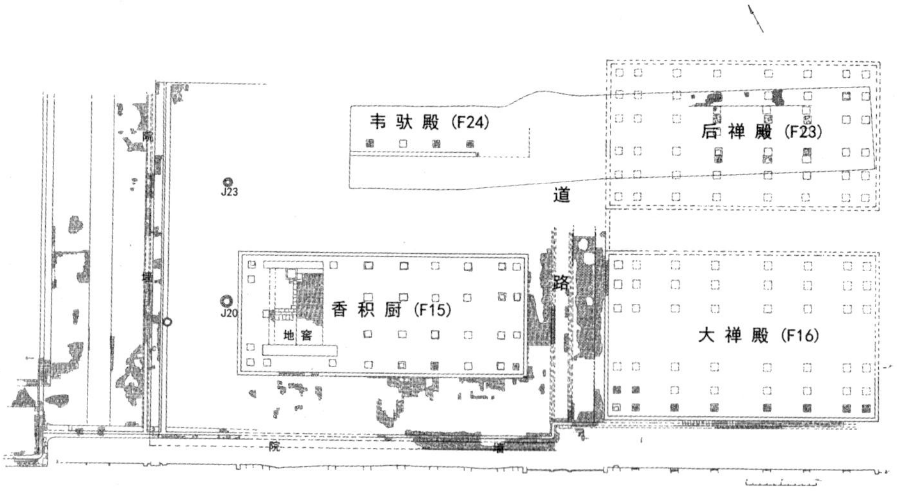

考古发掘揭示的库司与大禅堂片区建筑分布图

4. 公学

《金陵梵刹志》记载，公学建筑总计共有十楹。[①]推测该片区位于大禅堂之东，占据南区的东北角。从《大报恩寺全图》中可以看到，该片区由一座坐东朝西的主殿和两侧厢房组成。

除了“皇家寺院”这个身份之外，大报恩寺还具有“讲寺”的性质和职能，相当于国立佛学院。洪武十五年（1382），明朝政府下令将天下佛寺划分为三等：“曰禅、曰讲、曰教。其禅，不立文字，必见性者，方是本宗；讲者，务明诸经旨义；教者，演佛利济之法，消一切见造之业，涤死者宿作之愆，以训世人。”[②]明朝政府的这项政策在很大程度上改变了自唐以来对佛教“禅、教、律”的划分和管理方式，禅寺仍然得以保留，而以“讲寺”取代原来的“教寺”，又将“教寺”（又称“瑜珈寺”）指定为做经忏法事的寺院，历史上相当兴盛的律宗则被取消。明朝政府还明确规定，各寺专务本宗，不得混业。

大报恩寺的前身天禧寺在元代即为讲寺。黄立恭重修天禧寺之后，朱元璋为它选派的首任住持是担任僧录司右讲经的守仁，称赞他“书通东鲁，经备西来”[③]。由此可以看出，天禧寺在明初就被朱元璋继续确立为讲寺。大报恩寺僧人释德清也明确记载道：

> 惟我圣祖龙飞，廓清寰宇，开万世太平之业。……由是于一门制立三教，谓禅、讲、瑜珈，以“禅”悟自心，“讲”明法性，“瑜珈”以济幽冥。乃建三大刹，以天界安禅侣，以天禧居义学，以能仁居瑜珈。汪汪洋洋，天下朝宗。[④]

---

①《金陵梵刹志》卷三十一，第482页。

②《金陵梵刹志》卷二《钦录集》“洪武十五年壬戌”条，第58、59页。

③《金陵梵刹志》卷三十一收录的《御制黄侍郎立恭完塔记》，第485页。

④[明]憨山德清撰：《雪浪法师恩公中兴法道传》，载《憨山老人梦游集》卷三十，收入《卍续藏经》第73册，第676页。

天禧寺“讲寺”的性质与职能被其后的大报恩寺所继承，承担起培养佛学后备人才的责任。张惠衣在《金陵大报恩寺塔志》中称，大报恩寺“十宗兼备，每宗设一讲座，学僧得任择一宗修习”[①]。此条记载的原始史料来源暂未找到。《金陵梵刹志》对大报恩寺在万历时期如何履行“讲寺”的职能则有较为明确的记载：当时，大报恩寺内设有教学僧二名、通经优给僧十名，他们相当于佛学教师——教学僧以“通经考前列者充之”，通经优给僧“原为考官住及教学而设，务取能作解义，精通经典者”。寺内另有额定牒僧三百五十名、学僧一百五十名，“凡纳牒，必先经入学……牒僧在学，二分兼支，仍免上殿。……学内所习，用《梵网》《楞严》等经，不许习应付法事，只图射利”，学僧“食粮专以到学为主，实在学半年开粮，出学即除粮。……每正月半开学，十二月半止”。[②]培养这些牒僧、学僧所需的经费，全部由国家拨赐给大报恩寺的寺产收入中支出。

考虑到寺内学僧众多，公学只有十楹的建筑空间不可能充当上课的场所，笔者推测公学很可能是讲经僧人办公的场所。从《大报恩寺全图》上可

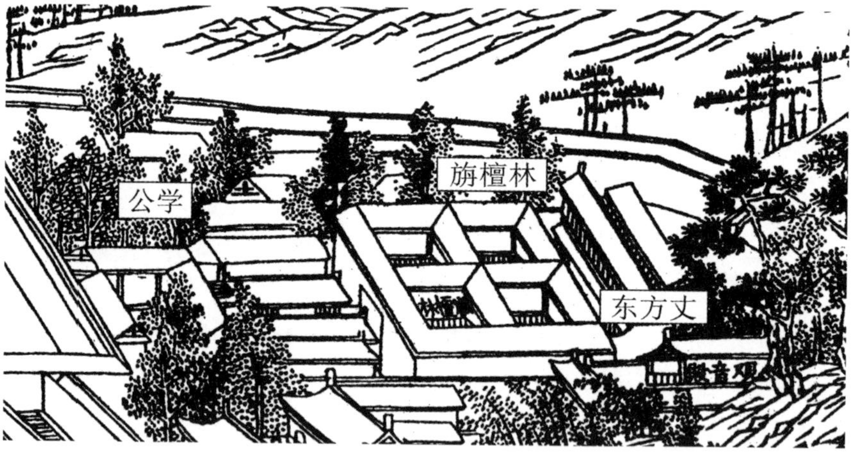

公学、旃檀林、东方丈、观音殿的相互关系

①[民国]张惠衣撰：《金陵大报恩寺塔志》卷首《大报恩寺全图说明》，南京出版社2007年版。

②《金陵梵刹志》卷五十一《各寺公费条例》“报恩寺”条、“条约”条，第817—818、825—826页。

以看到，公学旁还有多排房舍，推测为教室。公学区目前属于南京晨光集团厂区，暂未发掘，遗存保存状况不明。

5. 旃檀林

位于南区东端，公学的南侧。旃檀林是僧人的宿舍。从《大报恩寺全图》上可以看到，该区由一座“田”字形主楼和两座长条形排屋组成。

旃檀，即檀香树，为常绿之乔木，干高数丈，其材芳香，可供雕刻，研根为粉末，可为檀香，或制香油。古优填王以旃檀所刻之佛像，举世闻名，称为“旃檀瑞像”。①《金陵梵刹志》记载，大报恩寺内除了五百名牒僧和学僧之外，还有正式的僧人近百名。寺内的僧院共有“一百四十八房”②。大报恩寺将僧人居住之处命名为“旃檀林”，无疑是希望在寺内学习、常住的僧人们正直勤奋，成长为像檀香树一样的有用之才。目前，该区域暂未发掘，遗址保存状况不明。

6. 方丈（包括三处独立的片区）

由于寺院等级高、规模庞大，大报恩寺内的方丈共设有三处。《钦录集》记载了东、西两处方丈，它们丈尺相同，皆为“高二丈八尺五分，深五丈一尺八寸，长七丈五尺”③。2015年，大报恩寺遗址十八号井（J18）之中出土一件白瓷碗，碗底有墨书铭文“东方丈”，应为明代东方丈内使用的器具，进一步佐证了上述记载。④此外，葛寅亮在《金陵梵刹志》卷三十一《聚宝山报恩寺》中还记载：“中方丈七楹，左方丈六楹，右方丈八楹。”⑤表明大报恩寺共有三处方丈。笔者推测东、西两处方丈应为永乐—宣德时期所建，而中方丈有可能是后期加建。

---

①慈怡主编：《佛光大辞典》“旃檀树”条、“旃檀瑞像”条，台湾佛光出版社1988年版，第4120页。

②《金陵梵刹志》卷三十一，第482页。

③《金陵梵刹志》卷二《钦录集》“宣德三年”条，第91页。

④杨平平：《南京大报恩寺遗址J18、J25发掘简报》，《东亚文明》第4辑，社会科学文献出版社2023年版，第328页。

⑤《金陵梵刹志》卷三十一，第482页。

三处方丈在《大报恩寺全图》上皆有表现，但都未做文字标识。根据《大报恩寺全图》，库司南侧、紧邻“禅堂大门”牌坊处有一处院落，院内建筑呈“门”形分布，主屋坐东朝西，两侧有厢房，总计约有七间，推测该院落很可能就是“中方丈”。该处地点遭后期破坏严重，考古发掘中未能发现中方丈的建筑基址。

根据《钦录集》的记载，东、西方丈皆为较大体量的单体建筑。在《大报恩寺全图》上，南区观音殿的正东部，露出两座房屋的顶部，一座东西走向，一座南北走向，推测此组建筑可能是东方丈，房舍总计有六间；在南区的最西部、紧邻南山门，分布有两座较大型的建筑，皆为东西朝向，一字排列，推测此组建筑可能为西方丈，房舍总计有八间。东方丈所在地现为晨光集团厂区，西方丈所在地现为应天大道占压，皆未能发掘。这两处方丈的建筑格局，有待今后条件具备后通过考古工作进一步核实。

方丈是寺院住持等管理人员居住和办公的场所。《金陵梵刹志》记载，明代大报恩寺额定设立“僧官一员，大住持二名”，僧官按惯例担任南京僧录司“右觉义”之高职。[①]这三人很可能分住于三所方丈之中。

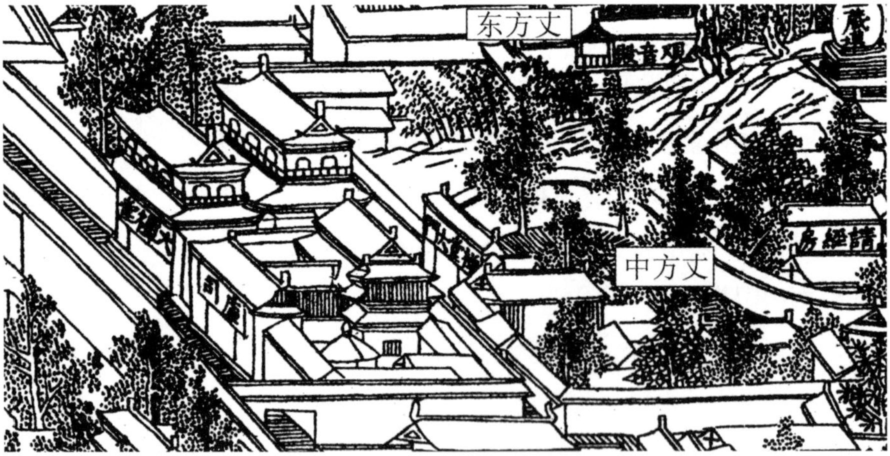

中方丈、东方丈的推测位置

①《金陵梵刹志》卷五十一《各寺公费条例》“报恩寺”条，第817页；《金陵梵刹志》卷三十一，第482页。

南山门、中官住所、西方丈的相互位置

7. 中官驻地

藏经殿南侧有一个坐东朝西、前后三进的封闭式院落，在《大报恩寺全图》上有描绘，但是没有标识建筑名称，《金陵梵刹志》也没有对此组建筑给予说明。《金陵梵刹志》明确记载，明朝政府向大报恩寺派驻有常住宦官，额定“提督一员，司香五员”[①]。他们代表朝廷对大报恩寺进行监管，在寺内享有很高的地位，他们在寺内的驻地无疑应会占据较好的位置。笔者推测，藏经殿旁的这处院落很可能就是驻寺宦官的住所兼办公地点。清代取消内监驻寺制度之后，该区域在《折疑梵刹志》上被标记为“藏经殿”。该区域近现代破坏严重，建筑基址已不存。

8. 南山门片区

南区的南部为丘陵地带，文献中统称为南岗。南岗包括两座山体，可称为前山和后山。围绕这两座山体，分别建有围墙，形成两个不规则的区域。根据《金陵梵刹志》卷三十一的记载，前山东侧自西向东依次设置了“正门

① 《金陵梵刹志》卷五十一《各寺公费条例》“报恩寺”条，第817页。

考古发现的正佛殿（F30）基址

（一楹），韦驮殿（一楹），正佛殿（三楹）”①。西方丈也在此片区内，位于前山西麓，紧邻寺门。该区域的寺门被称为“南山门”，因此笔者将该区称为南山门片区。该区之内的正佛殿（F30）于2019年得到发掘确认，虽然破坏严重，仅残存磉墩痕迹，但仍可判断出这是一座面阔三间、进深为两间的建筑，长11.66米，深8.42米，与文献记载的情况相符。

9. 三藏殿（禅堂）片区

围绕南岗的后山，大报恩寺在其西麓、东麓和南麓建造了多处建筑设施，其中最主要的是坐落于西麓的三藏殿建筑群，因此笔者将这一大片区统称为三藏殿片区。三藏殿建筑群的主体由山门（一楹）、正殿（三楹）、后殿（五楹），以及两侧十楹厢房组成。

万历年间，葛寅亮力主在南京八座大寺中恢复禅堂。大报恩寺的禅堂即由原来的三藏殿改造而来。他在《八大寺重修禅、律堂及赡田僧记》中写

①《金陵梵刹志》卷三十一，第482页。

三藏殿（禅堂）片区

道："琉璃九级而高瞰，窣堵三藏而下峙。请经之室，腋连讲坛，堂之于报恩也。"[①]改为禅堂后，原三藏正殿被称为禅堂正殿，后殿被称为"十方堂"。

该建筑群之后，三藏塔矗立于后山顶部，塔下瘗藏了唐代著名高僧玄奘法师的顶骨舍利。宋太宗端拱元年（988），僧人可政从终南山紫阁寺（今西安市鄠邑区紫阁峪）得到该舍利圣物，辗转千里将它请至金陵。[②]宋仁宗天圣五年（1027），可政在施主唐文遇兄弟，弟子丁洪审、刘文进、张霭等人的帮助下，于天禧寺东岗建塔供奉。塔的造型为仿印度窣堵波式样的单层覆钵式塔，通体白色，以此纪念玄奘法师负笈天竺、学贯中西的非凡经历与成就。洪武十九年（1386），明朝政府为了在天禧寺东部营建西天寺，将三藏塔从原来的东岗迁建至南岗后山。[③]从三藏塔迁建经历可知，三藏殿片区

①《金陵梵刹志》卷十六《八大寺重修禅、律堂及赡田僧记》，第336页。

②[宋]周应合纂：《景定建康志》卷四十六《祠祀志三》，南京出版社2010年版，第1121页。

③1942年，侵华日军盗掘了大报恩寺遗址三藏塔地宫，从中出土玄奘顶骨舍利实物和多份铭文材料，清楚说明了该塔始建、迁建的情况。参阅谷田阅次所撰《三藏塔遗址之发掘》，收入玄奘法师顶骨奉安筹备处编印《唐玄奘法师骨塔发掘奉移经过专册》，1943年，第5—10页。

在大报恩寺的前身明初天禧寺时期就已存在。

大报恩寺收藏了全部《南藏》经板，明朝政府因此要求该寺承担向全社会开放印制大藏经的任务。万历年间，葛寅亮在禅堂北部修建了请经房，专门用于接待、洽谈请经事宜；并在后山南麓新建了“斋堂二楹、静室二楹、请经僧房七楹，厨库等房七楹”[①]，为请经者提供食宿。这些建筑都属于禅堂的一部分。另外，从图上可见后山的东麓还设置有观音殿，《金陵梵刹志》未留下其建筑丈尺的记载。目前，后山东麓和南麓的建筑分别被晨光厂区和现代道路占压，皆未能开展考古工作。大报恩寺被毁后，三藏殿建筑群的正殿和后殿于清末民国时期得到复建，保存至今。

三藏殿片区位于整个南区的核心，占地面积最大，建筑数量最多，并且承担了多项功能：第一，供养三藏塔和玄奘法师顶骨舍利；第二，接待前来大报恩寺的各地请经者；第三，《折疑梵刹志》记载，“三藏殿建自前明，原云游诸僧挂锡之所”[②]，可见这一区域一向被用来接待游方僧侣，因此三藏后殿才被称为“十方堂”；第四，葛寅亮称“请经之室，腋连讲坛”，说明三藏殿（禅堂）经常作为高僧讲经说法的场所，是大报恩寺发挥“讲寺”功能的又一体现。

三

综合以上各片区所述内容，笔者绘制了南区建筑分布示意图，以期更加清晰地揭示明代大报恩寺南区的建筑分布格局。通过此图可以看到，大报恩寺南区也存在一条明显的东西走向的轴线，它从南山门开始，经韦驮殿、正佛殿，以三藏殿建筑群为核心，至三藏塔达到顶峰，再延续至后山东麓的观音殿、东方丈，实际上构成了一座形制完整的寺院布局。南区的这条轴线与北区轴线并列，使大报恩寺形成了一寺双轴的独特格局，如同两寺整合为一寺。

①《金陵梵刹志》卷三十一，第482页。

②[清]释悟明撰：《折疑梵刹志》凡例，南京出版社2013年版，第44页。

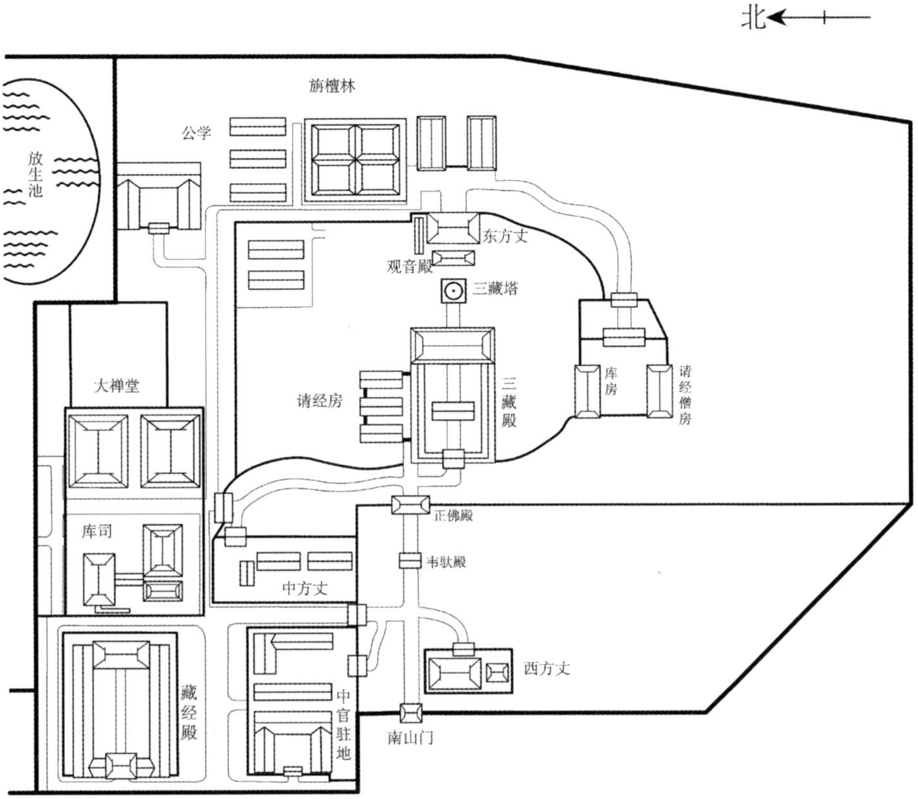

明代大报恩寺南区建筑分布示意图

明代大报恩寺的主要功能是为皇室服务，大报恩寺住持永宁和尚明确指出该寺是“朝廷家佛堂”[①]。因此，明代大报恩寺总体上并不对外开放，尤其是北区。成化八年（1472），明宪宗专门为大报恩寺下达了护寺敕令：“凡官员、军民诸色人等，自今以往，毋得出入混杂，纵肆非为……敢有不遵朕命、沮坏其教者，许住持指实奏闻，论之以法。”[②]而大报恩寺南区尤其是三藏殿区域却明显是对外开放的，不仅允许十方僧众前来挂单修行，而且接待各色社会人等前来请经，与北区封闭管理的方式迥然有别。应该看

①[明]憨山德清撰：《南京僧录司左觉义兼大报恩寺住持高祖西林大和尚传》，载《憨山老人梦游集》卷三十，收入《卍续藏经》第73册，第672页。
②《金陵梵刹志》卷三十一《本寺护敕》，第489、490页。

到，大报恩寺一寺双轴、两寺合一的布局特征，为这种管理与运行方式提供了重要基础。

本文为2018年度国家社科基金重大项目“南京大报恩寺遗址考古发现与研究”（项目编号18ZDA221）的阶段性成果。写作中得到南京市考古研究院周保华研究员，南京师范大学秦卓淼、李婉璐、张志伟、刘珂等多位研究生的帮助，特此致谢！

作者简介：祁海宁，历史学博士，南京师范大学历史文博学院教授，博士生导师

非遗保护工作路径探析
——以南京市民俗博物馆为例

潘彬彬

摘要：南京市民俗博物馆作为全国范围内知名度较高的民俗、非遗“双博馆”，承担起保护、研究、展示、利用南京非遗的一系列任务。本文以阐述非遗保护工作的“博物馆模式”这一概念为基础，对该馆在收集整理非遗资料、展示展演非遗项目、“活态”保护传承人等非遗保护举措进行分析，并提出开展非遗重点保护、加大非遗研究力度、实施非遗项目管理、提高非遗征集质量、推动非遗交流协作、打造非遗文创品牌等非遗保护高质量发展的对策建议。

关键词：非遗；保护；南京市民俗博物馆

南京市民俗博物馆是保护、研究、展示、利用南京民俗文化以及非物质文化遗产的专业性博物馆，坐落于甘熙宅第（亦称“甘熙故居”“甘家大院”“九十九间半”）。2010年，南京市文化部门为了全方位推动本地区非物质文化遗产的保护、展示、传播与传承，经过实地调研和专家论证，建立起独具特色的民俗、非遗“双博馆”。

一、非遗保护工作的“博物馆模式”概述

我国承担非遗保护工作的主体较为广泛，既包括各级政府、企业、科研院所、博物馆、文化馆、图书馆等相关单位，也包括非遗传承人、专家学者、大中小学生等各类群体，建立了社会化的非遗保护组织架构。而作为公共文化服务机构重要组成部分的博物馆，发挥其独特作用，在非遗项目管理、研究、陈列、宣教、文创等方面探索和创新，逐步形成非遗保护的“博物馆模式”。

非遗保护的“博物馆模式”具有以下特点：首先，博物馆具备一定的展陈空间，能为各类非遗提供较为理想的展示、宣传、传播与传承的平台；其次，博物馆的经费来源较为稳定，能够有力支持非遗保护各项工作的顺利开展；再次，博物馆拥有一定比例的专业技术人才，在理论和实践层面可以有效弥补社会其他模式在非遗保护方面的不足。

南京市民俗博物馆主要依托自身拥有的人、财、物等资源以及一定的空间场地做好各类非遗项目的保护。2014年至今，馆方策划的非遗（民俗）临展数年均不少于10个；开辟了多间学习传播南京非遗的教室；在政府有关部门、学校、社会团体的帮助下加大宣传力度，更大范围地促进南京非遗与民俗文化的保护、传播与传承。该馆在非遗项目管理、研究、陈列、宣教、文创研发等领域积极探索、勇于创新，形成独具特色的“博物馆模式”，对于当前博物馆业界的非遗保护工作具有示范和引领作用。

二、南京市民俗博物馆非遗保护主要举措

（一）收集整理非遗资料

非物质文化遗产一直在民间广泛传播与传承，保护非物质文化遗产最重要的举措便是收集整理大量的相关资料。南京市民俗博物馆收集整理非遗资料的首选依靠对象是驻馆非遗传承人。该馆20余名非遗传承人中既包括国家级、省级非遗传承人，也包括市级、区级非遗传承人，如南京白局国家级非遗传承人黄玲玲、南京剪纸国家级非遗传承人张方林、秦淮灯彩省级非遗传

承人曹真荣等。馆方在收集整理上述传承人资料时，记录了传承人的生存现状、传承谱系、文创作品等信息内容，同时通过访谈记录的方式，初步掌握了传承人代表的非遗项目蕴含的现实意义、技艺特点、保存情况以及存在问题、发展方向等一系列重要信息。传承人对于南京市开展各类非遗项目保护与传承的认知、非遗项目在保护与传承过程中对于文博场馆以及传承人自身提出的要求、如何理解非遗工作中“守正”与“创新”的关系、对全社会开展非遗项目保护与传承的呼吁等最能代表每位驻馆传承人的所思所想和实践感受等相关内容，也被纳入收集整理的范围。

（二）展示展演非遗项目

2023年7月，南京市民俗博物馆圆满完成基本陈列改造工程并重新对外开放，在展示金陵甘家历史文化、老南京民俗的同时，也为非遗物化品的展示、非遗传承人的展演提供了特定的氛围空间。对于民间曲艺、民间舞蹈、民间体育与竞技等表演性质较强的非遗项目，设计了与其历史背景、社会环境相适应的展览空间，运用多媒体、道具、布景等支撑非遗项目展陈体系。对于手工技艺、民俗节庆等项目内容，通过还原活化部分辅助场景的办法，让观众深刻体悟非遗的魅力。馆方打破传统的、静态的一元化信息展陈模式，对主题展区内的非遗项目进行科学组合和重新布局，又对非遗资料信息进行数字化处理，运用虚拟现实技术、三维成像技术、全息投影技术、触控技术等展陈技术手段强化观众与各类非遗项目的互动，持续提升非遗陈列展览的动态性、活态性，从而增强了观众的体验感、参与度。馆方在立足办好非遗项目线下展陈的同时，为发挥非遗内在价值与社会作用，建立了官网、微信、微博等线上展播平台，展现了线上传播非遗信息的高效性、便捷性。如2020年以来，相继策划“同心抗疫　中国力量——南京艺术家抗疫主题精品展”等多个传统手工技艺类非遗项目线上展览；2024年，围绕龙年主题推出“龙腾盛世　百龙贺岁——2024甲辰龙年南京地区非遗精品邀请展”官网、微信等线上展览。

（三）“活态”保护传承人

传承人是非物质文化遗产最重要的载体，南京市民俗博物馆非遗保护与传播传承工作紧密围绕非遗传承人有序展开。馆方保护传承人的侧重点在于领悟、贯彻、落实非遗法律法规和相关政策，根据客观状况采取符合实际、积极有效的应对措施。2010年至今，该馆坚持探索和推动非遗传承人保护工作，开展相关实践与创新，积极主动地采用“活态”方式方法保护驻馆非遗传承人。馆方与驻馆传承人签订了协议，帮助其营造有利于保护传承非遗项目的环境，改善馆区非遗作坊展示展演条件，增加与外界接触合作的机会，给予一定的活动经费补助。馆方对非遗传承人的保护多措并举，其中很重要的一点是依据非遗代表作品申报评定暂行办法的相关规定，向所在辖区的文旅部门推荐一部分有代表性和地域特色的南京非遗项目，协助非遗传承人开展项目申报书的制作、补充完善申报材料等。馆方工作人员通过调查摸底，稳步扩大与非遗传承人的合作范围，给予非遗传承人指导性意见，积极推进南京非遗档案资料的收集、整理、编研、出版等事宜；鼓励他们设计研发非遗文创衍生品；向省市两级业务主管部门申请非遗保护专项资金等。保护非遗传承人已经成为南京市民俗博物馆的常态化工作，在馆方实施制度化管理、规范化管理的探索中向着更高水平迈进，亦使非遗传承人改变了其在项目保护、传承、利用中对某些领域“有心无力、力不从心”的被动局面。

三、非遗保护工作高质量发展的相关对策

笔者以为，南京市民俗博物馆不同于传统意义上的博物馆，在不断提升观众对南京非遗的认知水平，增强观众参与非遗活动的体验性、互动性，拓展非遗文化的社教空间和传播渠道的同时，非遗保护工作应当围绕南京地区非物质文化遗产的重点保护、学术研究、项目管理、物化品征集、交流协作、文创品牌建设等诸多领域全面展开，更好地满足社会各界的新需求、新期待。

（一）开展非遗重点保护

博物馆开展文化遗产保护应当体现“重点保护”这一基本原则。在实际工作中，博物馆若依赖有限的资源和条件，未必能在同一时期或某一阶段将所有的文化遗产资源妥善保护好、传承好。因此，博物馆在开展文化遗产保护特别是非物质文化遗产保护时，应当根据相关情况把握非遗重点保护范畴，并结合具体条件，第一时间挽救那些具有代表意义、濒临消逝的非遗项目。

南京地区非遗项目种类丰富、数量众多，对博物馆而言，推动非遗保护工作的前提条件是必须先对南京非遗资源进行全面调查，把即将消逝的类型、现今不复存在的类型、流传久远的类型、有序传播的类型等作为系统整理的判断标准，包括非遗四个级别的保护，对不同级别的非遗项目采取相应的保护策略；其后做好明确的规划策略，全方位开展博物馆非遗保护工作。针对濒临消逝、亟须重点保护的非遗，博物馆应根据重点保护对象的类别属性、自身特点，发挥其拥有的资源禀赋和专业优势，采用更加稳妥、高效的重点保护方式。

南京市民俗博物馆保护、研究、展示展演了200多个南京市级以上的非遗项目。馆方应对上述非遗项目进行筛选评估与科学论证，重点对亟须保护的非遗项目制定保护方案，建立保护档案，尽最大努力守护好重点非遗项目的“根”。以南京白局为例，作为一种在当地已有600多年历史的说唱曲种，其不仅与云锦织造业紧密关联，而且是南京传统曲艺非遗中的重点项目。为此，馆方在南捕厅19号第三进专设云锦织造技艺展厅，并大力扶持以南京白局国家级非遗传承人黄玲玲为首的“南京金陵风白局曲艺团”的工作，积极推动白局学员招募、剧本创作、舞台演出等一系列业务活动的开展。经过多年的发展，南京市民俗博物馆已经成为白局学员相对集中的教学基地、演出场所以及项目传承中心，成为重点保护南京地区传统曲艺类非遗项目的实践标杆。建议馆方相关职能部门在今后工作中，进一步做好非遗项目重点保护工作的前瞻、规划与落地，并及时总结经验、扩大社会影响，充分发挥博物馆非遗项目重点保护的作用。

（二）加大非遗研究力度

在今后较长一段时期内，博物馆可制定计划，继续做好南京地区代表性非遗项目研究丛书的编撰与出版工作，有序推动非遗专项课题的组织与申报，持续开展非遗传承人访谈工作，对处境濒危的非遗项目继续加大研究力度。

1. 专题研究

若从某一地区范围内、目前已被纳入责任单位整体保护规划或形成系统性保护举措的非遗项目考量，博物馆应当开展专题研究。以南京白局为例，其具有很强的地域特征，展现出独特风格的“南京调”唱腔，从民间俗曲中汲取营养的唱词，二胡、琵琶、三弦等民族乐器的伴奏技法，这些与南京白局密切相关的文化要素都值得深入研究和探讨；研究其整体特色，历史、文学、艺术、科学四大价值，更需要探究对南京产生的文化影响以及现代文化对它的认同。若有专题研究成果的支撑，将为馆方开展的南京白局专业保护工作创造更加有利的条件。

2. 系列化研究

一些非遗项目虽然有明显的地域差别，但它们在时代背景、设计手法、发展趋向、功能价值等范围或层面存在较多的相似性。譬如人们熟知的剪纸、泥塑、绳结、木雕等非遗项目，其相似性在艺术风格、题材内容等各方面表现得尤其显著，因此博物馆应对虽分布于各地域但仍归属于同一类别的非遗，在其项目溯源、历史底蕴、装饰特点、审美价值、工艺技法、传承流派、实际用途等方面开展研究，建立系列化的非遗研究模式。系列化研究有助于推动馆际之间非遗研究成果的交流与合作，有助于彼此借鉴非遗保护的成功经验、思路与方法，具有重要的现实意义和指导作用。

3. 分阶段研究

任何时代、任何地域的非遗项目都会经历一个诞生、发展、变易的动态过程，都会表现出彼此不同、具有阶段性变化的发展特征。因此，博物馆必须采用分阶段的非遗项目研究方式，从查阅文献史料入手，探寻各非遗项目的历史发展轨迹、每个发展时期的高潮与低谷、千百年传播传承的渠道路径等。以秦淮灯彩为例，在传统农业社会，其制作材料、扎灯技巧、装饰构件、题材内涵等具有鲜明的特点。进入工业化、信息化时代，秦淮灯彩在材料来源、造型组合、遥控装置、生产单位等领域均发生不同程度的变化。显而易见，只有将人类文明发展史的不同阶段作为主线，对秦淮灯彩开展分阶段研究，才能更好阐述其丰厚的文化内涵，揭示其发展演变的内在规律，预测其传播传承的前景与方向。

4. 多学科综合研究

现阶段学术界开展的非遗项目研究工作，其理论与方法并不唯一，这主要是由非物质文化遗产的性质决定的。因此，非遗研究是一项涉及诸多学科门类、拥有边缘特点的专技工作，人们会运用多元理论方法、先进科技手段探索非物质文化遗产的项目特点、演变规律，以及保护与传承非遗项目的成功模式。文博工作者是非物质文化遗产保护的主力军，其中不乏民俗、民族、文学、社会、历史、考古、艺术等专业领域的研究人员。文博工作者对非物质文化遗产开展研究，理应借鉴上述学科相关理论和方法，研究非遗项目在各学科中的位置及影响，以及各学科理论对非遗项目研究发展的影响，在综合研究中探讨非遗项目的特点及其构架，将非物质文化遗产研究向纵深推进。当然，文博工作者也要借助成熟、完备的学科体系，为非遗项目研究提供丰富和生动的个案，提供可借鉴的思路和方法。

（三）实施非遗项目管理

项目管理是博物馆开展非遗业务工作的重要保障。作为非遗保护基地、非遗旅游体验基地的南京市民俗博物馆，以非遗项目、非遗档案、非遗工作者等为着力点开展一系列管理是十分必要的。仅就南京地区类别齐全、数量丰富的非遗项目而言，其具有较强的历史性、复杂性、独立性、社会性，故应对当地非物质文化遗产的重点类别、重点项目开展学术研究和日常管理，研究它们的社会价值、保存环境、保护措施，以及与当代社会发展的关系、与现代文化的关系、在城市文化中的地位等。该馆对非物质文化遗产必须抓住重点、深入研究，为其“活态”生存发展拓展空间和扩大影响。

1. 项目的常态化管理

常态化管理应包括管理非遗各类项目的物化品、档案资料，并参照文物管理制度进行登记、整理和建档；管理非遗项目保护和传承的场所；管理非遗保护和传承的必要条件；及时向当地文旅主管部门报告各项目保护与实施情况，并接受监督等。

2. 搭建数字档案平台

近年来，南京博物院非遗馆建立了江苏省最大的非遗数字档案库，以江苏锡剧为代表的多个地方特色非遗项目保护工程均受益于南京博物院非遗馆数字档案平台的搭建。南京市民俗博物馆可以参考借鉴其经验做法，利用先进数字化处理技术、多媒体处理技术等科技成果，搭建非遗数字档案平台。一方面，加强专题调研和项目考察，将非遗项目数字化成果转化为非遗传承人权益保障的有力工具，持续推进非遗知识产权的保护和引导；另一方面，遵循《非物质文化遗产数字化保护数字资源采集和著录》等标准规范，运用纪录片拍摄、影音视频录制、图片拍摄、三维成像等媒介，记录非遗物化品的物理性状、流传过程、人文历史背景、艺术审美价值等内容，建立起一定区域范围、具备靶向性服务功能的非遗数字化档案平台，通过数字化项目管理让非物质文化遗产从专业走向大众。

（四）提高非遗征集质量

非遗物化品的征集不同于传统博物馆的藏品征集，因其通常以非遗传承人为征集线索，故具有以“人”为中心的特点。南京市民俗博物馆征集非遗物化品既要紧扣活态性、长期性、抢救性等诸多特点，也要开展非遗物化品的价值认定，进行科学系统、质优高效的征集。譬如馆方要选取能够反映社会历史发展进程、生产生活实践、自然生态现象、科学艺术风格的非遗物化品，注重结合地域特色、民族特色、时代特色，择优征集，树立样本。

1. 建立征集制度，统一衡量标准

建议馆方依据《中华人民共和国非物质文化遗产法》《江苏省非物质文化遗产保护条例》《江苏省博物馆藏品征集规程（试行）》等文件，建立一套符合馆情、能够推进工作的非遗物化品征集制度。针对当前非遗价值的认定尚未有统一标准和依据，特别是存在非遗种类多样、保存状态不一等问题或现象，可以建立第三方外部监督和评估机制，通过互动方式构建征集评估机制流程，统一非遗价值衡量标准，以认定各类非遗价值为基础，深入开展非遗物化品的征集。

2. 拓展征集范围，实现持续跟进

非遗存在形式、文化内涵不可避免地受到时代制约与影响。而非遗物化品作为非遗项目的信息载体，蕴含了丰厚的文化与精神价值。馆方应大力征集、妥善保存各类非遗物化品，做好非遗传承流变的历史记录者、坚定守护者。一方面，拓展非遗物化品征集范围，及时获取非遗项目线索，发挥社会组织和个人作用，以调研为基础开展非遗物化品征集；另一方面，制定中长期征集规划，摸清非遗传承体系，持续跟踪和关注，实现征集动态更新。

（五）推动非遗交流协作

交流与协作，对南京市民俗博物馆非遗业务的发展与壮大具有重要意义。通过交流与协作，馆方也就架起了一座对外联络以及与社会各界沟通的桥梁，有助于履行其非遗保护的使命与职责。馆方既可以与业内兄弟单位开展交流与协作，也可以与其他类别的社会机构开展交流与协作。在此过程中，彼此的运营模式、工作经验可以借鉴参考、取长补短，从而有利于推动非遗业务的开拓创新，有利于非遗保护工作实现高质量发展。

1. 合作办展

笔者认为，合作办展是博物馆开展非遗交流协作常态化和最具影响力的工作举措，已成为充分利用社会各类非遗资源、高效发挥馆方公共服务职能的重要抓手。馆际之间、博物馆与社会其他组织机构之间的合作办展应注重科学规划和统筹协调，建立健全沟通交流机制，签订完善展览合作协议，筹划与展览相配套的活动。合作办展需要强化内容的关联性，注意非遗展览趣味性、专业性、知识性和观赏性的有机平衡，增强展览的张力和吸引力。

2. 人才交流

人力资源是推动博物馆非遗保护工作高质量发展的决定性力量。南京市民俗博物馆的非遗保护工作离不开社会各界专业人才的支持。馆际之间、博物馆与其他社会机构之间，若能加强非遗从业人员的交流互动，非遗保护工作就能实现优势互补、抱团取暖，比孤军奋战、闭门造车更具竞争优势。建议馆方构筑非遗人才交流平台，通过岗位聘任、遴选借调、挂职锻炼等形式，缓解部分非遗岗位人才紧缺的现状，促进非遗保护人才的共享。

3. 科研合作

科研合作是博物馆推动非遗交流协作的重要内容。南京市民俗博物馆开展的非遗科研合作可以采取以下途径：一是在文博业界、馆际之间，就非遗资料征集、陈列展览、社会教育、传承人保护等工作实务问题开展研讨交流；二是与其他非遗保护单位、非遗专家学者联合举办层级较高、影响较大的非遗专题讲座或学术报告会、研讨会、论坛等活动；三是馆方与文化、教育、出版等各类机构单位合作编纂非遗科普读物、画册、传承人传记、项目保护资料汇编等。此外，馆方可与高等院校合作，整合馆内非遗资源和院系学科资源，共同开展非遗课题研究；与科研机构合作，分享非遗信息资源和前沿理论研究成果，提升双方学术水平。

（六）打造非遗文创品牌

利用非遗资源开发非遗文创产品、打造一系列非遗文创品牌是南京市民俗博物馆非遗保护工作实现创造性转化和创新性发展的重要体现。建议馆方结合非遗项目特色，成体系地研发知名度较高、迎合市场需求、具有地域特色和非遗文化元素的文创产品，在“5 · 18”国际博物馆日、文化和自然遗产日等各类专题活动场合进行展示传播，推动非遗文创品牌产业链的发展壮大。

南京市民俗博物馆的业务人员、驻馆非遗传承人应当以敬畏历史和文化为前提，诠释好非物质文化遗产既有的风采，充分挖掘其文化内涵，有效整合表现形式，做好非遗文创产品的开发与推广。宣传和弘扬非遗文创产品内在的传统文化的精髓部分，精心设计和打造能够满足旅游市场需求、游客精神文化和物质生活需求的非遗文创产品。考虑游客消费的差异性和个性化需求，彰显非遗文创产品的艺术价值、审美价值，让传统与现代、审美与实用等各类元素“发光发热”，打造自身所属的非遗文创产品的特色品牌和知名品牌。

结语

非遗保护的“博物馆模式”，是保护、展示、传播与传承中华优秀传统文化的客观需要，也是推进新时代文博事业以及非遗保护工作高质量发展的迫切要求。以南京市民俗博物馆为代表的文旅服务单位立足馆情、开拓创新，为非遗保护工作高质量发展贡献了智慧和经验。展望未来，馆方应持续加强前瞻性思考，整体推进南京非遗保护事业，彰显文博场馆非遗保护的职责与功能。

作者简介：潘彬彬，南京市博物总馆研究馆员

NANJINGXUE

古都历史与景观变迁

秦淮河若干问题研究

卢海鸣

摘要： 本文对秦淮河的名称由来、流域水系进行了全面的辨析，提出秦淮河得名于六朝的观点；明确了秦淮河的长度是由句容河及其上游支流、秦淮河干流相加而得，并尝试将秦淮河划分为上游、中游和下游三段。同时，从城市根脉、经济命脉、军事屏障、文化摇篮、科举重镇和人文渊薮六个方面对秦淮河的历史地位和当代价值进行了评析。

关键词： 秦淮河；名称由来；水系；历史地位；当代价值

在人类文明诞生的北纬30度线上，蜿蜒流淌着一条奔腾不息的河流，这就是长江。在长江成百上千条支流中，有一条长度、流域面积虽平淡无奇，历史文化底蕴却极其丰厚的河流，这就是秦淮河。在南京城市发展史上，秦淮河被世世代代的南京人看作是母亲河，甚至被誉为“中华第一历史文化名河”。秦淮河之于南京，就相当于黄浦江之于上海，珠江之于广州，泰晤士河之于伦敦，塞纳河之于巴黎，它已经成为南京的自然符号、历史符号和文化符号，见证了文献记载的2500年南京建城史的风雨沧桑，更见证了古往今来南京的辉煌荣光。时至今日，“秦淮”与钟山、金陵、秣陵、江宁、白下等名称一起，成为南京的一个重要代名词。

一、名称由来

秦淮河本名龙藏浦，又名淮水、小江。

龙藏浦是秦淮河最早的一个名字。唐朝许嵩《建康实录》卷一《吴上》记载："其淮本名龙藏浦。"[①]龙藏有二义：一是藏龙之地；二是龙宫的典藏，指佛经。浦有多义：一是水边；二是小水汇入江海之处；三是港汊、港口。"龙藏浦"可以理解为"藏龙之水"。南京古代以浦命名的河流还有江乘浦、蟹浦、鄱阳浦、牧马浦、慈蚕浦、京江浦、大同浦、小同浦、泉水浦、钟浦、同夏浦、罗落浦、白社浦、查浦、新林浦、板桥浦、江宁浦、秣陵浦等。[②]"龙藏浦"与"钟山龙盘"可谓"柔肠"与"侠骨"，共同构成了"金陵王气"的意象。南宋周应合《景定建康志》卷十七《山川志序》评价道："疆域，帝王之所定也；山川，天地之所作也。金陵未邑、秣陵未县、建邺未都之前，或言地有王气，或言有天子气，非山川融结，气何所指？"这段话的意思是，金陵王气的核心就是南京的山川形胜。

淮水是秦淮河使用时间较长的一个名字。汉代可能已经使用。唐朝李白《登瓦官阁》咏道："晨登瓦官阁，极眺金陵城。钟山对北户，淮水入南荣。"刘禹锡《石头城》咏道："山围故国周遭在，潮打空城寂寞回。淮水东边旧时月，夜深还过女墙来。"清朝郑燮《念奴娇·金陵怀古·长干里》写道："淮水秋清，钟山暮紫，老马耕闲地。一丘一壑，吾将终老于此。"这些诗词中的淮水，不是淮河，而是秦淮河。自唐朝至清朝，淮水作为秦淮河的代名词一直在使用。

小江是秦淮河的别称。汉代秦淮河河面宽阔，号称"小江"，六朝时期这一名称仍在使用。《三国志·吴书·孙权传》中记载吴主孙权在吴（今苏州）时曾说"秣陵有小江百余里"。这里的小江是相对于大江（长江）而言

①[唐]许嵩撰，张学锋、陆帅整理：《建康实录》，南京出版社2020年版。
②[宋]周应合纂：《景定建康志》卷十九《山川志三》，南京出版社2010年版。

的，指的就是秦淮河。北魏史学家魏收《魏书》卷九也提到小江，原文在贬低南朝刘宋政权皇室内部相互残杀时写道："遥望建康城，小江逆流萦。前见子杀父，后见弟杀兄。"其中的小江同样指的是秦淮河。

秦淮河一名的诞生与"金陵王气"息息相关。

"金陵王气"的传说可以追溯到战国时期。《景定建康志》卷五《建康图辨附·辨金陵》在论及金陵一名由来时写道："金陵何为而名也？考之前史，楚威王时，以其地有王气，埋金以镇之，故曰金陵。"楚威王埋金镇王气，南京因此得名金陵的传说，千百年来代代相传。

秦始皇统一中国后，"金陵王气"变成了"东南有天子气"，引起了秦始皇的不安。据司马迁《史记》卷八《高祖本纪》记载："秦始皇尝曰：'东南有天子气。'于是因东游以厌之。"秦始皇多次东巡，其中一次是始皇三十六年（前211），他在东南地区开展了一系列破坏"天子气"的活动。对此，《建康实录》卷一《吴上》有更详细的记载："当始皇三十六年，始皇东巡，自江乘渡，望气者云：'五百年后，金陵有天子气。'因凿钟阜，断金陵长陇以通流，至今呼为秦淮。"秦始皇东巡，从江乘渡江，途经金陵，因风水先生说"五百年后，金陵有天子气"而凿断金陵长垄以通流，从而达到破坏"金陵王气"的目的。秦淮河一名由此而来。

"金陵王气"最终因为有了吴大帝孙权定都建业（今南京）的创举而有了结果。唐朝房玄龄等撰《晋书·元帝纪》云："始秦时望气者云'五百年后金陵有天子气'，故始皇东游以厌之，改其地曰秣陵，堑北山以绝其势。及孙权之称号，自谓当之。"公元229年，孙权迁都建业，距秦始皇泄王气440年，虽然不足500年，但孙权自认为验证了风水先生的传说。

秦淮河之名，根据笔者的发现，可能起源于六朝时期。北宋李昉《太平御览·地部》引南朝顾野王《舆地志》云："秦始皇巡会稽，凿断山阜，此淮即所凿也，亦名秦淮。"[1]南宋曾极《金陵百咏·秦淮》引东晋孙

①《景定建康志》卷十八《山川志二》记载与此完全相同，南京出版社2010年版。

盛《晋阳秋》云："秦开，故曰秦淮。"[①]至唐朝时已经广为人知。唐玄宗时期的重臣徐坚等奉敕编撰的《初学记》卷六提到"今在润州江宁县，土俗亦号曰秦淮"。生活在唐玄宗、唐肃宗时代的史家许嵩，在其撰写的《建康实录》卷一《吴上》中称"至今呼为秦淮""后人因名秦淮也"。李白《留别金陵诸公》有"至今秦淮间，礼乐秀群英"的诗句，其中的秦淮指的就是秦淮河。而诗人杜牧笔下的《泊秦淮》："烟笼寒水月笼沙，夜泊秦淮近酒家。商女不知亡国恨，隔江犹唱后庭花。"更使秦淮河之名妇孺皆知。

二、流域水系

南京地区水系发达，按照全省的水系划分，南京的河流分属于长江、淮河两大水系。在次一级的水系划分上，南京的河流在江北和江南分属于淮河水系、滁河水系、长江南京段干流水系、秦淮河水系、水阳江水系、太湖水系六大水系。其中秦淮河水系位于南京东南部，是长江下游的一条重要支流。

秦淮河全长110千米，由南而北贯穿南京的江南地区中部。这里的地形四面环山，中间低平，形成一完整的山间盆地。四周山地海拔250—450米，北为宁镇山地，南为横山和东庐山，西面是牛首山、云台山，东到句容茅山。山地内侧分布大片黄土岗地，海拔20—60米。沿秦淮河两侧是低平的河谷平原，海拔5—10米。[②]整个秦淮河水系，从空中俯瞰，就像是一片巨大的树叶铺在青山绿野间，蜿蜒曲折的秦淮河干流宛如叶柄，一条条支流和汊河宛如一根根叶脉，向四周延展开来，隐入周围的群山怀抱之中。据南京市地方志编纂委员会编的《南京水利志》记载，秦淮河流域面积在南京境内

①[唐]徐坚等撰《初学记》卷六《地部中》记载："《晋阳秋》曰：'秦始皇东游，望气者云，五百年后，金陵有天子气，于是秦始皇于方山掘流，西入江，亦曰淮。'今在润州江宁县，土俗亦号曰秦淮。"这里的引文《晋阳秋》只提到"淮"。《景定建康志》卷十八《山川志二》记载："孙盛《晋阳秋》云：'是秦所凿，王导命郭璞筮，即此淮也。'"由于《晋阳秋》一书已经亡佚，所以孰是孰非很难判断。

②南京市地方志编纂委员会：《南京水利志》，海天出版社1994年版。

1837.9平方千米（加上句容境内流域面积，总面积2631平方千米），占南京土地总面积6587.04平方千米的27.9%。

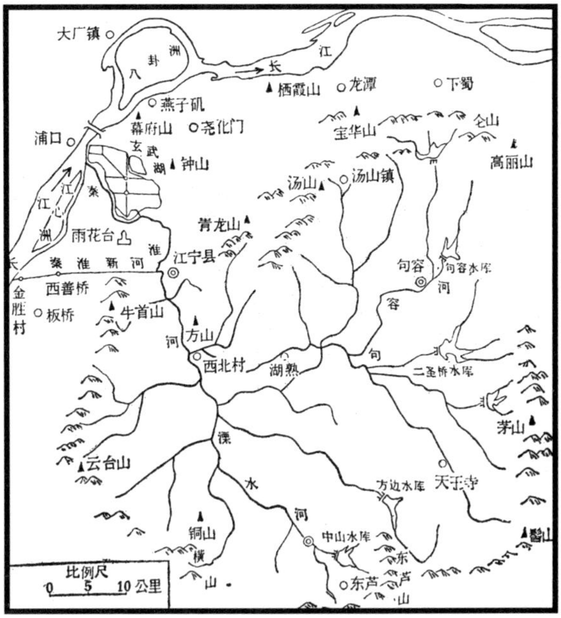

秦淮河流域水系图

秦淮河发源于句容宝华山和溧水东庐山，两源在江宁西北村汇合，沿途流经江宁、秦淮、栖霞、玄武、雨花台、建邺、鼓楼等区，在下关三汊河汇入长江南京段，与长江呈“人”字形的交汇。它是一条“天人合一”的河流。秦淮河源头和主干部分具体如下：

1. 句容河

秦淮河北源（又称东源）发源于江苏省句容市宝华山东麓，自北向南，流经句容、江宁，至赤山附近，转为自东向西，经江宁区湖熟街道、龙都街道，至方山街道西北村与溧水河汇合。其中从句容市区东侧句容水库至江宁区西北村这一段称为句容河，河道长约41千米（其中句容市境内约20千米，江宁区境内约20千米）。它的上游有两条支流三个源头：发源于大华山的地表水汇聚到北山水库，经肖杆河（又称二支河），流到房家坝，长约36.2千米；发源于空青山、武岐山的地表水汇聚到北山水库，经肖杆河（又称二支河），流到房家坝，长约31.2千米。发源于高骊山（又作高丽山）的地表水，经一支河，汇聚到句容河，长约20千米。[①]句容河在句容市有北河、中河、南河经赤山湖北的赤山闸汇入，在江宁区有汤水河、东索墅河、团结河

①综合南京市政协文史（学习）委员会编《百里秦淮话沧桑》（南京出版社2004年版），以及《南京水利志》《南京交通志》《南京的水》等资料。

等汇入。

2. 溧水河

秦淮河南源发源于溧水区东庐山西麓，自东南向西北流经溧水区、江宁区，至江宁区方山街道西北村与句容河交汇。其中从一干河口至西北村这一段，称为溧水河，河道长18.7千米。它的上游有三条支流：一干河长20.58千米；二干河长25.6千米；三干河长17.69千米。溧水河上段一、二、三干河，分别承中山水库、方便水库、西横山水库来水，在江宁区有横溪河、句容南河汇入，至西北村汇入秦淮河干流。一干河南有天生桥河，沟通水阳江水系的石臼湖。

3. 秦淮河干流

句容河、溧水河在江宁区方山街道西北村交汇后，形成秦淮河干流，略偏向西北流至江宁区东山街道，再偏向北流至七桥瓮，然后西折，流到南京市区通济门外，与护城河汇流，绕城东、城南、城西至三汊河入长江，长34千米（其中西北村至通济门段长20.3千米）。秦淮河干流沿途有云台山河、牛首山河、外港河、秦淮新河、运粮河、友谊河、响水河、东南护城河、秦淮河东支、南玉带河、南河等汇入。

4. 内秦淮河

秦淮河干流在通济门外分为两支，一支通过东水关进入南京城，在水西门南的西水关出城，与外秦淮河汇合，这支进入南京城内的秦淮河，称为内秦淮河。

内秦淮河略呈变形的V字形，它由东水关进城，折向西南，流经夫子庙（俗称老门东）的平江桥、文正桥、文源桥、文德桥、来燕桥、武定桥、朱雀桥、镇淮桥等，然后折向西北，流经门西地区的甘露桥、新桥、上浮桥、下浮桥等，在西水关出城，全长约4.5千米，本是秦淮河干流下游的一段。公元10世纪的五代十国时期，杨吴南唐政权多次修建金陵城，金陵城突破了六朝建康城的空间范围，将秦淮河下游两岸的市场和居民区全部包罗在城内。与此同时，在都城的四周开凿护城河，这些护城河因始凿于杨吴时期，后人习称为杨吴城濠。杨吴城濠的南段、东段南半部、西段，就是外秦淮河。从此，流经南京城内的秦淮河退居为支流，成为内秦淮河，外秦淮河一跃而成为秦淮河下游的主干。

5. 外秦淮河

秦淮河干流在通济门外分两支，一支被圈入城内市井繁华地带，成为内秦淮河；另外一支环绕南京城墙之外，自东水关之外沿城墙向南，绕东南角由西，过雨花桥、长干桥、饮马桥，至西南角赛虹桥立交转向北，在水西门南的西水关与内秦淮河水汇合，然后向西北方向流入长江，这就是外秦淮河。外秦淮河东段前身是杨吴城濠东段南半部，南段前身是杨吴城濠南段，西段前身是杨吴城濠西段和明朝京城城墙西部护城河的一段。河道长约13.7千米（其中东水关至西水关长5.34千米）。

我们通常所说的秦淮河长约110千米，这个数据是如何得出的？《南京水利志》《南京交通志》《（南京）自然地理志》等权威著作，要么语焉不详，要么相互矛盾。

基于河流总长度计算通常遵循的两个原则：一是选择最长支流原则。以河流的最长支流作为主河道，从源头到河口计算其长度。二是不包括其他支流原则。其他支流的长度不直接计入总长度，除非它们被认定为主河道的一部分。这种方法确保了河流长度的准确性和一致性。

笔者认为，秦淮河长约110千米，应该是由其最长的源头——句容宝华山东侧大华山源头至三汊河入江口计算的，而不是将句容河、溧水河和秦淮河干流相加在一起。具体构成如下：

（1）大华山源头至北山水库约15千米；

（2）北山水库至房家坝约21.2千米；

（3）房家坝至赤山北麓句容市与江宁区交界处约20千米；

（4）赤山北麓句容市与江宁区交界处至西北村约20千米（这一段也是六朝时期的著名的人工运河破岗渎和上容渎的西段）；

（5）西北村至通济门东水关约20.3千米；

（6）东水关外绕城至三汊河入江口约13.7千米。

以上六段相加，约110千米。

秦淮河的上游、中游和下游如何划分，划分标准是什么？在笔者所见到的相关成果中，同样也是语焉不详。根据秦淮河水系的地形、水文特征、汇流点和分流点、人类活动的影响等要素，笔者认为可以划分为以下三段：

（1）上游段（自然汇水区）：句容河与溧水河的源头至江宁西北村汇合口（干流起点）。两条支流均位于丘陵到平原的过渡地带，河道相对较窄，流速相对较快，属于典型的源头汇水区。

（2）中游段（过渡段）：西北村汇合口至南京通济门外分汊点（内、外秦淮河分界）。秦淮河干流进入平原，河道展宽（如东山段河宽30—50米），水量因沿线支流汇入而显著增加，城镇化的影响日益明显。

（3）下游段（城市及河口段）：通济门外分汊后至三汊河入江口（外秦淮河干流）。外秦淮河绕城河道受防洪闸坝控制，流速缓，同时还会受到长江潮汐倒灌影响。

从狭义上来讲，秦淮河指的是从源头到入江口这一段。句容河、溧水河两源交汇处的西北村以上为上游，包括句容河41千米、溧水河18.7千米，以及它们上游最长的支流，长度分别是36.2千米、25.6千米；西北村至东水关之间为中游，这是秦淮河干流的主要部分，长20.3千米；东水关至三汊河入江口为下游，包括内秦淮河、外秦淮河（属于秦淮河主干河道，也是秦淮河干流的一个组成部分），南京的主城区就位于秦淮河下游，长13.7千米。其中上游的句容河、溧水河，中游的秦淮河干流，下游的内秦淮河（又名内秦淮河南段）属于天然河流；下游的外秦淮河，始凿于五代十国时期，代有疏浚，属于人工河流。至于南京城内的内秦淮河北段（杨吴城濠北段）、内秦淮河东段（杨吴城濠东段）、内秦淮河中段（南唐宫城护龙河南段），以及横贯今天江宁区和雨花台区境内的秦淮新河（1975—1979年开凿），严格来说，虽有秦淮河之名，但并不是秦淮河的源头或主干部分，因此不能算作真正意义上的秦淮河。

从广义上来讲，秦淮河是一个由河道、湖泊、水库、水闸、泵站等构成的复杂的水系。据王凯主编《南京之水》介绍："秦淮河水系由秦淮河干流、秦淮新河分洪道、12条一级支流河道、5座城市型湖泊、4座中型水库、20座小（一）型水库、49座小（二）型水库、4座中型水闸、4座提水能力大于10万t/d的泵站、2条农田骨干抗旱翻水线等水利工程组成。"据统计，秦淮河两岸共有26条支流河道汇入，其中人工开挖河道2条，即秦淮新河和天生桥河。在所有支流河道中，流域面积大于1000平方千米的有句容河（1264平方千米），大于100平方千米的有溧水河（863平方千米）、汤水河（242平方千米）、云台山河（227平方千米）、运粮河（110平方千米）和天生桥河（100平方千米）等10条。①

有史以来尤其是1949年中华人民共和国成立以后，为了提高秦淮河的防洪能力、行洪速度和抗旱水平等，地方政府对秦淮河进行了多次整治，包括对河道裁弯取直、疏浚河道、加固堤坝、修筑水闸、修建水库、开挖新河等。千年流淌的秦淮河，其长度、宽度、深度也一直处在不断地变化之中。

三、历史地位和当代价值

回溯人类古老文明兴衰的历史，我们会发现，无论是埃及、巴比伦、印度，还是中国，文明的光辉都如出一辙地兴起于大江大河之滨。南京襟江带河，气候温润，土壤肥沃，得天独厚的地理环境自然而然受到先民们的垂青。早先的人类，或许没有想到南京之后的辉煌与壮美，他们只是凭着生存与繁衍的本能，选择了秦淮河流域这一方水土。

（一）城市根脉

距今大约六千年前，在中华文明露出曙光之际，南京地区的大江南北出现了许多原始聚落，先民们开始了辛勤耕耘劳作的历史。聚落时代的南京

①王凯主编：《南京之水》，河海大学出版社2011年版。

先民创造了具有鲜明地域特色的考古学文化，又称为“先吴文化”[①]。其先后发展序列为：以北阴阳营遗址第四层为代表的新石器时代文化（公元前4000年）—相当于中原地区夏代的点将台文化（公元前2000年—公元前1600年）—相当于商代的湖熟文化（公元前1700年—公元前1000年）。这一文化序列延续数千年，一脉相承，绵延不绝。在南京地区范围内，有关这一序列的古文化遗址就有200余处。其中秦淮河流域的平川沃野，为先民们的繁衍生息提供了得天独厚的条件。

秦淮河流域的古文化遗址有秦淮区长干古城遗址、窨子山遗址，江宁区昝缪遗址、太岗寺遗址、老鼠墩遗址、神墩遗址、前岗遗址、梁台遗址、船墩遗址、艾塘遗址、橙子墩遗址、磨盘山遗址，栖霞区西岗街道桦墅村（原属江宁县汤山乡）点将台遗址，溧水区溧水中学遗址、螺蛳滩遗址、青龙桥遗址、二塘头遗址，以及句容市白蟒台遗址、城头山遗址、东岗头遗址、城上村遗址等。以南京鼓楼区北阴阳营遗址命名的北阴阳营文化早期和以栖霞区西岗街道桦墅村点将台遗址命名的点将台文化，出土有石器、陶器、玉器、蚌器、骨角器以及青铜炼渣等。以江宁区湖熟镇命名的湖熟文化，出土了印纹硬陶、原始青瓷器、卜甲、卜骨、青铜器和文字符号，标志着南京文化进入青铜时代。秦淮河流域的众多古文化遗址，与江淮文化、徐海文化、太湖文化、皖西文化相互交融，由此催生出可与中原诸国分庭抗礼的吴国及其文化，并为日后南京文化的形成和发展打下了良好的基础。

大约在公元前11世纪的商朝末期，周太王之子太伯、仲雍奔吴，江南历史进入吴文化时代。在宁镇皖南地区，沿着秦淮河、水阳江、青弋江、姑溪河、慈湖河和长江，形成了众多西周至春秋时期的聚落。西周至春秋早期的聚落遗址分布范围与湖熟文化基本相同，凡是有商时期文化层（湖熟文化）的聚落遗址，其上层必为西周春秋文化层（吴文化），反之则不一定。南京博物院的考古工作者曾沿着宁镇山脉和秦淮河流域做过一次考古调查，发现

---

①陈兆弘：《试论长江下游城市文明起源》，收入何一民等主编《文明起源与城市发展研究》，四川大学出版社2004年版。

吴国聚落遗址127处，连同以往调查发掘的达到152处。春秋中期以后，吴国聚落遗址的分布范围逐渐扩大到长江以南的太湖流域以及长江以北地区。吴国的聚落可能既是生产单位，也是军事单位。吴文化的主要出土文物为陶器、青瓷器和石器，此外还有少量的青铜器。①

大约在公元前5世纪的人类历史“轴心时代”②，也就是我国黄河流域的百家争鸣时代，地处长江下游的南京地区脱颖而出，诞生了人类文明的象征和标志物——城市③，阔步登上中国历史的舞台，南京由无城郭的“农业聚落”时代迈入有城垣的“邑制都市”时代。

南京因水而生，因水而兴，因水而盛。南京城从无到有，从小到大，从先秦时期的军事堡垒、战国时期诸侯国的封邑发展成为六朝古都、十朝都会，与秦淮河的滋养密不可分。

据文献记载，早在周元王四年（前472），越王勾践命令谋士范蠡在中华门外控扼秦淮河、临近长江的长干里一带筑城，史称“越城”，又称长干城、范蠡城，标志着南京建城史的滥觞。

公元前333年，楚威王熊商击败越王，尽取越国故土，并在秦淮河北岸的石头山筑城，取名金陵邑，这是南京主城区设立行政建置的开端。

229年，吴大帝孙权在秦淮河下游修筑建业城（东晋南朝称建康，今南京），开启了南京建都的历史。此后，东晋、宋、齐、梁、陈相继定都于此，南京由此得名“六朝古都”，保存至今的六朝石刻和文物见证了这一个“黄金时代”。

五代十国时期，天下纷扰，干戈相寻，杨吴权臣徐知诰（即南唐先主李昪）修筑金陵城，并于937年以金陵为国都，改国号为唐，史称南唐。杨吴、南唐将秦淮河下游一部分包入城内，内、外秦淮河由此形成。

---

①张敏：《吴越文化比较研究》，南京出版社2018年版。

②[德]卡尔·雅斯贝斯著，李夏菲译：《历史的起源与目标》，漓江出版社2019年版。

③[美]刘易斯·芒福德著，宋俊岭、倪文彦译《城市文化》“导言”：“总括而言，城市又成为人类文明的象征和标志——人类文明正是由一座座富有个性的具体城市构成。”

1368年，明太祖朱元璋在应天称帝，以应天为首都，改称“南京”，这不仅是南京之名的开始，也是南京第一次成为统一的全国性的首都。明朝的南京城，内、外秦淮河交相辉映。而应天府（又称南京府）的辖区跨过长江，标志着南京由秦淮河时代进入长江时代。

1853年，洪秀全领导的起义军势如破竹，席卷半个中国，而他所建立的太平天国政权定都于南京，改称天京。1864年湘军克复天京，太平天国运动失败。秦淮河见证了天京城的腥风血雨。

1912年，封建帝制被民主共和的浪潮所终结，中华民国成立，而作为这个新时代的象征，孙中山先生便是在南京就任中华民国临时大总统，逝世后则葬于中山陵。到了1927年，国民政府以南京为首都，聘请美国建筑师墨菲制订《首都计划》，南京成为我国第一个按照国际标准、采用综合分区规划的城市。秦淮河以其独特的地位，成为《首都计划》的一个重点规划对象。

1949年，中国人民解放军百万雄师渡过长江，解放南京，历史翻开了新的一页。

纵观历史，定都南京的王朝（政权）屡屡在汉民族抵御外族入侵的紧急关头挺身而出，承担起“救亡图存”的责任与使命，成为中华文化的保护者、传承者、复兴者和创造者。在历史的关键时刻，如果没有秦淮河畔的南京城作出牺牲、担当和贡献，中华文明的进程不仅难以延续，中华民族的历史也要重新书写。与同为我国“四大古都”的北京、西安、洛阳相比，南京在中华文化史上占有特殊的历史地位，富有独特的文化魅力。朱偰先生在《金陵古迹图考》中写道：“文学之昌盛，人物之俊彦，山川之灵秀，气象之宏伟，以及与民族患难相共、休戚相关之密切，尤以金陵为最。”

（二）经济命脉

在南京历史上，秦淮河不仅是南京的城市根脉，而且是南京的经济命脉和商业中心。六朝时期是江南经济开发和发展的重要阶段。这一时期江南经济的发展大致经历了孙吴、东晋和南朝三个时期。随着建康成为都城，以建康为中心的江南经济迅速发展起来。经过六朝三百多年的开发，到了唐朝中期之后，长江中下游地区成为我国继黄河流域之后的又一个经济重心地区。

六朝建康经济的腾飞得益于以建康为中心的水上运输体系的形成。从当时南京城内外的交通来看，秦淮河与破岗渎（破冈渎）堪称南京与外界联系的一条经济大动脉。

六朝以前，南京主要通过长江、秦淮河与周边地区发生联系。孙吴赤乌八年（245），吴大帝孙权派校尉陈勋率三万屯田兵“凿句容中道，至云阳西城，以通吴、会船舰，号破冈渎”。破岗渎经方山、句容，穿越太湖，东连江南河，西连秦淮河。破岗渎的开凿，接通了秦淮河与经济最为富庶的三吴（吴、吴兴、会稽）地区之间的交通航道，使三吴地区的漕船不需经过京口（今镇江）逆流而上百余里，改由这条运河将粮食等物资直接运到建业，避免了因长江风浪造成的漕运损失，确保都城建业的粮食等物资供给，对建业城乃至六朝政权三百多年的政治稳定、经济发展和文化繁荣产生了积极影响。六朝时期，秦淮河的上下游分别设置有两个重要的关口，一个是石头城下的石头津，一个是方山南边的方山津，对进出南京的货物进行检查和征税。《隋书》卷二十四《食货志》记载：“又都西有石头津，东有方山津，各置津主一人，贼曹一人，直水五人，以检察禁物及亡叛者。其荻炭鱼薪之类过津者，并十分税一以入官。其东路无禁货，故方山津检察甚简。”

六朝时期，秦淮河下游逐步成为商业中心。早在孙吴时期，秦淮河两岸已是店肆林立，百货齐全，商贾云集，不仅有本地特产，还有域外输入的珍稀物品。晋朝左思《吴都赋》云：“水浮陆行，方舟结驷。唱棹转毂，昧旦永日。开市朝而并纳，横阛阓而流溢。混品物而同廛，并都鄙而为一。士女伫眙，商贾骈坒。纻衣絺服，杂沓傱萃。轻舆按辔以经隧，楼船举帆而过肆，果布辐凑而常然，致远流离与珂珬。”[①]东晋南朝时期，秦淮河中帆船林立，前来都城建康的“贡使商旅，方舟万计”[②]。六朝建康的市场基本上集中在秦淮河两岸。《隋书·食货志》记载“淮水北有大市，自余小市十余

①[梁]萧统编，[唐]李善注：《文选》卷五《吴都赋》，中华书局1977年版。
②《宋书》卷三十三《五行志》。

所”，说的就是秦淮河北岸不仅有大型的市场，还有小型的市场十多处。建康的市场多种多样。除了纱市之外，牛马市、谷市、蚬市、盐市等专业集市“皆边淮列肆”，即设在秦淮河两岸。

1368年，朱元璋在南京建立大一统的明朝政权，南京成为全国的政治、经济、文化中心。为了支撑南京中央政府和军队的正常运转，各种物资都需要从经济重心地区调拨、输送。我国历史上自隋唐以来形成的南粮北运的漕运方向发生重大改变，变成以南京为中心的格局。

为将太湖流域的物资源源不断地运到南京，洪武二十五年（1392），朱元璋下令征调大批民工，疏浚胥河，漕船经过水路可以由太湖、胥河、固城湖直接到石臼湖，仅余秦淮河与石臼湖之间的水路未通。洪武二十六年（1393），朱元璋又命崇山侯李新开凿胭脂河，沟通石臼湖与秦淮河水路，从此江浙漕粮经太湖—胥河—石臼湖—胭脂河—秦淮河的漕运水路全线贯通，避免了由镇江溯长江而上可能遭遇的覆舟之险，满足了居住在南京的皇室、官僚和军民等形成的庞大消费群体对包括粮食在内的各种物资的需求。秦淮河在其中扮演了沟通京畿内外水上交通生命线的重要作用。

明代的“十里秦淮”两岸，店铺鳞次栉比。相传明朝画家仇英绘制的《南都繁会图卷》，描绘了1000多个不同职业的人物，109个店招和匾额。从画卷左边的郊区农村田舍开始，到右边的皇宫为止，以城中的南市街和北市街为中心，表现纵横交错的街市，蜿蜒曲折的秦淮河，林立的市面店铺，林林总总的店招和匾额，摩肩接踵的车马行人，不仅是南京城市繁华的生动再现，也是秦淮河商业繁荣的真实写照。

秦淮河与南京历史上的支柱产业丝织业密切相关。秦淮河水不仅为丝织业的持续发展提供充足的水源，还具有使丝织品色泽稳定的效果。明清时期，南京的丝织业远近闻名。乾隆、嘉庆年间，南京丝织业发展达到鼎盛时期，有“秣陵之民善织”之誉，仅南京城内就有织机3万余台，男女织工20余万人（约占全城人口的三分之一），他们大多居住在秦淮河畔，其中相当数量的织机和织工专门从事云锦生产。清朝著名书画家郑板桥《长干里》

一诗盛赞南京丝织业，有“缫丝织绣家家事，金凤银龙贡天子”之语。太平天国农民政权定都天京（今南京）的11年间，也在南京设有绣锦衙，从事丝织业包括织锦之类的活动。通观有清一代，南京云锦的生产盛况空前，既有官府督造的贡品，也有民间机坊生产的产品。今天，我们从保存下来的当年云锦匹料的尾部经常可以看到“江南织造臣忠诚”“江南织造臣庆林”“江南织造臣七十四”“金陵涂东元玉记库金”“金陵张象发本机库金”等字样。[①]清朝南京生产的织锦产品除供应宫廷官府服用和赏赐之需外，还远销海外及蒙古、新疆、青海、甘肃、西藏等地，并在对外贸易中享有很高的声誉。

（三）军事屏障

六朝三百余年时间里尤其是东晋南朝时期，定都建康（今南京）的统治者为了长治久安，一方面经过精心规划，修建周长“二十里一十九步”的建康都城和周长“八里”的宫城（又称台城）；另一方面，充分利用自然山川形胜构建城防基础。

孙权定都建业，与秦淮河密不可分。据《三国志》卷五十三《吴书·张纮传》注引《献帝春秋》记载：公元208年赤壁之战前，刘备曾经来到京口（今镇江），劝孙权将政治中心从数百里外的吴（今苏州）迁到京口，以便指挥作战。孙权回答道：“秣陵有小江百余里，可以安大船，吾方理水军，当移居之。”“秣陵有小江百余里”，即南京有100多里长的秦淮河，可以为水军立国的孙吴政权提供军事训练和交通便利，由此吸引了孙权的到来。此后，孙权以建业为都城，秦淮河成为城南的一道重要军事屏障。

《景定建康志》记载建康地理形势称：“其地据高临下，东环平冈以为固，西城石头以为重，带元武湖以为险，拥秦淮、青溪以为阻。”[②]秦淮河位于都城建康之南，因而成了当时建康城南的重要的护城河。据《建康实录》卷七记载，朱雀桥“长九十步，广六丈”，经过换算，长度约140米，

①黄能馥主编：《中国南京云锦》，南京出版社2003年版。
②[宋]周应合纂：《景定建康志》卷五《建康图·辨建邺》，南京出版社2010年版。

宽度约18.66米，由此可知，六朝秦淮河的宽度当在100米之上。东晋王献之《桃叶歌》之一“桃叶复桃叶，渡江不待橹。风波了无常，没命江南渡”，揭示了秦淮河是一条波涛汹涌、风波无常的大河。正是由于秦淮河的宽广，所以它对于拱卫六朝建康城具有举足轻重的作用。

五代十国时期，南京先后是杨吴西都和南唐国都。从杨吴天祐十一年（914）开始到北宋开宝七年（974），杨吴和南唐统治者多次修筑金陵城，原来的秦淮河下游被包入城内，成为内秦淮河，失去了护城河的功能。为了加强都城的防御，杨吴南唐时期，在城墙周围开凿护城河，史称“杨吴城濠”。其中西面护城河、南面护城河和东面护城河的南段就是今天的外秦淮河，直接通到长江。

宋元时期，南京先后为江宁府、建康府、建康路、集庆路治所，还是南宋的留都、行都和陪都以及元朝的江南诸道行御史台所在地，地位十分重要。外秦淮河作为护城河仍然在发挥防御的功能。如南宋景定元年（1260），建康留守马光祖疏浚护城河，并以开濠之土培厚城身。据《景定建康志》卷二十《城阙志一》记载：“景定元年，大使马光祖以开濠之土培厚城身……绕城浚濠四千七百六十五丈有奇，以深丈五、阔三十丈为率，城之外、濠之里，皆筑羊马墙，其长如濠之数。”

明朝定都南京后，在京城城墙之外，疏浚、拓宽、开凿护城河（包括外秦淮河），形成今天秦淮河的规模和格局。

随着时代的变迁，内秦淮河和外秦淮河由最初拱卫都城的军事防御屏障发展成为城市交通运输的通道和南京的供水、排涝、景观、生态之河。

（四）文化摇篮

秦淮河流域是一片肥沃的平原，四周低山丘陵环抱，雨量充沛，气候宜人。秦淮河流域这一片土地，哺育了湖熟文化以来的南京人，催生了推陈出新的南京城，孕育了多元共生的南京文化。古往今来，秦淮河独特的风貌和丰厚的历史底蕴，给世人提供了不竭的创作灵感和源泉，在秦淮河畔诞生或以秦淮为主题的作品比比皆是。

秦淮灯船甲天下，桨声灯影秦淮河，这是人所共知的秦淮河的魅力所在。在秦淮河畔，除了有众所周知的“天下文枢”夫子庙、中国古代最大的科举考场江南贡院、富有地方特色的秦淮河房和秦淮游船外，还诞生了江南第一座寺庙——建初寺，产生了南京历史上最早的丝织业管理和生产机构——斗场锦署，矗立过举世闻名的世界奇迹——大报恩寺琉璃塔，涌现出法显《佛国记》、王概等《芥子园画谱》、孔尚任《桃花扇》、吴敬梓《儒林外史》、柳如是《湖上草》、余怀《板桥杂记》、姚鼐《惜抱轩全集》、朱绪曾《秦淮诗徵小传》、缪荃孙《秦淮广记》、夏仁虎《秦淮志》、张恨水《秦淮世家》、卢前《南京文献》等一系列传世名作，并且催生了王献之《桃叶歌》、崔颢《长干曲》、李白《长干行》、刘禹锡《乌衣巷》、杜牧《泊秦淮》、王安石《桂枝香·金陵怀古》、周邦彦《西河·金陵怀古》、萨都剌《满江红·金陵怀古》、王世禛《忆秦娥·忆秦淮》、吴兆《秦淮斗草篇》、秦大士《游秦淮》、程先甲《金陵赋》、吴梅《翠楼吟·秦淮遇京华故人》等众多诗词歌赋。1923年，朱自清、俞平伯畅游秦淮河，写下了脍炙人口的同题散文《桨声灯影里的秦淮河》，至今读来，仍让人回味无穷。

清代文人余怀在《板桥杂记》一书中，因秦淮河的繁华而赞美南京：“衣冠文物，胜于江南；文采风流，甲于海内。”南京文脉悠长，绵延不断。在秦淮河畔诞生或催生的一首首诗词歌赋、一部部传世名作，宛如一座座高峰，矗立在中国文化的高原上，让世人叹为观止。2019年10月，南京跻身联合国教科文组织创意城市网络“文学之都”行列，成为我国唯一获此殊荣的城市。

不可否认的是，秦淮一名含有浓郁的脂粉气，在1936年9月南京市长马超俊撰写的《新建东水关抽水站记》中，有“秦淮，号南都，佳丽所归”之语。[①]清朝雪樵《秦淮闻见录》、捧花生《秦淮画舫录》、张曦《秦淮艳品》、蘋梗《秦淮感旧录》、闲闲山人《秦淮艳史》、栩栩子《秦淮八仙小

①转引自南京市秦淮区地方志编纂委员会编《秦淮区志》，方志出版社2003年版。

谱》、缪荃孙《秦淮广纪》，以及张景祁撰、叶衍兰绘《秦淮八艳图咏》等作品，无不与秦淮妓女有关。特别是明末清初诞生于秦淮河畔的“秦淮八艳”，即马湘兰、卞玉京、李香君、柳如是、董小宛、顾横波、寇白门、陈圆圆，色艺才气俱佳。其中柳如是、李香君非同寻常，她们忧国忧民，巾帼不让须眉。钱谦益与柳如是、侯朝宗与李香君的爱情故事成为千古美谈，以至于在西方人的眼中，“南京的女人不仅是中国最美丽的女人，而且是最风雅的女人”，“在这里，人生的大事就是作诗和恋爱”。[①]所以秦淮一名，又是南京所有名称中最阴柔、最容易让人产生无限联想的一个名称。有不少文人甚至以“秦淮”为号，如明代戏曲家、《杨家府演义》的校订者纪振伦自号“秦淮墨客”，清代著名文学家吴敬梓自号“秦淮寓客”。由秦淮河孕育而来的秦淮一名，无疑是南京当之无愧的名号之一。

（五）科举重镇

“秦淮汤汤，环珙而流。多士至止，如步瀛洲。”[②]“十里秦淮”自古以来人文荟萃，尤以北岸的江南贡院为最。

贡院又称京闱、乡闱，是历代王朝开科取士、选拔人才之所。南京设置贡院的历史，根据《景定建康志》卷三十二《儒学志五·贡院》记载，可以追溯到南宋绍兴初年的建康府贡院。乾道四年（1168）建康留守史正志重修贡院，地址位于“青溪之南，秦淮之北”。初建时有100多间房舍，后经绍熙三年（1192）留守余端礼、嘉定十六年（1223）留守余嵘重建，房舍达到294间，其地就在“十里秦淮”北岸的今天南京中国科举博物馆（江南贡院）所在地。此外，因“江东地大人众，材隽间出”[③]，故在青溪之西又设有转运司贡院（又叫漕贡院）。

元朝建立后，废除科举考试，直到元仁宗时才恢复科考。据元朝张铉

①[法]加勒利、伊凡原著，[英]约·鄂克森佛译补，徐健竹译：《太平天国初期纪事》，上海古籍出版社1982年版。

②[明]吴节：《应天府贡院记》，转引自南京市秦淮区地方志编纂委员会编《秦淮区志》，方志出版社2003年版。

③[宋]周应合纂：《景定建康志》卷三十二《儒学志五·贡院》，南京出版社2010年版。

《至正金陵新志》记载，从延祐元年（1314）科举恢复到至正四年（1344）该书刊刻，集庆路仅有刘泳、李士良、李恒、李懋四人参加江浙省乡试中举。[①]当时江浙省乡试的地点在浙江杭州，所以元朝的南京没有乡试贡院。

1368年明朝建立后，朱元璋重开科举考试，南京应天府作为天下科举之首，贡院迅速建立，其制度为全国所效仿。朱元璋时代的贡院地点在北城演武场，既是南直隶士子乡试的场所，也是全国士子会试的地方。永乐年间，应天贡院迁至郡学之文墀。1421年明成祖迁都北京后，南京应天贡院不再举行会试，仅是南直隶举行乡试的场所，来自江苏（包括上海）、安徽的士子每逢乡试之年，汇聚于此。明朝正统年间，贡院迁至武学讲堂。直到明代宗景泰初年，应天府尹马谅在秦淮河北被籍没的锦衣卫指挥使纪纲废宅基础上修建贡院，可容考生3000余人，“京闱科贡之盛于斯为备矣”[②]。黄观、唐伯虎、文徵明、焦竑、朱之蕃、徐光启等曾在此参加乡试。明代全国共设15个贡院，南京的应天贡院是其中之一，其地位仅次于北京的顺天贡院。据明末清初《朱舜水集·答源光国问十一条》记载：“（明制）分天下为十五国，南、北两京为天子京畿，故不言省。而十三省乃中书省之分署，故曰省。浙江、江西、福建、广东、广西、山东、山西、河南、陕西、四川、湖广、云南、贵州为十三省，合南、北二京，为十五国。三年一大比……大集举子于省会。”明代还规定乡试每三年举行一次，每次考三场，因在秋天考试，故又叫“秋闱”。明代的这一系列规制，奠定了明清两代乡试基础，此后几百年都没有发生重大变化。

清朝建立后，沿袭明制，在京师及各省会城市仍设立15座贡院。秦淮河畔的应天贡院，随着明清易代，更名为江南贡院。雍正元年（1723），湖广贡院分为湖南、湖北两个贡院。光绪元年（1875），新设甘肃贡院，至此全

①[元]张铉修纂：《至正金陵新志》卷九《学校志·科第进士》，南京出版社2011年版。

②[明]吴节：《应天府贡院记》，转引自南京市秦淮区地方志编纂委员会编《秦淮区志》，方志出版社2003年版。

国贡院共计17座。其中，顺天贡院、江南贡院、河南贡院和广东贡院被称为“天下四大贡院”。江南贡院在光绪年间号舍多达20644间，成为中国古代最大的科举考场。每逢科举之年，来自江苏（包括上海）、安徽两省的考生人数最多时达2万人以上。从清顺治二年（1645）到光绪三十年（1904），江南贡院共举行了108次乡试，产生举人13501人（江苏8763人，安徽4738人），其中解元108名（江苏75名，安徽33名）。整个清代，全国科举考试共举行112次，产生114名状元，江南贡院考区独占鳌头，其考生考中状元者达58名（江苏49名，安徽9名），占整个清代状元总数的一半以上。从江南贡院走出的名人有吴承恩、吴敬梓、郑板桥、袁枚、方苞、邓廷桢、翁同龢、王韬、张謇、陈独秀等人。

1905年9月2日，清政府发布慈禧太后的谕令，宣布自光绪三十二年（1906）丙午科开始废止科举，同时鼓励兴办学堂，江南贡院从此结束其历史使命。

在今天的“江南贡院”牌坊楹柱上，悬挂着一副由清朝文人李渔撰文、当代书法家言恭达书写的楹联：“圣朝吁俊首斯邦，看志士弹冠而起；天府策名由此地，喜英才发轫而前。”堪称对江南贡院历史地位的中肯评价。

（六）人文渊薮

“东南财赋地，江左人文薮。”[①]在中国的古都中，南京堪称英才辈出之地。身在南京的帝王将相、文人骚客、才子佳人、高僧大德、富商巨贾等，或建都，或创业，或定居，或举义，或游览……他们被一水秦淮所润泽，成就自身的功名和事业，反过来又为南京和中华民族贡献了自己的才智或力量。

吴王夫差冶城铸兵器，越王勾践长干里筑越城，楚王埋金金陵邑，秦始皇断长垄泄王气，这些叱咤风云的一代天骄开疆拓土，称王称霸，与秦淮河结下难解之缘，留下动人的传说自不必说。孙权、司马睿、刘裕、萧道成、

①[清]爱新觉罗·玄烨：《示江南大小诸吏》。

萧衍、陈霸先、李昪、朱元璋等开国君王和伟大的民主革命先行者孙中山先生，依托秦淮河，创立政权，建功立业，彪炳千秋。范蠡、张昭、王导、谢安、徐达、邓廷桢、曾国藩、李鸿章、徐绍桢、萧山令等文臣武将，或出生，或定居，或筑城，或创业，或举义，或牺牲于秦淮河畔，斯人斯事，青史留名。古往今来，在秦淮河流域这块沃土上，人才辈出，群星璀璨，既有陆机、陆云、谢灵运、谢朓、鲍照、李白、刘禹锡、杜牧、李煜、王安石、陆游、周邦彦、李清照、文天祥、白朴、辛弃疾、萨都剌、高启、陈铎、纪映淮、袁枚、端木埰、程先甲、王伯沆、仇埰、吴梅、朱自清、卢前、唐圭璋这样的诗人词家，又有范晔、沈约、萧子显、裴松之、许嵩、周应合、解缙、焦竑、方苞、姚鼐、汪士铎、陈作霖、缪荃孙、夏仁虎、罗尔纲这样的史志名家；既有支谦、康僧会、法显、佛陀跋陀罗、葛洪、陶弘景、云光、智顗、可政、宗泐、德清这样的高僧大德，又有萧统、刘勰、李煜、焦竑、张岱、李渔、阮大铖、孔尚任、吴敬梓、张恨水、张友鸾、张慧剑这样的文坛名流；既有皇象、王羲之、王献之、颜真卿、秦大士、邓石如、高二适这样的书法巨擘，又有顾恺之、张僧繇、顾闳中、董源、巨然、唐伯虎、文徵明、杨文骢、髡残、石涛、“金陵八家”、郑板桥这样的画坛巨匠。对外交往领域亦是人才辈出。孙吴时期，卫温、诸葛直率领的船队，从秦淮河起航，到达夷洲（今台湾），开启祖国大陆与台湾宝岛正式交流的历史；明朝初年郑和从南京出发，七下西洋，乘风破浪，直抵非洲，成就世界航海史上的佳话，比哥伦布发现新大陆还要早87年，南京由此成为中国海上丝绸之路的重要城市。此外，王徽之停艇听笛，戴逵瓦官寺造佛像，张栻天禧寺南轩读书，沈万三秦淮河畔筑城，柳敬亭桃叶渡说书，李时珍夫子庙寻师访友，林则徐监临江南贡院乡试，胡恩燮门西筑愚园，左宗棠修建通济门闸，魏家骅热心做慈善，谭嗣同东关头著《仁学》，秋瑾寄寓大功坊，侯绍裘等九烈士血染九龙桥等，都给秦淮河增添了无限魅力。

自古至今，秦淮河在南京的王朝更迭、经济稳定、文化发展、军事防御、城市更新、交通运输以及给水排水、农田灌溉等方面都发挥了重要作用，更是“山水城林人”融为一体的南京城的重要组成部分。从秦淮河的发展轨迹中我们可以自豪地说，秦淮河与南京乃至中华民族的命运紧密相连。秦淮河以其自身扮演的独特角色，为南京乃至中华民族的历史谱写了美丽动人的华章。

作者简介：卢海鸣，历史学博士，南京大学兼职教授，国务院政府特殊津贴专家，中宣部文化名家暨“四个一批”人才，南京学研究会会长

宋明间南京江北市镇的空间演进与动力机制
——以六合县为主的讨论

祁 刚 杨周岳

摘要：南京地处长江下游，便利的交通条件和独特的区位特征，促使该区尤其是长江北岸的六合、江浦等县，在宋、明两代先后发展出一批位于驿传、漕运、江航之间的市镇。本文以宋、明之间的南京江北地区为中心，探讨区域市镇的形成、结构特征及其空间演进的动力机制。研究发现，由宋至明，南京江北市镇的空间演变是国家战略、地理环境与区域经济互动的结果，而其“军事—商业”的双重特征，既体现了城市边缘地带的区域枢纽价值，也足见历史上该地区市镇经济对王朝中央政策的依赖性。

关键词：宋明之间；六合县；市镇；空间演进；动力机制

“市镇”是中国社会经济史研究的重要内容，自20世纪30年代始备受国内外史学界重视。近一个世纪以来，市镇研究内容涵盖了商业贸易、商人群体、地方政治、民间信仰、城镇建筑等；研究地域从江南拓展至华北、长江中上游、岭南等地区；研究时段虽以明清时期为主，但就其生命周期而言，宋元市镇研究方兴未艾。①两宋市镇大多地处军事重地或水陆要冲，且由早期草市、墟市发展而来，“（军事）屯驻繁荣处成镇市，恐系草市发展而来，部分置以税务”②，至宋元时因商品经济兴起而形成稳定的商业性聚落。③

历史上，“南京的地势，是控江左而制华北的政治军事重镇，也是几个农业地带交汇的中枢，虽然不属于运河的要点，却属于长江运输的要点”④。宋元时期的南京城市作为“混合城市”，兼有经济的、行政的双重职能。⑤入明之后，南京尽管经历了从都城到留都的城市转型，但并不影响其作为全国政治、经济、文化中心的地位。⑥吴滔讨论了明清南京市镇的数量、规模及其空间、功能变化，指出南京地区市镇在活跃农村市场、繁荣商品经济上的功能，及其农业商品化的经济发展。⑦此外，或可从道路体系入手梳理城市“脉络”，借由“道路网络—城市功能—区域经济”的路径，⑧发掘“城市动脉”的政治、军事、经济和文化功能。

本文以位于淮南、江北之间的六合县为主要研究对象，通过梳理其市镇自宋至明的发展概况，聚焦长江航运、运河经济、水利建设等因素对本地市

①相关研究成果有傅衣凌《明清时代商人及商业资本》，人民出版社1956年版；刘石吉《明清时代江南市镇研究》，中国社会科学出版社1987年版；范毅军《市镇分布与地域的开发——明中叶以来苏南地区的一个鸟瞰》，《大陆杂志》2001年第4期；任放《二十世纪明清市镇经济研究》，《历史研究》2001年第5期；吴滔《赋役、水利与“专业市镇”的兴起——以安亭、陆家浜为例》，《中山大学学报（社会科学版）》2009年第5期；傅春晖《明清以来的市镇：中国城镇化发展的历史因缘》，《社会》2020年第1期。

②[日]加藤繁著，吴杰译：《中国史考证》第3卷，商务印书馆1973年版。

③傅宗文：《宋代草市研究》，福建人民出版社1989年版。

④劳幹：《对于南京城市的几点认识》，《学原》第2卷第9期，1949年。

⑤[美]牟复礼：《元末明初时期南京的变迁》，收入[美]施坚雅主编，叶光庭等译，陈桥驿校《中华帝国晚期的城市》，中华书局2000年版，第112页。

⑥范金民：《明代政治变迁下的南京经济》，《明史研究》第9辑，黄山书社2005年版；范金民：《明代南京的历史地位和社会发展》，《南京社会科学》2012年第11期。

⑦吴滔：《略论明清南京地区的市镇发展》，《中国农史》1999年第3期。

⑧南京市公路管理处：《南京古代道路史》，江苏科学技术出版社1989年版。

镇发展的影响，探讨域内市镇分布与国家漕运、军卫制度等宋明国家宏观政策之间的联系。

一、宋代仪扬地区的江北市镇

宋代的南京地区属全国经济繁荣、发达的地区之一，而今天南京长江北岸的浦口、六合等地，彼时属于真州、仪真郡（今扬州仪征）所辖。在明代《嘉靖惟扬志》的《宋真州图》中，真州、六合之间的行政隶属关系一如其城市规模所示，主次有别（详如下图）。

北宋建立之初，朝廷为防范南唐政权，加强了对长江南岸的边防工事，在长江北岸地区的晋王山、竹镇、瓦梁等地均设军事寨堡，这些兵寨大多在六合县境内。开宝八年（975），北宋灭亡南唐。此后，六合县的区位特征

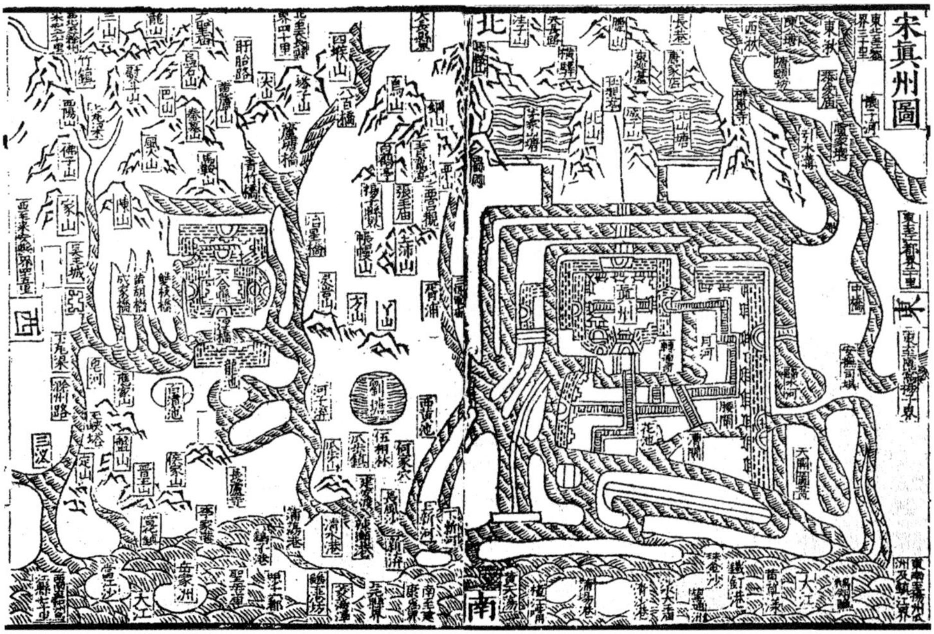

《宋真州图》中的真州和六合县[①]

①[明]朱怀幹修，[明]盛仪纂：《嘉靖惟扬志》卷之一《古今图》，凤凰出版社2017年版，第9、10页。

从军镇转向漕运，凭借其与运河的天然联系，成为朝廷漕运体系的重要组成。“宋漕河自真、扬导江，北趋盱眙入淮。访其迹，淮自盱眙、天长达六合县瓜埠，与江水合。”[①]入宋承平后，六合县作为通江达淮、连通运河的枢纽，是连接南北交通，往来江淮、江南的重要通道。

北宋初期，六合虽为长江南北商业活动的重要地区，但并不顺畅。乾德二年（964）八月，朝廷明诏“自今诸处不令客旅过江，只于江北置务折博，凡有货币，但于彼处贸易”[②]。“不令客旅过江”，是出于防范南唐奸细，维持社会治安的考虑。设置“务折博”集中“贸易”，给江北地区的设务之处提供了商贸机遇。乾德四年（966）四月，淮南转运使苏晓奏明，“缘江州府商人以江心为界，各许两岸通行。其北岸有沟河港汊，悉通大江，或穿州县，从来客旅舟船往来经贩。自禁闭口岸已来，江北商人欲入港汊兴贩者，巡检使臣禁止不许”[③]。对此，宋廷诏令“自今江北通连州县沟河港汊，许商旅往来通行，即不得直入大江，有司谨察之”[④]。南北贸易、江航漕运的发展，带来了江北商业贸易的活跃，为六合市镇发展提供动能。据统计，六合地区（含永贞县在内）共有宣化、竹镇、瓜步三镇，在真州运河市镇中十居其三，[⑤]且形成了兼具军事、贸易的复合型市镇。[⑥]

在北宋国家的物资转运系统中，通江达淮的“淮南”被视为“漕运轴枢”之区。[⑦]隶属于淮南路真州的六合市镇已成为江南物资北上的中转站、集散地。长江航道加强了南京与江南的物资运输往来。江淮地区依靠运河向

---

①[明]顾炎武：《天下郡国利病书》第二册，上海古籍出版社2012年版，第772页。

②司义祖整理：《宋大诏令集》卷二百二十五，中华书局1962年版，第872页。

③刘琳、刁忠民、舒大刚、尹波等校点：《宋会要辑稿》第十二册“食货五〇”，上海古籍出版社2014年版，第7121页。

④刘琳、刁忠民、舒大刚、尹波等校点：《宋会要辑稿》第十二册“食货五〇”，第7121页。

⑤傅宗文：《宋代草市研究》，福建人民出版社1989年版。

⑥骆远荣：《六合宋城》，《江苏地方志》2012年第4期。

⑦陆发春、夏四达：《“江淮”与“江淮之间”——关于“江淮”的地理概念史探赜》，《学术月刊》2024年第11期。

都城开封地区输送了大量的粮食物资，对支持宋朝的财政供应和军事整备起着关键作用。[①]这种南北经济联系，带动了扬州、真州、六合等地市镇经济的发展。靖康之变后，随着建康府地位的提升，真州六合县的滁河码头成为军事、民运的关键，滁河码头作为官漕中转、民商集散之地，逐渐孕育出较有规模的“市”。

在宋金对峙的格局中，六合县在江防军事寨堡体系中的重要性不言而喻。南宋绍兴元年（1131），沿江置制将领阎仲、杨世元主持了沿江堡寨塞防的修建工程。“孝宗隆兴元年，诏修真州六合城”[②]，至嘉定七年（1214），“六合县城坐落两淮之中，地形平坦，最为冲要，设有不测，要得骑军追奔驰逐，巡连应用”[③]。上述夯土城墙、兵寨军堡中均有驻军卫戍，而与之相关的军需物资供应，成为周边经济活动的主要内容。如“骑军追奔驰逐”所需的战马，据《宋会要辑稿》，乾道七年（1171）正月诏，“令张松将三衙牧放马，候青草月分，分拨往逐。内殿前司扬州、马军司和州、步军司六合县一带，就青牧养”[④]。“当是之时，淮南地博衍，凡田土民得以其实自占，多沃壤，诸塘荡滩场，茭牧种植之利，悉捐以听民”[⑤]，六合县的居民经济多半为与之相关的农耕、工商。围绕军屯、江防、马政、民政等大小事务，官府料政于民，政府通过设置管理机构、派遣官吏等，逐步完善市镇管理。[⑥]

在宋金战争中，六合沦为前线，屡遭兵锋。如乾道元年（1165）五月

①高荣盛：《两宋时代江淮地区的水上物资转输》，《江苏社会科学》2003年第1期。
②刘琳、刁忠民、舒大刚、尹波等校点：《宋会要辑稿》第十六册“方域九”，第9448页。
③刘琳、刁忠民、舒大刚、尹波等校点：《宋会要辑稿》第十四册“兵六”，第8721页。
④刘琳、刁忠民、舒大刚、尹波等校点：《宋会要辑稿》第十五册“兵二一”，第9066页。
⑤[明]顾炎武：《天下郡国利病书》第二册，第852页。
⑥有关宋代军镇向市镇转变的研究，详参王旭、黄彬琦《论宋代建制镇由军事向经济性质的转变——以澉浦镇为中心的考察》，《宋史研究论丛》2018年第2期。

十七日，诏“真州六合县人户因虏人侵优，烧劫残破，其合纳税赋特予展免二年。其人户承买坊场、河渡拖欠净利亦予除放。见承买人，仍令提举司量予蠲免”①。即便如此，六合县土地、人口及“承买坊场”等各项生理之业，俱难再复北宋之盛。

二、明代南京地区的江北市镇

元代由于政治中心（大都）和经济中心（江南）的分离，京杭大运河成为南北物资的运输主动脉。元政府疏浚济州河、会通河等新河道，打通南北运河全线。而南京江北地区的六合（辖境包括今江浦部分地区）则是运河与长江水系交汇的纽带。在长江北岸的运河沿线地区，六合县瓜埠、乌江等市镇也随之兴起。元代在大统一条件下，全国性的水陆交通大为拓展，尤其是县以下的镇、市墟、村集这类初级市场较宋代大为发展。县级税收点（场务）及其县下的税收分点，大部分分散在镇、市或交通要道。这些地方，往往是县以下市、镇的所在地或定期、不定期集市交易的场所。另一方面，作为政治、经济控制的重要手段，漕运及其市镇在元代南京政治治理中的官方色彩要重于商业色彩，即“‘混合城市’的经济职能与行政职能”②。在彼时南京城市的经济活动中，行政职能重于经济职能，表现为官营工商业占有较大比重，而民间工商业活动相形之下则显得活力不足。

元末明初，龙凤政权在江淮之间通过招徕劳力、荒屯田、兴水利、奖桑棉等一系列措施推动了农业发展，客观上有恢复和发展农业经济的作用，同时也为江淮地区的经济恢复奠定了基础。明初，洪武一朝为恢复战乱破坏的社会经济，将北方地区的劳力大规模地迁往南方地区尤其是南京周围地区，从而缓解了劳力短缺的矛盾。③据《明太祖实录》载，至洪武二十四年

①刘琳、刁忠民、舒大刚、尹波等校点：《宋会要辑稿》第十三册“食货六三”，第7619页。

②[美]施坚雅主编，叶光庭等译，陈桥驿校：《中华帝国晚期的城市》，第120—122页。

③王瑞平：《明代洪武永乐年间的迁民及其影响》，《中州学刊》1991年第2期。

（1391），“工部徙天下富民，至者（南京）凡五千三百户”[①]。扬州府的六合县作为毗邻京师的水陆关津，不仅成为江南强制移民徙往中都凤阳、淮南地区的必经之地，也吸纳了一部分江南移民。

“六合防卫，千代无考。惟在宋颇重。至国朝，卫都城近地，而条设殊简。”[②]明初，朝廷出于拱卫京师的国防需要，建设长江北岸的军事据点。与之相应，洪武年间，六合县田土除民田以外，一部分辟为武德、兴武、骁骑、龙虎等亲军京卫的屯田区，一部分设为官方十九处牧马草场。[③]六合龙袍、汤泉等地的市镇因驻军而发展，市镇经济代之以供给军队为主。这与元朝一度以商贸为主的市镇形成巨大反差，却与宋代复合型市镇较为相似。如永宁镇原属于六合县，随着洪武九年（1376）析六合县孝义乡并滁州一乡、和州四乡创置江浦县，划归新县的永宁镇为卫所军士及工匠等聚居区，为江北地区以军事驻防、控扼交通为主的市镇典型。

洪武二十二年（1389），六合县由扬州府改隶江宁府，成为京师拱卫体系中的一环。除了复合型市镇的军事功能不断强化外，六合市镇原有邻接漕运的地利之便在不断减弱。永乐间，在海漕停运之后，为发展运河漕运的运载、加强河道水运的能力，平江伯陈瑄建议朝廷对漕运水系进行改造，“初治邗沟时，有欲由滁州、六合县凿河通运。瑄以六合多石阻，涸辄损舟，涨则尤险，易为败。乃决复唐宋故河，自淮南抵北通州数千里漕渠，皆瑄所经综至详悉，迄于今是赖”[④]。由此可见，在江航盘漕入运的转运过程中，六合县因为境内山地多石的地形地貌，不利于运河疏通的工程建设而被否定。这一工程方案上的否定，实质上使得六合境内的商业市镇丧失了沿江通淮的便利，其商业影响特别是向滁阳、凤阳一带腹地的商贸辐射能力被削弱。

明嘉靖间，推行“召商买办”制度，允许民间商人参与官需物资采

---

①《明太祖实录》卷十二，台北“中研院”史语所1962年版。

②[明]董邦政等：《嘉靖六合县志》卷二《人事志》，南京出版社2013年版，第846页。

③[明]董邦政等：《嘉靖六合县志》卷一《地理志》、卷二《人事志》，第781—783、854—856页。

④[明]顾炎武：《天下郡国利病书》第二册，第856—859页。

购。[①]六合县依托长江航运，“滁河由六合入大江，通舟楫，易致远近货物，故民多逐末为商贾，其乡民则力田，田事隙则为土木工或结草破竹为蓑笠箕帚履席之类，以规利”[②]，并由此初步形成了竹木、药材等专业市场。江浦县的永宁镇因临近南京，发展成为江淮地区棉布生产、销售的集散中心。至此，南京地区的江北市镇开始突破明初的军事化框架，商贸活跃，经济繁荣，商税收入占比在这一时期有了显著提升。除去政策外，手工业的发展也带动了六合县内市镇的发展。南京纺织业（如“紫花布”）的兴盛带动江北市镇产业链延伸。六合县的灵岩山周边出现缫丝作坊，江浦的桥林镇成为棉纱加工基地，产品经由长江水道销往湖广。同时，随着运河盐运复兴，六合县瓜埠镇、宣化镇因盐商聚集，重现元代繁荣。[③]

综上，区域地理位置和政策利益博弈从内、外两个方面共同决定了元明之间南京江北地区市镇的演进路径和分化机制。南京江北地区在明代中叶作为留都经济、漕运体系的一部分，其商品经济、市镇经济得到一定发展。南京是江淮、江南区域性的中心城市之一，吸引该地区大批农民由农村进入城市，带动了周边地区市镇发展。作为南京地域经济联系网络的重要组成，六合县的市镇在联系江淮、长江中上游市场方面发挥着关键的交通枢纽作用。据《万历六合县志》载，至明代中叶，县内分布有竹镇市、八百桥市、板桥市、雷官集、施官集、烟墩集、马家集、头桥集等大小规模不一的市镇、街集，共十一处。[④]

三、宋明间江北市镇的比较

有宋一代，今天南京地区的江北市镇分布都呈现出沿江、沿河聚落的显著特征。六合县地濒长江，襟江带滁，“其水自滁河萦流而出瓜埠”“合

①许敏：《明代嘉靖、万历年间“召商买办”初探》，《明史研究论丛》1982年第1期。
②[明]董邦政等：《嘉靖六合县志》卷二《人事志》，第808页。
③吴海涛：《元明清政府决策与淮河问题的产生》，《安徽史学》2012年第4期。
④[明]李箴：《万历六合县志》卷一《地理志》，南京出版社2013年版，第93页。

五十四流而辐辏者也”[①]，在宋以前已经是南来北往的交汇之地，市镇多聚于滁河下游和长江沿线一带的瓜埠、龙池等，主要承担南北货物转运功能。江浦县位于长江北岸，东邻长江，南与南京城隔江相望，北部接滁河与安徽毗邻，县内市镇以长江支流和滁河水系汇合之处的桥林、汤泉等为主，具有耕作和河运的双重功能。总体而言，宋代市镇囿于自然地理条件的影响，呈现分散化的聚落状态，以水上交通线路为主。

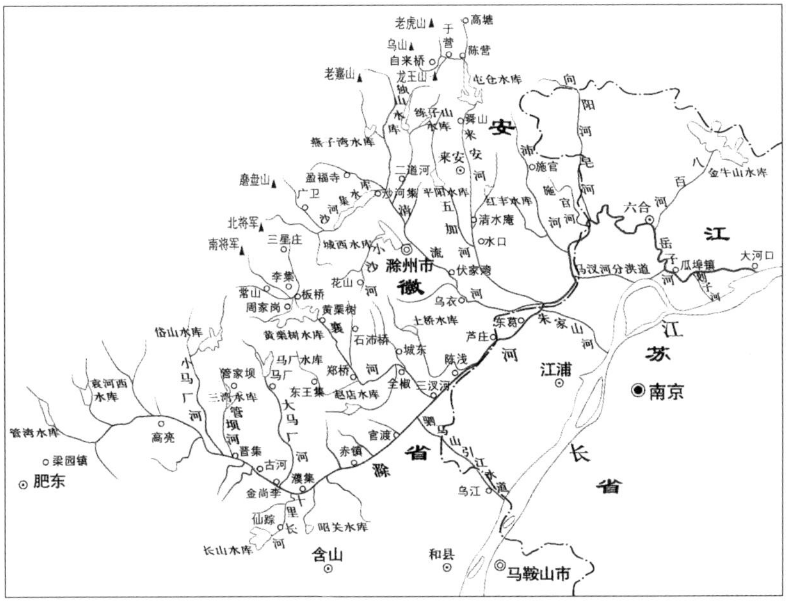

滁河水系示意图（《中国河湖大典》长江卷）

从规模上来看，宋代江北市镇的商贸规模受到商品性质的诸多限制。民间贸易大多为小农经济的初级农产品交换，日常交易体量有限，且普遍商品价值不高。至于官营事业，六合县凭借淮盐转江的交通优势，瓜埠镇虽可行盐万石，但囿于宋代的“淮南盐禁”，商业活力受限。至明代时，江北市镇经济规模较为可观。例如，六合县的灵岩山产铁，冶山镇“佣冶者多”；“六合县竹

①[明]吴节：《六合县玄真观重建殿阁法堂记》，载《嘉靖六合县志》卷七《艺文志》，第1097、1098页。

镇有舟车集，岁贩粮逾五十余万石”[①]，其粮食物资集散成为南京城市居民口粮供给的补充。又如，江浦县桥林镇“聚贩客耕夫，盛制土布，数年束幅，所织逾万匹”。明代漕运“随船土宜”政策的出台，不仅规范了漕运人员沿途贸易的商业活动，且间接地促进了运河沿线市镇的货物流通、商贸繁荣。

从制度上来看，宋代置“镇监”治理市镇，如在石碛镇（今江浦桥林）设征税处收缴来往商船“力胜钱”。南宋时，为抵御金兵，在六合县瓜埠镇改商业市镇为屯兵镇，驻军万人。宋代“转搬法”要求六合县的临江码头承担转运漕粮的临时存放功能，但由于当时运河通航能力有限（全年最多运送漕粮730万石）[②]，江北地区市镇无法长期或大规模参与国家漕运。到了明代，明初六合县境内置江浦卫，卫屯与市镇经济相结合，卫所仓廪也具有军储与民仓并存的功能，如江浦东门镇军市的年均交易额达银万两。在明代“治运保漕”的政策下，六合县将号称“合五十四流而辐辏者”的滁河水系及其主要河道，均纳入到运河沿岸支线治理范畴。沿河市镇由此获准兴建官办船厂（如六合县的龙池船坞），修造漕船。在明代“开中法”的推动下，盐商集聚同样带动了市镇经济发展，在盐商汇集的六合县瓜埠镇，瓜埠镇盐仓扩大，能够存盐达到十万引（约合2万吨），市镇盐税占地方收入比例增加到了四成以上。[③]

宋代南京作为沿江经济重镇之一，漕运路线形成了东西向、南北向并存的格局。明初定都南京后，漕运转向南北轴向。运河漕运、江航转运的辐射效应在宋明两代对江北市镇空间的影响也有所差别。北宋时，汴河漕运的重心在江南，江北市镇仅为辅助。例如，江浦县沿江码头是短途转运码头，

---

①王羽坚、王思明：《流动的经济贸易：明清大运河漕运与南北农业特产交流》，《古今农业》2022年第1期。

②吴同：《北宋汴河、淮南运河的通航能力与漕粮定额》，《中国经济史研究》2005年第5期。

③许芝浩：《近代淮扬运河沿线城镇经济联动研究——以水运为中心（1840—1937）》，扬州大学2022年硕士论文。

转运漕粮尚不足十万石。[①]及至元明两代，京杭大运河贯通后，六合县的瓜步、宣化等镇是漕粮北运的码头，年经过北上漕船约两千艘次，从而带动了域内如客栈、造船作坊等相关服务业的发展。与此同时，明代大型官船在长江航运中不断普及，其单艘运力可达五百石，江浦县东沟镇遂成为“江船—运河船”的中转码头，年漕粮流通量达五十万石，同时辐射今天安徽的滁州、和州。[②]南京应天府的龙江关是官方对外港口，自永乐郑和下西洋以来“商市繁华”“南北商贾争赴”，而六合县产的铁、江浦县产的棉布都从这里运销出港。

历史上，位于南京、扬州之间的江北市镇从宋代的“天然经济节点”到明代的“国家宏观枢纽”的演进，北宋时期依靠天然河流，至明代则依靠人工运河重定区位，市镇商业经济、民众生计模式、手工商品交换等都与水运交通线路的关系密切。北宋分“治”，明代分“领”，卫所、漕运、盐政、马政等均是江北市镇发展的重要动力。手工业和商品规模的形成，导致江北市镇由农业附庸变为区域商业中心。上述过程的根源是运河漕运和江航转运对于古代区域经济地理的主导作用，这一演化过程为把握“江南—江北”的经济联系提供了新的视角。由此可见，六合县的市镇及其经济位于驿传、漕运、江航之间。其区域市镇体系的形成、演进，特别是由宋至明的内在演变，是国家战略、地理环境与区域经济互动的结果，而其“军事—商业”的双重特征，既体现了国家层面宏观战略上的枢纽价值，又可见宋元明时期淮南、江北市镇经济对中央王朝的政策依赖。

通过对宋明两代南京地区长江北岸市镇变迁过程的梳理，我们也可以看到传统区域经济发展的地方面向，即江北市镇建设从北宋初年以军事功能为主，到北宋时作为国家漕运经济的附属，再到两宋之际、宋金对峙时期的军

①吴同：《北宋汴河、淮南运河的通航能力与漕粮定额》，《中国经济史研究》2020年第5期。

②王羽坚、王思明：《流动的经济贸易：明清大运河漕运与南北农业特产交流》，《古今农业》2022年第1期。

事重镇，逮至明代初年时，则转变为一个兼顾军屯、商贸的复合市镇。故自宋、元至明朝，南京地区的江北市镇发展在国家、地方之间，经历了一个被动与自主的渐变发展过程。这并不是单一层面的进化，而是一种动态场域中的反复变化，其中既有漕运、赋役、军屯等国家制度赋予江北市镇建立与发展的合法性，同时在此政策背景下，还有商人群体、手工业者等民间社会网络的不断充实与增强，极大地延续了这些市镇的经济活力。而六合县从边区“军市”到区域化“商市”的转型，实际上是从“以农业为主的乡村社会向手工业为主的乡村社会”的转变过程。

余论：六合政区调整的背后

按照历史地理学“地域开发—政区设置”①的理解模式，六合建县历史上对本地开发影响至深的事件，除建县之初永嘉南渡的北方移民外，莫过于隋代大运河凿通的国家工程和水运事业。正因如此，隋大业元年（605）运河贯通以来，“以六合县属江都郡”②，直至明洪武二十二年（1389），其间除南唐昇元年间（937—943）外，其余近780年的时间，六合县的政区隶属均在靠近运河一侧的扬州、真州或仪征郡。也就是说，大运河及其漕运在长时段内一直是六合县域经济开发、域内市镇发展的内在动因和底层逻辑。

在元末农民起义中，六合县为南京附近、长江北岸最早归附朱元璋的州县之一。明洪武二年（1369），真州废，六合隶扬州府。至明洪武二十二年（1389），“以县属应天府，自是始别扬矣”③。从漕运枢纽改隶京师要地，六合县政区有过一次调整，即在洪武九年（1376），析出六合县西的孝义乡，并和、滁五乡，新置江浦县。江浦建县的因由，则是洪武四年

①谭其骧：《浙江省历代行政区域——兼论浙江省各地区的开发过程》，杭州《东南日报》1947年10月4日原刊，后收入《长水集》（上册），人民出版社1987年版，第398—416页。

②[明]李葴：《万历六合县志》卷一《地理志》，第46页。

③[明]李葴：《万历六合县志》卷一《地理志》，第57页。

（1371）八月，“筑浦子口城，设应天卫于城内”[①]。这一工程的意义，不单使南京从此成为横跨长江南北的双岸城市，而且江北地区各县区划自此尽皆从属于京师城防。

江浦设县之后的十余年间，六合改隶的政区调整，尽管官方并无详文，但综合后世六合县地方官员、文人的看法，“六合县归附皇明，实为开天首邑”，故此改隶南京应天府。《万历江浦县志》虽据此发挥，但进一步申明“皇祖开天首奠，兹土归焉。之后建邑设官，遂为畿辅要地，而关津之置、武卫之参、蠲恤之诏，视它郡独详”，六合县、江浦县因此被赋予了“审势相时，御灾杜患，以固邦本，而翊神京”的区位功能和王朝定位。[②]自此以降，包括六合县在内的江北地方及其市镇发展的底层逻辑，从运河漕运的经济区调整为拱卫京师的卫戍区。

就在六合县改隶应天府后不多久，明永乐年间营造北京、迁都北京的浩大工程拉开了帷幕，运河漕运在明代国家建设中的重要性与日俱增，“京防”因此让位于“江防”。自此之后，南京在明代国家政治生活中作为留都的城市定位愈加清晰，而江北地区原先拱卫京师的属县、城镇、屯堡等再一次面临区位调整和地方转型。这也成为明清时期南京长江北岸地区市镇经济再次发展的重要契机。

作者简介：祁刚，历史学博士，温州大学历史系副教授；杨周岳，温州大学历史系硕士研究生

①[明]沈孟化：《万历江浦县志》卷一《县纪》，上海书店1990年版，第383页。
②[明]沈孟化：《万历江浦县志》卷一《县纪》，第399页。

南京形胜在明清方志中的表达

唐晓岚　刘媛媛　施国俊

摘要：方志中有关形胜的记载展现了古人的自然山水观和营城智慧，为人们提供了清晰的山水形胜营造的经验与模式。本文探讨形胜在南京明清方志中的表达。研究发现，南京地区的形胜内容侧重于自然地理险要的描述、地标地位的强调、历史叙事的构建、城池相地偏好的着重以及地方情怀的记载，逐步形成了以皇家权力、军事功能、风景审美为特征的形胜表达，从时间维度呈现出动态演变的轨迹，从空间维度展现出多元交织的格局，从文化维度蕴含着厚重的精神内涵，从社会维度反映出鲜明的社会映射。

关键词：明清方志；南京；形胜；自然地理；文化景观

以形相胜的“形胜”源于地理，入于堪舆，钟情于山水。[①]形胜作为一种中国独有的文字概念与地方景观，蕴含了丰富的自然之美和人文内涵，体现了历史上人类对特定地域的山水审美和价值认同。随着历史的演进，“形胜”从最初的军事地理优势逐渐演变为对自然风光和城市风貌的记

①唐晓岚、高思源：《传承山水形胜的市域景观风貌构建范式探索——基于杭州形胜的解读》，《风景园林》2023年第12期。

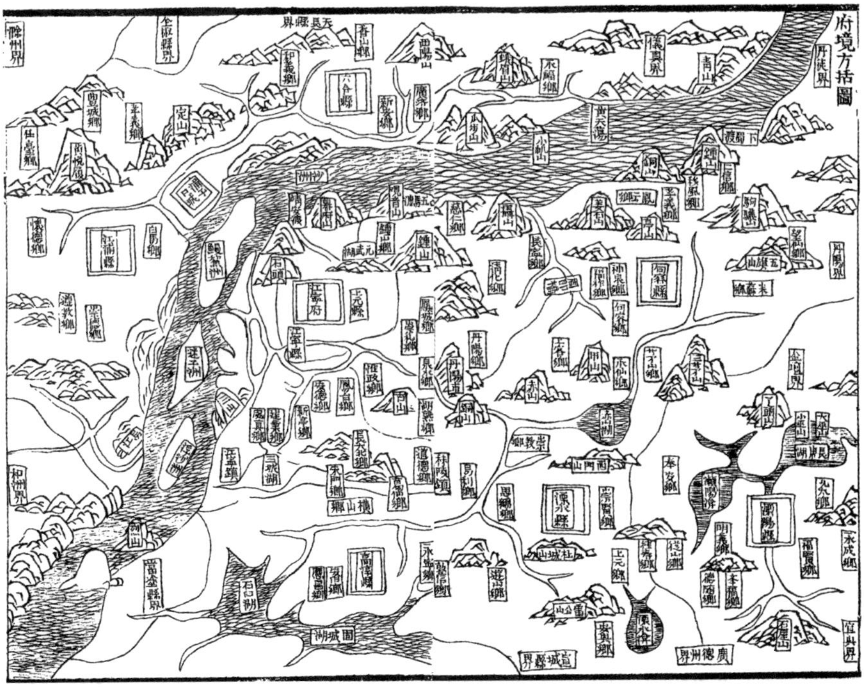

明清时期南京山水形胜示意图［上图为《万历应天府志》之《应天府境图》，下图为《康熙江宁府志》（陈开虞本）之《府境方括图》］

录，成为一种融合自然美与文化意蕴的景观类型。地方志不仅汇集了区域丰富的历史资料，同时展现了其各个时期的政治、经济、文化、社会等多方面状况，为后世留下了珍贵的历史借鉴。进入明清时期，方志的编纂达到了高潮，逐渐形成了“盛世修史，明时修志”的局面。[①]《康熙江宁府志》（陈开虞本）序中提及，“不考建置沿革，何以知方隅城市所由分？不考形胜险阻，何以知武备兵防所由饬？”[②]由此可见，地方志中的“形胜”（或“形势”）篇目，详尽记录了各地的疆域地理形势、险要等特点。南京地区的明清方志资源极为丰富，其形胜可作为研究南京文化景观与城市发展之历史变迁的珍贵资料。

本文以明清时期的南京方志为文献来源，探究该地区形胜的记录情况、内容特征，探讨方志中该地区形胜的表达特征，以期从时间、空间、文化与社会的维度理解形胜特征，揭示形胜的文献、历史与文化价值，为南京形胜的保护与利用提供历史依据与参考。

一、南京地区明清方志中的形胜记录检索

1. 明清时期南京地区各县概况

南京，有逾3100年的建城史，被尊崇为“六朝古都”“十朝都会”，是我国首批历史文化名城。其地理特征表现为盆地中涵、群山环绕、水系缠绕、平原集中的复合地貌。明代时，南京称作应天府，至清代更名为江宁府。该府下辖上元、江宁两个附郭县，以及句容县、溧阳县、溧水县、高淳县、江浦县、六合县。据《康熙江宁府志》（陈开虞本），八县的地理位置、空间范围等信息如下表所示。

---

①仓修良：《方志学通论》，华东师范大学出版社2013年版。

②[清]陈开虞修：《康熙江宁府志》本志序，清康熙七年（1668）修本。

清初江宁府下辖八县的位置与空间信息

县名	府内方位	四至八到	空间大小
上元县（附郭）	府治东北	东至周郎桥与句容界，西至古御街中分，南至永丰乡白米湖与江宁县界，北至大江中流与六合界。	广九十五里，袤八十五里。
江宁县（附郭）	府治西南	东北界于上元，自三山街折南，古御街中分，抵聚宝门，东至武定桥止，又自三山门，至三山街尽折南处，过斗门桥，历北乾道，仓巷内石城门亦为县境。城之外自聚宝门，东南达双桥门，至乌刹桥与溧水界，西北历驯象诸门，以至于龙江关，又西至鳗鳌洲大江中流与江浦界。	东西不及上元十里，南北过上元十三里。
句容县	府东九十里	东至丹阳山口为界，南至溧水丁塘村为界，西至上元周郎桥为界，北至仪真大江中流为界。	广七十里，袤倍之。
溧阳县	府东南二百四十里	东至葑埭村与宜兴界，西至三墖村与溧水界，南至石屋山与广德界，北至丫髻山与句容界。	广百里，袤百五十里。
溧水县	府东南八十五里	东至回峰山与溧阳界，西至乌刹桥与上元界，南至牌冈与宣城界，北至上义山与江宁界。	广一百里，袤一百十里。
高淳县	府东南二百四十里	东至溧水仪凤乡戏墩界，西至当涂丹阳湖界，南至建平莲花池界，北至江宁界。	广一百五十里，袤九十里。
江浦县	在大江北，去府西四十里	东至江宁，以大江中流新兴洲为界；西至滁州，以后河中流费家渡为界；南至和州，以大江中流鲚鱼洲尾为界；北至六合，以三汊河为界。	广一百一十里，袤加五里。
六合县	在大江之北，去府西北一百三十里	东至褚家堡与仪真界，西至号墩与来安界，南至浦子口与江浦界，北至汊涧与天长界。	东西广八十里，南北袤一百六十里。

不少县名的由来与当地的山水形胜紧密相连。其中，江宁、江浦、溧阳、溧水的县名都与水相关。江宁县之“江”字，意指长江，象征着长江流域的安宁，寓意着国家的太平与江山的稳固；溧阳县之名按照“水北为阳，山南为阳”的地理命名原则，溧阳县位于古溧水之北，故以此得名；溧水

县的名称则源自溧水河；江浦县因位于长江之畔，类似于现在的“江边”或“入江河口”的泛指而得名。而句容、六合的县名则与山相关。句容县内有勾曲山（即茅山），其山形似“已”字，弯曲而包容，古代“句”通“勾”，因此得名勾容，亦称句容；六合县的命名则是因为境内有定山，定山有六座山峰，因此得名。

2. 明清方志“形胜”检索结果

以“形胜”与“形势”为检索字词，明和清为时代，江南通志、应天府/江宁府志、上元、江宁、句容、溧阳、溧水、高淳、江浦、六合为书名关键词，在爱如生中国方志库中检索，共检索到明代方志12本，清代方志29本。其中，江南通志2本，即《康熙江南通志》《乾隆江南通志》；应天府志1本，即《万历应天府志》；江宁府志3本，即《康熙江宁府志》（陈开虞本）、《嘉庆重刊江宁府志》《同治续纂江宁府志》；上元县志4本，即《万历上元县志》《康熙上元县志》《乾隆上元县志》《道光上元县志》；江宁县志3本，即《正德江宁县志》《万历江宁县志》《康熙江宁县志》；句容县志3本，即《弘治句容县志》《乾隆句容县志》《光绪续纂句容县志》；溧阳县志5本，即《弘治溧阳县志》《康熙溧阳县志》《乾隆溧阳县志》《嘉庆溧阳县志》《光绪溧阳县续志》；溧水县志5本，即《万历溧水县志》《顺治溧水县志》《康熙重修溧水县志》《乾隆溧水县志》《光绪溧水县志》；江浦县志5本，即《万历江浦县志》（沈孟化本）、《崇祯江浦县志》《康熙重修江浦县新志》《雍正江浦县志》《光绪江浦稗乘》；六合县志5本，即《嘉靖六合县志》《万历六合县志》《顺治六合县志》《雍正六合县志》《光绪六合县志》；高淳县志5本，即《嘉靖高淳县志》《顺治高淳县志》《康熙高淳县志》《乾隆高淳县志》《光绪高淳县志》。

在这些志书中，最早一部为1498年的《弘治溧阳县志》，最晚一部为1904年的《光绪续纂句容县志》，时间跨度长达406年。其中，明代方志主要参与者为政府官员及文人学者，包括知县、御史、贡生、训导、教谕等。例如，在万历年间编纂的《应天府志》中，编纂者程嗣功曾担任南京户部侍郎，而书者殷迈则官至礼部右侍郎兼国子监事务。清代方志的编纂者身份与明代类似，同样以官员和文人为主，如知府、知县、贡生等。

以“形胜”为关键词，共获得359条检索结果。经由梳理，剔除重复的，还有95条有效信息。其中，通志含有4条，府志含有28条，县志含有63条。具体而言，上元县含有9条，江宁县含有9条，句容县含有8条，溧阳县含有5条，溧水县含有5条，江浦县含有15条，六合县含有6条，高淳县含有6条。总计发现32部志书中包含“形胜”相关信息，包括通志2部、府志4部、县志26部，整理出的相关内容共计7066字。部分结果如下表所示。

南京地区明清方志中有关“形胜”的信息举要

类型	区域	书名	卷目	形胜内容
通志	江南省	《康熙江南通志》	卷之第六《疆域》	钟山石城之形胜，长江秦淮之天险。
		《乾隆江南通志》	卷首二之二	《月夜登燕子矶》：……经过睹形胜，往往驻鸣銮。
府志	应天府	《万历应天府志》	卷二《郡纪中》	三月，徐温以金陵形胜，战舰所聚，乃自以淮南行军副使领昇州刺史。
	江宁府	《嘉庆重刊江宁府志》	卷之一《天章一》	《谒明太祖陵》：……形胜不须矜壮丽，惟天佑德慎周防。
县志	上元县	《康熙上元县志》	卷七《疆域志》	汉诸葛武侯曰，钟山龙蟠，石城虎踞。魏文帝丕曰，长江天堑，天所以限南北。
	江宁县	《正德江宁县志》	卷二《山阜》	然则江宁之域，虽滨江而隘，其于建业之形胜，盖已据其要害处云。
	句容县	《弘治句容县志》	卷之一《形胜》	箕距三茅绛岭，襟带九曲秦淮，县治四面山水环抱，俨若城池。
	溧阳县	《弘治溧阳县志》	卷之一《疆域》	南列屏风，北横瓦屋，两江交注，五湥连潴，形势之胜也。
	溧水县	《万历溧水县志》	卷之八《艺文》	庵据溧之形胜，左接溧阳通衢，右近城隍庙宇，前瞰河流萦回，后倚冈阜盘郁。

（续表）

类型	区域	书名	卷目	形胜内容
县志	江浦县	《光绪江浦稗乘》	卷一《疆域》	邑境诸镇则以浦口为东北之要，西葛城为西北之要，新殿庙为正西之要，乌江镇为西南之要，俱宜分设汛防者也，此形胜之大略也。
	六合县	《嘉靖六合县志》	卷之一《地理志》	畿辅之邑，冲要之区，北枕屏冶，南挹钟定，大江环其左，滁水经其右，据山水之间，号佳丽地，而都城负扆之雄，允赖此以拱卫云。
	高淳县	《嘉靖高淳县志》	卷一《形胜》	亦控山濒水之区，故志形胜，地形夷旷，山少水多，荆山拱其前，腊山拥其后，丹阳、石臼、固城环绕其左右。

以“形势”为关键词，同样的检索条件，共获得467条检索结果。经由梳理，剔除重复的，还有96条有效信息。其中，通志含有10条，府志含有18条，县志含有68条。具体而言，上元县含有8条、江宁县含有6条，句容县含有16条，溧阳县含有12条，溧水县含有5条，江浦县含有8条，六合县含有8条，高淳县含有5条。30部志书中包含“形势”相关信息，其中通志2部，府志4部，县志24部，整理出的相关内容共计7294字。部分结果如下表所示。

南京地区明清方志中有关“形势”的信息举要

类型	区域	书名	卷目	形势内容
通志	江南省	《康熙江南通志》	卷之第六《疆域》	建康、姑熟得以襟带，表里之形合，则东南之守不孤，此形势之大规局也。
		《乾隆江南通志》	卷之四《舆地志》	至宋南渡后以东南形势所在，立行都于建康。
府志	应天府	《万历应天府志》	卷十五《山川志》	（六合）瓜步山在东南二十五里，表里江河，据形势之胜。

（续表）

类型	区域	书名	卷目	形势内容
府志	江宁府	《康熙江宁府志》（陈开虞本）	卷之五《山水志上》	龙川陈亮论建业形势，东环平冈以为重，带元武湖以为险，拥秦淮、青溪以为阻。
县志	上元县	《康熙上元县志》	卷十四《古迹》	吉祥禅寺者，胜国时天妃庙在焉，北接凤皇之岭，形势逶迤，南亘清凉之山。
	江宁县	《康熙江宁县志》	卷二《山川志》	建康、姑熟得以襟带，表里之形合，则东南之守不孤，此形势攻守之大局也。
	句容县	《乾隆句容县志》	卷第二《建置志》	万历四年，巡抚宋公仪望视南门，形势不利。
	溧阳县	《弘治溧阳县志》	卷之一《疆域》	南列屏风，北横瓦屋，两江交注，五渰连潴，形势之胜也。
	溧水县	《顺治溧水县志》	卷之六《名宦传》	素知堪舆之理，每叹溧水形势，有不足而易消长，视东南诸水直泻无情，西北风气不聚，倡义民建塔以塞水口。
	江浦县	《崇祯江浦县志》	卷之四《舆地志》	浦在堪舆，虽扬州一丸地，然巀建业振滁阳，形势之系东南者甚巨。
	六合县	《嘉靖六合县志》	卷之一《地理志》	四顾则中缺横高，而回环相望，则底若大陆如壶口，是滁塘之形势也。
	高淳县	《康熙高淳县志》	卷之九《水利志》	在相国圩南，本圩形势，东南高阜，西北低洼，因筑上下坝以御水，又有中埂坝。

二、明清南京方志中形胜表达的内容

1. 自然灵秀与地理险要的贯穿始终

明清方志中对南京的形胜描述往往强调其自然地理特征，如“龙蟠虎踞”的山水形胜。这一描述不仅体现了南京的自然景观，也隐含了其战略地位的重要性。《万历上元县志》卷之三《地里志》载：“金陵古称佳丽邑，与江宁分据其胜，然所谓龙蟠虎踞，长江、秦淮、青溪、玄武皆在境内，壮哉！”[①]《乾隆上元县志》卷二《舆地上》载：“唐志称东南名山，衡庐茅蒋，金陵有二焉。蒋山故名钟，实都邑之镇，武侯所谓钟山龙蟠是也。”[②]钟山以“龙蟠”之势，屹立于扬子江畔，饮霞吞雾，历经千年而郁郁葱葱，纳数朝君王和英雄豪杰而松青柏翠，融多元文化和数种天工而卓然于众山之中；清凉山以“虎踞”之态，盘卧于扬子江岸，守江固城，与钟山一雄浑壮阔，一宁静深沉，互为映衬，共同构成了龙蟠虎踞的山形意象。

南京的形胜不仅体现了自然美，也具备了极高的战略意义。“大江”即长江，作为南京地区的天险，赋予了南京形胜在军事与政治上的特殊意义。《雍正江浦县志》卷之一《封域志》载：“浦邑形胜，前江后淮，群山环抱，所谓地险也。旧城筑于浦子口，新城筑于凤凰山，所谓设险也。长吏果能为国为民，固结人心，以为无形之险，又所谓伏至险于大顺也。”[③]《嘉靖六合县志》卷之一《地理志》记载：“畿辅之邑，冲要之区，北枕屏治，南挹钟定，大江环其左，滁水经其右，据山水之间，号佳丽地，而都城负扆之雄，允赖此以拱卫云。”[④]《万历上元县志》卷之十二《艺文志》记载：“玄武湖注其北，秦淮水绕其南，青溪萦其东，大江环其西，此又建业天然之池也。”[⑤]由此可见，在明清南京方志中，形胜强调了南京地区的自然地理特征，形成了有利于城市规划与发展的自然屏障，使南京成为一个具备自然灵秀与地理险要的理想都城。

2. 地标地位与四至八到的宏阔绘卷

明清方志中经常强调南京作为都城的重要地位，如“金陵当南北之均”的地理区位特征，以及“虎踞龙蟠势参错”的形胜典范，这些都突出了南京

①[明]程三省修，[明]李登纂：《万历上元县志》卷之三《地里志》，明万历刻本。

②[清]蓝应袭修，[清]程廷祚纂：《乾隆上元县志》卷二《舆地上》，清乾隆十六年（1751）刻本。

③[清]项维正纂修：《雍正江浦县志》卷之一《封域志》，清乾隆重修本。

④[明]董邦政修，[明]黄绍文纂：《嘉靖六合县志》卷之一《地理志》，明嘉靖刻本。

⑤[明]程三省修，[明]李登纂：《万历上元县志》卷之十二《艺文志》，明万历刻本。

作为明初都城的历史地位和文化中心的象征性。《万历应天府志》卷十四《风土志》载："上元附廓赤县，在府治东北，东至周郎桥与句容界，西至古御街中分，南至永丰乡白米湖与江宁界，北至大江中流与六合界，广九十五里，袤八十五里，钟阜龙盘，石头虎踞，狮子、石灰、临沂、直渎诸山，牙趾相入，北枕大江，险过于汤池。"①应天府城地处江海西岸的丘陵地带，东接三茅山与句容为界，西至古御街，北临长江，南连白米湖，广袤无垠，气势宏伟。西北部有长江奔流而过，北部、南部、东部三面则由诸山环绕，形成"一面临水、三面临山"的山水空间格局，其选址也体现出山停水聚、山环水绕的极佳格局。同时，下辖六县散布于诸山之间，共同拱卫府城，构成依托山水的城垣布局，突出了南京的核心地位。

《康熙江宁府志》卷之一《图纪上》云："古之江水自三山东入，沿阴山、石子冈北流以至于石头，又自石头沿马鞍、四望、卢龙、幕府，东折至于观音，又由临沂、摄山直抵京口，二百余里山势不绝，浮江而观之，三山据于西南，石头据于西北，秦淮中出，乃天限之门户也。今江水西流，沙洲旷邈，马鞍、凤台为民居日削，而阴山则陶冶为泽，渐不可寻矣。此则图其形势之大者焉。"②这段文字突出了南京及其周边地区独特的山水形胜格局，尤其是长江沿岸山势的连绵起伏和重要性。从历史视角来看，南京凭借"龙蟠虎踞"的地理优势，一直以来都是军事和政治上的要冲。到了清代，随着江水改道、沙洲增多以及人为活动的日益增加，昔日的形胜格局已不可避免地发生了改变。这种频繁的人为活动，一方面反映了南京城市发展的繁荣，另一方面也进一步彰显了南京对于周边地区的重要影响力。

3. 神话传说与历史叙事的绮丽铺陈

明清方志中对于南京地区的形胜记载建构了该地区王气的历史叙事与文

①[明]程嗣功修，[明]王一化纂：《万历应天府志》卷十四《风土志》，明万历二十年（1592）刻本。

②[清]陈开虞修，[清]邓旭纂：《康熙江宁府志》卷之一《图纪上》，清康熙七年（1668）修本。

化认同。南京城内外山体绵延，有着“龙脉”之称。龙脉，起始于长江入海口附近，从常熟一带的虞山开始，绵延向西，沿江阴、常州、丹阳、镇江的沿江丘陵山脉，到南京附近分为两支：一支由龙潭到幕府山、狮子山一带；另一支进城，沿着宝华山、羊山等丘陵到紫金山，然后在龙脖子那一段进城，依次是九华山、北极阁、五台山、清凉山，最后入江，实为“王气龙盘，地形绣错”。南京的形胜叙述始终贯穿其历史发展，以秦始皇“泄王气”作为南京历史叙事的起点，以“圣祖开基定鼎”作为叙事的高潮，形成南京地区独特的地方文化记忆。

《万历应天府志》卷一《郡纪上》载：“秦始皇帝二十六年，改金陵为秣陵县，以平陵置溧阳县，俱属鄣郡。……用望气者之言，凿钟阜，断长陇，以泄王气。”东汉建安十三年（208），刘备派诸葛亮出使东吴，与孙权共商抵抗曹操的大计，诸葛亮曾经驻马石头山，观察金陵形势，作出了“钟阜龙蟠，石城虎踞，真帝王之宅”的评语。此论不仅在明清方志中屡次被记录，还成为南京形胜的重要象征。《万历应天府志》卷十五《山川志》载：“金陵山水，秦时望气者，已指异之矣，历千余年。而圣祖龙兴，神鼎奠焉，始皇之所不能泄，六朝之所不能有。”明太祖朱元璋在此建立明朝，才最终将南京这片山水之地的王气彻底展现。这强调了南京山水的地理优势，突出了其成为帝王之都的优越条件与历史意义，通过神话传说与历史叙事塑造了南京独特的形胜意象。

4. 城池相地与布局空间的匠心构设

明清方志中对南京的城池和布局都有详细的记载，府县志书中均详述各地的建置沿革、形胜、风俗、山川等。在《形胜》篇目中，对于山和水的描述都进行了非常细致的刻画。南京地区的形胜与古代城市的择址紧密相连，尤其重视控山濒水的地方。《嘉靖高淳县志》卷一《形胜》记载：“先王经理天下，分封列国，必据要害之地，以为固此，形胜所以为尚也。斯邑所据，亦控山濒水之区。”[①]《弘治句容县志》卷之一《形胜》载：“箕距三茅绛岭，襟带九曲秦淮，县治四面山水环抱，俨若城池。”[②]生动地刻画出句容县周围的“山水环抱”格局，这样的山水格局就像是一座天然的城池，为城市建设和规划奠定了基础。江浦县的城市规划以其险峻形势为要冲，是为“京都拱卫”“省会屏藩”之地。《光绪江浦埤乘》卷一《疆域》记载：“明初析置浦邑，地视邻境，仅半疆域，似不广矣。然在前代为京都拱卫，在国朝为省会屏藩，诚江北之要区也。至分封有沿革，界至有广袤，谈形胜而控制。”[③]

此外，有关形胜的记载也融入一些建筑的选址与布局上。例如，《光绪六合县志》卷一《地理志》之二《山川》载：“明庄文节昶筑室读书，建七亭山中。六峰曰：寒山峰、狮子峰、石人峰、双鸡峰、芙蓉峰、妙高峰。据江之北眺江以南，钟山诸胜一览可收。”[④]建于七亭山中的读书室与亭台，依山傍水，能够一览诸胜。这不仅是一种视觉上的壮美，更是将六合的山水形胜与人文建设紧密结合在一起，体现其建筑布局与城市规划特色。由此可见，方志中的形胜强调了山水对城市选址和社会生活的影响，这种形胜表达使得城市规划和建筑布局在满足日常生活需求的同时，也传达了古人对山水的敬畏与追求。这些记载成为人与自然对话的载体，通过设计细节体现对山水形势的深刻理解，展示了古代城建的智慧。

5. 山形水势与地方情怀的缱绻相依

明清方志中对南京的山形水势有着详细的记载，不仅描绘了该地区的自然景观，也体现了该地区的地方情怀。方志通过描绘山形水势来记载众多府

①[明]刘启东修，[明]贾宗鲁纂：《嘉靖高淳县志》卷一《形胜》，上海古籍书店1963年版。

②[明]王僖征修，[明]程文纂：《弘治句容县志》卷之一《形胜》，上海古籍书店1964年版。

③[清]侯宗海修，[清]夏锡宝纂：《光绪江浦稗乘》卷一《疆域》，清光绪十七年（1891）刻本。

④[清]谢延庚修，[清]贺廷寿纂：《光绪六合县志》卷一《地理志》之二《山川》，清光绪十年（1884）刻本。

县的地理方位。例如，《康熙江宁县志》卷二《山川》记载："石头在其西，三山在其西南，两山可望而挹，大江之水横其前……自临沂山以至三山，围绕于其左，自直渎山以至石头，溯江而上，屏蔽于其右，此建业之城郭也。"[①]由此可见，通过稳固的山峦与流动的水域，辅以对方位的详细描述，志书编纂者形成了对江宁县地理位置的深刻理解。同时，彰显了各地山水的独有特色，加深了人们对这些区域山水的情感纽带以及文化认同和归属感。

志书编纂者还可以站在县邑的视角来描述可以观看到的山和水，这样就能反推出县邑的地理位置，从而构建起山、水、城之间的地理认知。以江浦县为例，《万历江浦县志》（沈孟化本）卷之四《舆地志》记载，江浦形胜"近挹江水，远带淮流，左阻六峰，右据西华，实东南之巨观，为两都之要会"[②]。江浦县近处可以揽长江之水，远处带有淮河之流，左边被六峰阻挡，右边依靠西华山。凭借优越的地理位置，江浦县不仅拥有东南地区的壮丽景观，而且是南北两都的要冲之地。由此可见，明清方志中南京地区的形胜体现了山形水势与地方情怀的缱绻相依，促进了地方自然景观与文化传统的交融与传承。

三、明清南京方志中形胜表达的特征

形胜，最早出自《孙子兵法》，指军事上依靠自身实力而取胜。至战国末年，形胜逐渐成为用来对地理形势综合评价的用词，魏晋时期主要用来形容城池选址位于地势险要之地，可取得易守难攻的防御优势。[③]魏晋以后，形胜一词逐渐加入景观审美的意味，其中的"胜"用来形容山水秀美，市井繁华，人民安居乐业。明清时期，南京的山川资源得到了充分挖掘，汇集了

①[清]佟世燕修，[清]戴本孝纂：《康熙江宁县志》卷二《山川》，清康熙二十二年（1683）刻本。

②[清]沈孟化修，[清]张梦伯纂：《万历江浦县志》卷之四《舆地志》，明万历刻本。

③唐晓岚、高思源：《传承山水形胜的市域景观风貌构建范式探索——基于杭州形胜的解读》，《风景园林》2023年第12期。

大量形胜景观，这些景观不仅反映了当时的自然环境，更承载着深厚的文化意蕴。

1. 以皇家权力为特征的龙兴与秩序形胜

以皇家权力为特征的形胜强调景观的政治象征性与权威性，景观被赋予神圣性与秩序感，体现了统治者对山水景观的文化占领与权力彰显。它的典型特征是钟山（紫金山）的“龙蟠”之势被赋予祥瑞和守护的象征意义，成为帝王基业的象征，强化了城市作为“帝王之宅”的文化认知。明初，南京的山水格局和城市布局被严格按照风水理念和礼制设计，以彰显皇权威严性与正统性。南京的皇城选址以钟山为依托，钟山被视为龙脉所在，这一地理认知象征着皇权的根基和延续，赋予了南京无可比拟的政治象征意义。同时，南京的明故宫布局以“中轴对称”的皇家风格为特点，城墙、宫殿和护城河的设置不仅是防御手段，更是皇权威严的体现，宣示了皇帝“居天下之中”的权威地位。[①]此外，南京的明故宫与城墙、宫殿、护城河的严密结合，既具有防御功能，又具有象征性，体现了政治和文化的双重功能。通过这些地理景观和建筑空间，南京形胜景观将山水与皇权紧密联系，将自然环境内嵌于政治秩序与权力结构之中，使得南京的形胜表达不仅是自然资源，更成为君权神授、政权稳定的象征。

2. 以军事功能为特征的要冲与防御形胜

以军事功能为特征的形胜突出区域的要冲地位与防御功能，山川水系作为天然屏障，体现了“形胜”在军事上的险要特征。它的典型特征是长江作为天然的“天堑”，起到外部防御和屏障的作用，而幕府山、石头山等山脉形成“虎踞”之形，展现了地势险要、易守难攻的军事优势。《孙子兵法》云：“胜者之战民也，若决积水于千仞之溪者，形也。”[②]在这种思路的指导下，南京的形胜景观被视为军事防御和政治统治的重要依托，其险峻的山

①吴永芝、孙友波：《城市历史地段文化环境的传承与创新——以南京明故宫历史地段为例》，《城市问题》2009年第9期。

②[清]张玉书、陈廷敬：《康熙字典》，中国档案出版社2002年版。

水格局被视为天赐的屏障，有助于抵御外敌，确保王朝的稳固。例如，三国时期的东吴政权选择建业（今南京）作为都城，正是看中了其独特的山水之势。长江、钟山、石头山、紫金山等山水环绕，使南京易守难攻，为东吴抵御北方势力提供了天然的防御屏障。与此同时，城市的建设和规划也以军事防御为首要考虑，城墙、要塞、护城河等军事设施的布局和位置，均结合了地形，最大程度利用山川的险要。元末，南京的山水形胜再度被利用，成为朱元璋建立明朝的军事依托。朱元璋定都南京，加固了南京城的防御工事，通过构筑更为坚固的城墙、完善的城防系统，进一步巩固了南京的军事功能。明城墙以钟山为依托，沿长江构筑，形成内外相连的防御体系。

3. 以风景审美为特征的山水与游赏形胜

以风景审美为特征的形胜强调景观的自然美感与宜居特征，追求山水的灵动秀美，体现了人们对美好生活与和谐自然的向往。它的典型特征是生活宜居的自然格局，常通过对山水景观的描绘，展现自然与人文的和谐共生。例如，溧水县位于南京东南方位，作为南京的天然屏障，以山景为主要风貌，东面东庐诸山绵延环列，山势幽峻，形成了县境的自然景观特色，成为宁静与幽深的象征。相较之下，高淳县则以水景为主要风貌。高淳县内山少水多，水网关系复杂，这在一定程度上影响了高淳八景的风景要素组成，分别为丹湖秋月、固城烟雨、石臼渔歌、官河夜泊、龙潭春涨、东坝晴岚、保圣晨钟、花山樵唱。清康熙年间，西陵王子康为“高淳八景”各作画一幅，图后题跋“淳虽片壤，而环绕三湖，其东南林壑深秀，望之蔚然，均足供耽幽济胜者所欣赏”。此外，山水形胜不仅吸引了当地百姓，也成为文人、士人和宗教人士的重要游赏之地。宗教人士会将寺观建在风景优美的形胜地，借山水之灵秀求得心灵的宁静与超脱，也可以供游客游赏。如《康熙江宁府志》（陈开虞本）卷之三十二《寺观志下》记载：“灵应观……引紫金之形势，俯城郭之佳丽，城外江山，举在眉睫，林木葱蒨，市嚣不闻。”①

①[清]陈开虞修，[清]邓旭纂：《康熙江宁府志》卷之三十二《寺观志下》，清康熙七年（1668）修本。

四、明清南京方志中形胜表达的维度

以上通过梳理南京明清方志中形胜的表达，探讨了南京地区形胜景观的地理特征、历史叙事、文化意涵及其对城市规划的影响。研究发现，明清方志以丰富的文字和叙述形式，翔实地记录了南京地区“龙蟠虎踞”的山水形胜，并赋予其多层次的文化意义。形胜不仅是自然景观的再现，更是城市文化和历史的积淀，它们共同构成了南京城市独特的空间意象和人文风貌。这些形胜贯穿于自然地理、城市布局、文化传承和历史记载之中，丰富了南京城市的文化底蕴和景观价值。

1. 从时间维度呈现出动态演变的轨迹

南京形胜从早期的军事地理概念逐渐演变为融合政治象征、文化意涵和审美追求的复合性思想体系，这种演变反映了南京城市功能的变化以及社会文化的发展。从秦汉到明清，从战略要地到文化名城，南京的形胜始终以山水为载体，为城市赋予了丰富的历史内涵。随着时代的变化，形胜景观的某些功能逐渐弱化，例如其军事防御功能在现代城市中已不再具有实用意义，但其文化价值和审美意义仍然值得进一步探讨和弘扬。

2. 从空间维度展现出多元交织的格局

明清方志中的南京形胜呈现出从地理空间到文化认同的多维表达。自然地理特征的描述展示了南京山水格局的独特性，历史叙事的建构强化了南京作为“帝王之宅”的合法性和文化传承，城市规划和建筑布局则体现了自然与人文的和谐相融，彰显了古代城市建设的山水理念，文化地标的记载进一步丰富了南京的地方文化认同，这些要素共同构建了南京形胜景观的文化体系。

3. 从文化维度蕴含着厚重的精神内涵

南京形胜的特征在于对自然环境、政治威权和人居价值的综合表达。从皇权至上的龙脉表达到军事防御功能，从审美的自然风光到宜居的城镇环境，南京的形胜特征呈现出厚重的文化内涵。它不仅是对自然山水的静态描述，更承载了南京在不同时代的战略意义、文化价值和地方精神。

4. 从社会维度反映出鲜明的社会映射

南京的形胜在社会维度上与地域文化、历史叙事和社会结构紧密相连。志书编纂者大多是地方知府、知县，或是一些儒生、贡生等知识分子，他们描绘形胜的视角，不仅呈现自然山水与地理景观，还融入了地方人民的智慧与情感。从自然灵秀、地理险要，到地标地位、宏阔描绘，南京的形胜表达通过历史叙事与神话传说，塑造了具有文化象征的城市形象。此外，形胜揭示出的南京城市布局反映了编纂者对地理形势与社会秩序的深刻认知，体现出地方情怀与社会价值的交织，不仅深刻影响了南京的城市发展与文化认同，也体现出当时的社会理想和人文气质。

五、讨论

综上所述，笔者关注到形胜的动态演变与现代价值，以及方志在形胜传承中的重要作用，主要讨论如下：

1. 形胜在方志传承中的赓续书写

明清方志作为地方历史文化的记录载体，对形胜景观的保存和传播起到了关键作用。方志中的山水描述不仅有助于地方地理和历史的认知，也通过叙述和评价为地方文化记忆提供了重要依据。随着近现代城市化的快速推进，许多方志中记载的形胜景观已经消失或受到严重破坏。因此，方志中的形胜记录为研究历史上人地关系的和谐发展提供了有价值的资料，同时也提醒我们关注和保护这些文化景观资源。

2. 形胜在城市建设中的资政启迪

南京的形胜在一定程度上影响了城市的空间格局和文化塑造。以自然山水为依托的城市选址与营建展示了古代城市建设与自然和谐共生的智慧。这种形胜不仅是城市历史的记忆，更可以为当代城市规划和生态保护提供理论指导。南京独特的山水格局对城市文化的塑造仍然具有深远的意义，应在未来的城市发展和遗产保护中被充分挖掘和利用。

3. 形胜在未来发展中的焕新姿态

当前，城市化进程导致传统山水格局的逐渐消逝，“千城一面”的现象令人忧虑。南京形胜中所体现出的人地和谐观念、风景美学理念，为当代城市发展提供了重要参考。通过研究方志中的形胜，可以启发现代城市在保护自然山水资源的同时，结合地方文化特色，构建独特的城市风貌。此外，形胜中强调的文化认同和情感纽带也可以为提升城市居民的归属感和认同感提供有益思路。

通过以上分析，南京明清方志中的形胜表达不仅是地方地理景观的叙述，更是历史文化的传承和地方认同的体现。今天，研究和借鉴形胜，不仅能够推动南京文化景观的保护与复兴，也能为生态文明和人文城市的构建提供重要参考。

本文为2022年度教育部人文社会科学研究项目“江南历史名山明清史志的图像学研究”（项目编号2022YJA760075）、2023年度“江苏省社科应用研究精品工程”地方志专项课题“南京地区明清方志中的形胜整理与研究”（项目编号23SFZA-07）、2021年度国家林业和草原局林业遗产与森林环境史研究中心项目“江浙地区风景名山史志整理与研究”（项目编号2021LYYB02）的阶段性成果

作者简介：唐晓岚，法学博士，南京林业大学风景园林学院教授，博士生导师；刘媛媛，南京林业大学风景园林学院硕士研究生；施国俊，南京市地方志工作办公室副主任

英人眼中太平天国治下的南京
——以1853年出访的文翰一行为例

刘越洋　周佳琦　姜云瀚

摘要：1853年春，文翰率领费煦邦、密迪乐等一行英人乘“何木斯”号军舰从上海出发，前往天京探察太平天国起义军建立的新政权。经过几次文书往来、在南京城内及舰上之交游，英人收获了有关太平天国与南京的第一手材料。史料中反映出太平天国对南京的治理状况，以及文翰等人的认识和看法，并最终层层传递回英国，影响到了西方世界对于太平天国与南京的认知。

关键词：太平天国；南京；文翰；“何木斯”号

1853年3月，太平天国定都天京（今南京），这完全超出了西方人的预料，他们迫切需要前往南京以近距离观察这一政权，从而对时局的变化有所判断。[①]时任香港总督兼驻华全权公使文翰（S. G. Bonham）主动请缨，先于3月21日[②]乘“何木斯”号（Hermes）军舰到达上海。4月，以文翰为代表的一行英人出访天京，并与太平天国领导人进行贸易、条约等方面的谈判。这支访问队伍主要包括英使文翰、“何木斯”号舰长费煦邦（E. G.

①茅家琦：《太平天国对外关系史》，人民出版社1984年版，第34页。

②本文中出现的日期如无特殊说明皆为西历日期。

Fishbourne）、上海英领事署翻译密迪乐（T. T. Meadows）以及英海军上尉斯普拉特（Lieutenant Sprat）等人，出访过程并不顺利，太平天国一方态度反复，英国方面则大费周折。

尽管在外交谈判上未能取得预期结果，但访问队伍在天京交流期间与太平天国交换了多份文书，并就天京之见闻留下了丰富的材料记录。此前学界对此次出访事件的研究主要借助曹墅居所译英国政府蓝皮书中之太平天国史料[①]，而在蓝皮书这份官方文献以外，《中国的革命：引发革命的原因和影响》（*The Chinese Revolution: the causes which led to it–its rapid progress and anticipated result*）、《中国印象记》（*Impressions of China, and the Present Revolution: its Progress and Prospects*）及《北华捷报》（*The North–China Herald*）中均保留有相关人员在出访天京前后留下的原始记录，有待研究。本文拟对上述文本内容进行整合与思考，回溯文翰等人的访问所感，窥见太平天国定都之初天京之情形，剖析他们对这一政权的态度与看法，从而建构起英人眼中1853年太平天国治下的南京。

一、文翰出访南京的缘由与经过

南京是长江下游的重要城市，作为南北交通要冲、江南经济中心和历史上都城所在地，具有重要的战略意义。太平天国占领南京，对整个长江流域的格局产生了巨大的影响。从英国的角度来看，长江流域的通商口岸和贸易路线若因起义军有所阻隔，则必定会危及英国在华的利益；且太平天国在定都南京后仍有扩张之意，而不远之外的上海驻有大量英国侨民，在文翰到来之前，起义军的前进势态已使上海外侨终日惶惶。上海英领事署为安抚侨民，也为英侨生命财产安全起见，需要派代表团探知太平天国对外人之态度。出于形势与利益的考量，文翰于1853年4月至5月间出访南京是必然之举。文翰此行主要任务有三：了解太平天国的性质、政策和意图，尤其是对

①即文翰于1853年8月5日呈递给英国外交大臣克拉兰登伯爵的报告《关于中国内战的文件》（*Papers Respecting the Civil War in China*）。

外人的态度，以及是否会影响英国在华的贸易；宣布英国将在清朝和太平天国之间保持中立的态度；对起义的局势进行评估。

1853年4月9日，翻译密迪乐从上海西上，初探太平军状况，经苏州、常州，于14日抵达丹阳，后因水位太浅未能继续前进。密迪乐沿途进行了一番探查，他见到许多清军由镇江逃来，声称南京已被太平天国占领。①另外，在调查中他误以为革命军首领名叫太平。②4月19日，密氏返回上海向文翰汇报了太平军的情况。此行未能探知革命军对外人态度如何，且密氏收集到的公告副本中诬指英国已承诺向清王朝提供军舰，尽一切努力消灭起义军，这使本就未知的局势更加紧张。文翰决意乘"何木斯"号自扬子江上行抵达镇江、南京，以备进一步探查和筹谋会面。

4月22日，文翰自上海出发前往南京，26日驶至镇江，遭到太平军炮击。多番辗转后，文翰于27日到达南京，由费煦邦致书太平天国当局，说明来意。密迪乐、斯普拉特携之由水西门入城，与北王韦昌辉、翼王石达开相会，③这是双方的第一次正式会面。太平天国最初的态度颇有些倨傲与警惕，然密氏严词拒绝了下跪的要求，并表明此行是为商讨文翰与太平首领会面事宜。尽管顺利见到二王，但韦昌辉掌握了这场谈话的主动权，他对宗教信仰问题表示出极大的兴趣，先询问密氏"崇拜'天父上帝'否"④，在密迪乐诵出"十诫"的内容后即大喜曰"同我们的一样"⑤，遂以兄弟相称。通过此次会谈，太平天国领导人得知英人与他们系同一种信仰，英方则确切感受到太平天国信仰之狂热。看似宗教搭起了双方沟通的桥梁，但没有形成

①曹墅居译，简又文校：《英国政府蓝皮书中之太平天国史料》，收入中国史学会主编《中国近代史资料丛刊：太平天国》第6册，上海人民出版社2000年版，第891页。

②《英国政府蓝皮书中之太平天国史料》，收入《中国近代史资料丛刊：太平天国》第6册，第892页。简又文按：此为当时之谣传。

③郭廷以：《太平天国史事日志》下册，上海书店1986年版，第242页。

④《英国政府蓝皮书中之太平天国史料》，收入《中国近代史资料丛刊：太平天国》第6册，第902页。

⑤《英国政府蓝皮书中之太平天国史料》，收入《中国近代史资料丛刊：太平天国》第6册，第903页。

实质上的认同。在以太平王为天下真主这一点上，英人并不从命，且在之后的报告中得出了“彼之宗教信条虽系择自外国人之著述或教训，但对于外国彼此间之地位确乎茫然无知”的结论。[①]密氏的相关问题和需求也没有得到太平天国当局的充分重视。对于密氏的政治目的，韦昌辉等实不在乎；关于接待礼仪的商讨也未能达成一致。这场谈话表面和谐，实则深刻反映出双方认知的参差。

值得一提的是，或因韦昌辉等对会面较为满意，或是出于“地主之谊”的礼节考虑，在就宗教问题达成一致后，“至于以前吾（密迪乐）所发关于彼等对于英国人之感情态度问题，彼始答云：吾等今后不特彼此相安无事，而且还可以成为亲密的朋友。且言：吾等现在南京可以登岸，并随意到处游逛”[②]。这为英舰随行人员在南京的友好交流提供了机会。此后，太平天国人士也多来到江边或上英舰参观，双方基层人员逐渐展开接触。文翰也试图以此为途径宣传己方的政治观点：“每日群来甲板上之体面人物，吾即授命逐个对其充分解释吾船开来南京之动机，并使其确信吾等系完全中立。”[③]

然而，双方高层的对话仍不顺利。28日，原定前往英舰拜访的太平首领未如约，韦、石发给文书一份，以主对臣之姿晓谕文翰朝见礼仪一事，使文翰深感不满。文翰派密迪乐将原文退回，另附1842年中英《南京条约》之中文本一份，表明英国在华之地位。29日，检点赖汉英前往英舰，对昨日文件表示歉意，解释误会，密迪乐亦重行说明英国中立态度。另约商定文翰次日上午十一时上岸与东王杨秀清等会晤。[④]然30日一早，文翰因恐礼仪问题再

①《英国政府蓝皮书中之太平天国史料》，收入《中国近代史资料丛刊：太平天国》第6册，第904页。

②《英国政府蓝皮书中之太平天国史料》，收入《中国近代史资料丛刊：太平天国》第6册，第903页。

③《英国政府蓝皮书中之太平天国史料》，收入《中国近代史资料丛刊：太平天国》第6册，第895页。

④郭廷以：《太平天国史事日志》下册，第243、244页。

生纠葛，影响双方关系，又覆书借口天气原因推迟会面，以缓和态势，保全颜面。

5月1日，太平天国再发一道诏书，诏书中视文翰出访南京之行为远人归顺，并以上帝信仰之名诱英相助抗清。文翰复文坚决地表示中立，并对其文“暗指英人隶属于贵君主一层”表达愤懑，[①]极度反感将英国划归洪秀全所统率的基督教世界这一观念。当日下午，文翰自南京西上，当晚折回，其间又遭太平军炮击。

5月2日，赖汉英来舰，带有东王等人之回函。文翰以文书中措辞有以属国视英意句，覆书声明英国在华之条约权利，威胁如有侵及英国人民或财产，当立即采取如十年前之报复行动。北王得书后立赴江岸，谋晤文翰，然英舰已于下午四时东去。3日，“何木斯”号途中于瓜洲、银岛等地又遭炮击，至镇江时得罗大纲、吴如孝先前致书，文翰于是派密迪乐上岸晤面。大纲劝英人勿助清兵，勿售鸦片；密氏声明英方中立态度，并要求太平军勿再炮击英船。大纲解释前次炮轰误会，英舰即去，于5月5日返回上海。[②]

此行结束后，文翰分别于5月6日、11日就南京一行之收获向克拉兰登（Clarendon）伯爵进行汇报。两封报告内容大致相同，反映出文翰此行后对太平天国的总体认识。

经此一行，文翰对于这一政权、这座城市的心理都可谓十分微妙。此行确有收获可作汇报：英方通过在南京周遭的活动和交流破除了许多有关太平军及其首领的谣传，对于太平军的实力有所判断，更收集到了几份太平天国的宗教文书可供翻译研究。然而总体上来看，文翰在南京屡屡碰壁，其政治及商业目的未能达成，作为英使没有得到对等之尊重，多次想要与太平首领晤面也因礼仪问题一再搁置。来宁与返沪期间，“何木斯”号屡遭炮击，英方几番隐忍，更是恼火。此外，收集到的宗教信息使得文翰确信其信仰动机

①《英国政府蓝皮书中之太平天国史料》，收入《中国近代史资料丛刊：太平天国》第6册，第910页。

②郭廷以：《太平天国史事日志》下册，第245、246页。

不纯，他抨击教义中掺杂的“迷信”与“谬误”，认为是其蛊惑人心、为起义政权寻找合法性的手段。尽管文翰在报告中主要陈明自己与身边人的劳绩，但就其成效与字里行间流露出的情感，可以体味到南京之行于他颇不圆满，或可称为一次“挫败”的出访经历。他将这次对话不顺的责任基本归结于太平天国的傲慢：“其唯我独尊、统治全世界之心理，如能早一日破除，于各方面早一日较为有利。”①文翰虽没有直接评价起义军的前景，但在返回上海后“相信彼等不至来此”②，始终选择维持中立的政策，或许已然反映出他消极的态度。

二、出访团队成员在南京之见闻

（一）南京的整体印象与城市风貌

太平军从占领南京之初，就采取了诸多破旧立新的手段，对南京旧有的生活方式和社会风气进行了改造。③1853年春文翰一行到访南京，见到的就是这样一座颇为特殊的城市，既不同于上海，也不同于清王朝统治的其他地区，因而给出访团队及随行人员留下了深刻的印象。

在获得了在南京城随意走动的许可后，费煦邦便开始了对南京城的考察。对于当时的南京城的建设情况，费煦邦描述道：“南京是一座有城墙的城市，据说有五十万居民。它的墙壁很高，延伸二十一英里；但只有不超过四分之一的空间建有房屋，而这些房屋大多建在一个角落里，其余的是花园和田地。”④革命引发的恐慌情绪还没有从这座城市中散去，据费煦邦观察，“大部分人都陷入了恐慌，而这种恐慌似乎是起义军的靠近而引发的，

①《英国政府蓝皮书中之太平天国史料》，收入《中国近代史资料丛刊：太平天国》第6册，第899页。

②《英国政府蓝皮书中之太平天国史料》，收入《中国近代史资料丛刊：太平天国》第6册，第901页。

③夏春涛：《太平天国时期南京城的变迁》，《扬州大学学报》2001年第6期。

④E.G Fishbourne, *Impressions of China, and the Present Revolution: its Progress and Prospects,* London, 1855, pp.176-177.

所有人都惊慌失措，四处逃窜：因为这些房屋确凿地证明，这座城市被抛弃了，而且他们还带走了所有家具和其他可移动的财产。因为如果只是把这些东西从房子里搬出来扔到街上，我们应该还能看到一些残留物。一条又一条街道、一栋又一栋房屋都被清空了，几乎没有例外。同样，我们经过时看到许多人正搬回他们的家具，就像他们在上海时一样；他们满怀信心地回来了”[①]。逃难者众多，但也有许多人主动拥抱这个新生的起义政权，重新建设起他们的家园。费煦邦认为，这是太平天国拥有群众基础的表现。

由于太平天国在定都后面临着清军和湘军的威胁，统治者对南京实行了严格的管控，文翰等感受到的整个城市的气氛是严肃而紧张的。《北华捷报》形容南京“现今或可称为一座大军营”[②]。“何木斯”号在沿扬子江前往南京和返回上海的过程中屡次遇太平守军开火炮击，反映出南京周边戒备之森严，而南京城内则更甚。密迪乐第一次登岸，请求面见太平首领，被“无数革命军兵士围绕”，而当两王出现后“即闻吾背后门外殴打怒骂之声已大作，两首领高声呼‘打’，即有二三武装侍卫将引导吾等前来者施以毒打”[③]。这既是由于太平军对外国人的警惕，也是其军纪严明、治城严苛的体现。文翰原定于4月30日上午十一时上岸与杨秀清会面，根据随行人员的日记记载，“他们（太平军）完全按照当时的规定行事，十点整就在登陆地点列队等候，队伍庞大而整齐，为爵士（文翰）及其随从准备了充足的马匹和椅子。那天风很大，但他们对于热情周到地迎接我们这件事没有半点犹疑”[④]。而文翰反悔后，太平军一直在岸上等待至十二点半才离去。太平军军容整肃、有条不紊的作风，给舰上等待初次会面的英国人留下了不错的

---

①E.G Fishbourne, *Impressions of China, and the Present Revolution: its Progress and Prospects,* p.177.

②“The Hermes Returned to This Port on the Afternoon of the 5th Instant”, *The North-China Herald (1850-1866)*, No.145, May 7, 1853, p.158.

③《英国政府蓝皮书中之太平天国史料》，收入《中国近代史资料丛刊：太平天国》第6册，第902页。

④Anonymity, *The Chinese Revolution: the causes which led to it-its rapid progress and anticipated result,* London, 1853, p.101.

印象。

洪秀全为贯彻拜上帝教的信仰，彰显新朝的开创性，在南京颁行了一系列创制之举，被英人收入眼中。如斯普拉特所说，“太平王明确命令他的臣民不要对他说那些用于称呼历代君主的诸如‘至高无上’‘至尊’和‘父亲’之类的称呼，因为这些称呼只属于上帝”[①]。洪秀全还创制了新的历法，称为“太平天历”，其对英之诏书落款也沿用此历法。这些标新立异的举措试图划清与历代封建王朝的界限，但在英人看来并没有实际的意义，他们不甚关心。

英人格外重视的是太平天国的宗教信仰。对拜上帝教的信仰兼及全军全民，其广泛程度令身为基督徒的英人都不免为之震惊。密迪乐在丹阳一带探察时发现，“革命军殊有特异处……其为清教徒的性质而兼是狂信的：全军在饭前必事祈祷”[②]。信教、谈论教义、进行宗教仪式、宣传拜上帝教已成为当时南京城内普遍的风气，据文翰所言，“当在南京停留时，所见革命党人，由最高以降至最低阶级者，莫不津津乐道其宗教信条，尽力宣传其所奉之奇异的信仰。在船中彼此双方晤谈，饶有兴趣之谈话，不一而足，多系关于彼等之信仰及其始源”[③]。在拜上帝教面前，其他的民间信仰包括孔子崇拜都必须让步。斯普拉特在信件中描述太平军“是反偶像崇拜者，会摧毁一切偶像崇拜的痕迹”[④]，费煦邦则沿途实地考察了镇江两处分别被英人称为“金岛”（Golden Island）[⑤]和“银岛”（Silver Island）[⑥]的佛教圣地，并明

①Anonymity, *The Chinese Revolution: the causes which led to it-its rapid progress and anticipated result,* p.122.

②《英国政府蓝皮书中之太平天国史料》，收入《中国近代史资料丛刊：太平天国》第6册，第892页。

③《英国政府蓝皮书中之太平天国史料》，收入《中国近代史资料丛刊：太平天国》第6册，第895、896页。

④Anonymity, *The Chinese Revolution: the causes which led to it-its rapid progress and anticipated result,* p.124.

⑤今江苏镇江金山。

⑥今江苏镇江焦山。

确指出彼时太平军摧毁圣像、寺庙的行动，“我们在南京郊区也同样观察到了。他们对偶像的敌意虽远不如对寺庙的敌意，但偶像崇拜总是被编织在这些建筑中，清除偶像崇拜而不伤害寺庙，这几乎是不可能的”①。尽管太平天国屠杀佛教人士的传闻从此次探查来看并不属实，但其更改信仰之决心可见一斑。这些行动也不可避免地对南京的历史文化遗产造成了破坏。

当然，对拜上帝教自上而下的全体信仰主要得益于统治者的推动。为控制军民的思想与解释政权存在的合法性，其政治意义远大于宗教意义，文翰等人也意识到了这一点。在当时的英国人眼中此现象本身已是一种奇观，仅从形式上来看这些“兄弟”甚至比他们要更加虔诚和热忱，显示出与同时期其他中国城市不同的发展方向和面貌。因此许多人在描述时不吝赞美与惊叹之词，给予太平天国未来的发展潜力以期许，即便是清楚真相的文翰也承认“在全军之中确抱守此信仰，而决意整个的实行此教义者，亦大有人在”②。

此外，南京在市民教化上也进行了严格的规定和管控。为整肃军纪、扭转颓废奢靡的社会风气，南京严禁吸食鸦片和黄烟，严禁饮酒、赌博。卖淫嫖娼现象查禁尤严，且贯彻始终，收效显著。③使团留下的多份材料都记载了与之有关的严厉处罚：强奸奸淫与吸食鸦片者斩首，吸烟草者受笞刑。4月30日，密迪乐与费煦邦、伍德盖特等上岸递交文书时就目睹了南京衙门内一次案件的审理。“该衙其他主官正值审问一强奸案，旁观者甚多，拥挤不堪，彼等少见多怪，吾等殊觉不胜其烦。”④虽然密迪乐没有进一步描述这场审判的过程和结果，但根据城内法令，其处罚之严厉可想而知，众多的

①E.G Fishbourne, *Impressions of China, and the Present Revolution: its Progress and Prospects,* pp.175-176.

②《英国政府蓝皮书中之太平天国史料》，收入《中国近代史资料丛刊：太平天国》第6册，第900、901页。

③夏春涛：《太平天国时期南京城的变迁》，《扬州大学学报》2011年第6期。

④《英国政府蓝皮书中之太平天国史料》，收入《中国近代史资料丛刊：太平天国》第6册，第905页。

好事者也从侧面反映出强奸案在彼时约莫是一件惊动全城市民的大事。太平天国还为这些法律找到了宗教上的依据："他们采用了自己翻译的十诫，并在其后附上了注释；例如，在第七诫下，他们写道，吸食鸦片总是与该诫命中所提及的罪过相关联，必须戒除。"[①]如此一来，拜上帝教抽象的诫规就落实成了中国人易于理解的具体而实际的约束，既便于民众学习，更便于统治者驯服和管理。这种约束维持了城市内良好的秩序，且不仅仅停留于表面的奉行，还得到了一部分民众发自内心的接受和信服，从而深刻地影响了这座城市的风气。《北华捷报》提到了一个有趣的例子，"在领翻译密迪乐先生一行骑马进入南京城的向导中，有一个19岁的青年……以一种既可笑又可敬的纯真诚挚的态度，劝说密迪乐先生不要沾染抽鸦片、酗酒之类的恶习"[②]。自认文明的英国人也许从来也想不到有一天会有这样的经历，南京于是显得格外文明而可爱。

在太平天国的军事化管理下，南京呈现出井井有条的一面，却也相对闭塞。城内的太平军主要来自广东和广西两省，他们对于近代以来沿海地区的飞速变化感受并不深，作为普通人对太平天国的未来进展和中外局势也无清楚的认知。"白天有很多人登船参观。我对中文略知一二，常常问他们：'你们打算什么时候来上海？'每次得到的回答都让我深信这些人对上海一无所知；我想，在他们心目中上海不过是个不起眼的地方，只是自1842年以来才变得重要起来。"[③]太平军对南京以外世界的了解甚少，实际上南京与外界接触的机会也并不多。南京失去了原先作为商贸中心的功能，[④]城内粮食物资只能做到勉强自给自足，武器军备以及商品较为匮

①Anonymity, *The Chinese Revolution: the causes which led to it-its rapid progress and anticipated result,* p.124.

②"The Hermes Returned to This Port on the Afternoon of the 5th Instant", *The North-China Herald (1850-1866)*, No.145, May 7, 1853, p158.

③Anonymity, *The Chinese Revolution: the causes which led to it-its rapid progress and anticipated result,* p.101.

④夏春涛：《太平天国时期南京城的变迁》，《扬州大学学报》2001年第6期。

乏。在参观“何木斯”号时，太平天国的兵士们表现出了对某些西洋商品极高的兴趣，这些商品在时人眼中是新奇的、有价无市的，以至于他们愿用高昂的价值来交换。英舰随行人员记录下了时下流行的交易：“（船上）有许多双手剑，这些武器深受革命军的青睐；在某些情况下，一把的价格高达30美元。我卖掉一把伞得了15美元，卖掉一对普通的手枪得了80美元。……我听说在看望远镜的队伍里进行着一笔很好的交易，有些人用一枚戒指或一个手镯来换取一次窥镜的机会。”[①]来自英国的剑、雨伞、望远镜等物品格外地受到欢迎，这些代表了西方先进科技的制品随着“何木斯”号驶向南京，最终又意外地留在南京。物品的交换承载着更深层次的文化内涵，在种种政治试探之外，文翰一行也在南京军民心中烙下了关于外国人的第一印象。

（二）在南京的交际与太平军之精神

密迪乐登岸会见北、翼二王后，双方互相放宽了限制，允许人员自由接触。4月29日、30日两天，“何木斯”号上参观者众多，当发现英人似乎是友非敌后，太平天国人士很快放松了戒备。他们怀着一种好奇而友好的态度对待这些稀客，向英人展现出他们朴素的热情。而英人在感受到此种态度以后也很快地摒弃前嫌，建构起了一个和谐的交际圈。英方人员的日记中有一段双方初见时的生动记载：“他们被允许上船后，非常高兴地发现我们并非前来作战的，而且和他们一样留着长发。一个年轻人在极度兴奋中摘下了乔治爵士的帽子，想看看他的头发，然后又把它放回原处，却硬是把它压到了眼睛上。这是一幅多么滑稽的画面啊！阁下对此非常满意，欣然接受了这一切。见这里的人如此友善，我跳上了一艘小船，成了革命军营地里的第一个外来者。他们对我非常友好……指挥官把我当作兄弟对待，不久之后，我和他就手挽手一起走到海滩边去了。现在，我觉得这充分说明了革命军对外

①Anonymity, *The Chinese Revolution: the causes which led to it-its rapid progress and anticipated result,* p.102.

国人的友好态度，要知道这件事发生在我们遭到袭击两个小时之后。”[①]从作者文字中流露出的赤诚能够看出，基层交际不含上层的政治目的与钩心斗角，倒显出几分轻松愉快之意。

此后几日的交游中，太平军的言行更是逐渐扭转了英人的某些刻板印象。以往由于宗教信仰和文化背景的不同，清人对外人心存警惕、排斥，偏激者甚或辱骂之，相处中时有不愉快的事件发生。但在南京交流期间太平军与英方相处和谐有礼，打消了英人的疑虑。“我们在那（南京）的整个期间，却从未听到他们说过一句粗俗或恶毒的话；相反，听到他们彼此称呼对方以及称呼我们自己为兄弟，倒是一件令人愉快的事。”[②]太平军抛弃了“蛮夷”“洋鬼”等字眼，而用最为友好和坦率的态度对待他们，这令英人对他们的印象大为改观。如果说以“兄弟”相称只是出于对基督教的认同，那么从相处时的其他微末细节中，英人感受到了此地军民的与众不同。说脏话的行为被禁止从而几乎消失，[③]“何木斯”号上诸人来来往往而积存的众多零碎物品也未见遗失被盗，[④]英人直接描写太平军“都是些年轻人，衣着光鲜，饮食充足，个个都很积极；没有残疾或者病患”[⑤]。虽然在此类文字的记载中，不免体现出英人过往对中国人心存固有之偏见有些见地或不属实，但其中关于太平天国的记载则无疑反映出太平军之品行修养，令英人耳目一新。

太平军追寻着崇高的理想，怀着对革命事业的激情一路高歌而来，使得

---

①Anonymity, *The Chinese Revolution: the causes which led to it-its rapid progress and anticipated result,* pp.99-100.

②Anonymity, *The Chinese Revolution: the causes which led to it-its rapid progress and anticipated result,* p.102.

③“The Hermes Returned to This Port on the Afternoon of the 5th Instant”, *The North-China Herald (1850-1866),* No.145, May 7, 1853, p158.

④Anonymity, *The Chinese Revolution: the causes which led to it-its rapid progress and anticipated result,* p.102.

⑤Anonymity, *The Chinese Revolution: the causes which led to it-its rapid progress and anticipated result,* p.102.

英雄主义之风和革命之信念在南京的城市上空飘扬。当下留在南京城中的人在某种程度上都是太平天国的支持者，他们的谈吐中不自觉流露出的积极情绪很快被英国人捕捉到了。《北华捷报》中报道了一位身材瘦小、面容憔悴、年事已高的老人，他常以英雄式的思维和豪迈的口吻来表达自己对事业的忠贞不渝。[①]而像这样的人在南京还有很多。斯普拉特评价太平军拥有充分的冷静和自信，因为他们确信自己的事业正义且能取得成功。他们坚信清朝体制和军队的脆弱与腐朽，也怀有对平民大众的同情。他们将清朝的腐朽归咎于堕落的迷信和恶习。[②]

因为如上种种原因，许多英方人士不自觉地将太平天国与清政府进行对比，并表达出对太平天国更上一层的好感。典型的持支持态度的人士——费煦邦舰长在《中国印象记》中这样写道："他们的道德准则显然是从《旧约》中选择的，不适合我们的习惯，是血腥的，但与清帝国中的任何法律管理相比，毫无疑问是公正和仁慈的；而且，对于目前处于低劣堕落状态的中国来说，这样的做法可能是必要的。"[③]对于太平军虐杀包括妇女儿童在内的几万旗人的事件，费煦邦也对其真实性提出疑问。[④]太平天国在费煦邦心中是具有相对先进性的政权，因此他强调太平天国运动对于改造旧中国的积极作用，并对政权的嬗代抱有期待。这种看法也影响到了英国部分人士的态度，他们认为"在运动的领袖和创始者中间，明显存在着一种良好影响的迹象。我们相信并且衷心希望，这种影响力最终会传播到民众中去"[⑤]。

①"The Hermes Returned to This Port on the Afternoon of the 5th Instant", *The North-China Herald (1850-1866),* No.145, May 7, 1853, p158.

②Anonymity, *The Chinese Revolution: the causes which led to it-its rapid progress and anticipated result,* p.124.

③E.G Fishbourne, *Impressions of China, and the Present Revolution: its Progress and Prospects,* pp.174-175.

④E.G Fishbourne, *Impressions of China, and the Present Revolution: its Progress and Prospects,* p.178.

⑤"The Hermes Returned to This Port on the Afternoon of the 5th Instant", *The North-China Herald (1850-1866)*, No.145, May 7, 1853, p158.

三、文翰一行出访南京之后续

文翰出访天京后，将从太平天国收集到的十二部“太平天书”[①]带回上海，交给传教士麦都思（Medhurst）进行翻译，在伦敦、纽约等地出版，并连同麦都思对这些文本的批判性反思[②]，于1853年集中发表在上海本地的英文周刊《北华捷报》上。麦都思在华已有十八年时间，他深耕国学研究，具有良好的古典文学基础，因此这些译本大多准确精当、简明易懂，传播到以英国为主的英语世界后，产生了热烈反响。据《中国印象记》载，英国宗教杂志《季刊评论》（*Quarterly Review*）就曾刊载评论文章，根据麦都思的译本尤其是《三字经》和《天条书》两大译本[③]，评论者从语言、信仰、历法、风俗等方面探讨了从中体现的太平天国宗教、社会及政权特征，认为太平天国在思想上成功实现了外来文化的本土化结合，即以父权色彩和儒家道德为表征的民族性表达，打破了“天人合一”的君神合一学说与“华夷有别”的排外观念的传统束缚。[④]尽管当时“许多人对他们在（太平天国所）出版的宗教书籍中所读到的内容感到困惑不解”，但评论者在批评太平天国的缺陷之余，仍为其作出了恰当的辩护，并对太平天国的未来进行了乐观的展望。由此可见，太平天国文化借助麦都思的翻译传播，在海外形成了一定

---

①即《天命诏旨书》《太平天国癸好三年新历》《天父下凡诏书》《天条书》《三字经》《幼学诗》《太平天日》《太平条规》《太平礼制》《颁行诏书》《太平诏书》及郭士笠博士译本旧约《创世纪》首二十八章之重刊，见《中国近代史资料丛刊：太平天国》第6册，第913—915页。

②见W.H.M., “Critical Review of the Books of the Insurgents: Book of Declarations of the Divine Will, Made During the Heavenly Father's Descent Upon Earth”, *The North-China Herald (1850-1866)*, No.164, Sept.17, 1853; W.H.M., “Critical Review of the Books of the Insurgents: the Ode for Youth”, *The North-China Herald (1850-1866)*, No.165, Sept.24, 1853.

③W.H.M., “The Book of Religious Precepts of the Thae-ping Dynasty”, *The North-China Herald (1850-1866)*, No.146, May 14, 1853; W.H.M., “Book of Declarations of the Divine Will, Made During the Heavenly Father's Descent Upon Earth”, *The North-China Herald (1850-1866),* No.149, Jun.4, 1853.

④E.G Fishbourne, *Impressions of China, and the Present Revolution: its Progress and Prospects*, pp.354-369.

的影响规模。

麦都思完成翻译工作后，又撰写了一篇《太平天国教义书籍十二册大要》的报告，概括这些书籍的基本内容及其与西方宗教和文化的异同，将其附于文翰提交给英国政府的蓝皮书之末，被英国外交大臣克拉文登伯爵誉为“精当且有趣的摘要”[①]。在报告中，麦都思不仅对其翻译工作作出总结，也谈论了他本人对于太平天国宗教、政治、教育等领域的思考。总体来看，麦都思虽认为太平天国不是一个纯粹的宗教政权，拜上帝教本质上是服务于起义军首领个人目的的政治工具，但他对太平天国始终怀着一种悲悯的态度。他认为太平天国的成功将会打开西方基督教国家在中国的宗教和商贸大门，随着二者在中国走向开放，科学将引入中国，偶像将被打倒，求知欲将带来文明的进步，[②]这对给予者（giver）和接收者（receiver）[③]将是双赢的局面。但若清政府战胜太平军，清朝统治者将变得更加傲慢、排外，并利用这些过节损害英国的利益。麦都思的观点既带有一种文化殖民和经济殖民的色彩，体现出传教士在殖民地传教事业中的自命的“文化开明使命”观念，[④]也从宗教视角和前景展望的维度，为英国的中立政策提供了理论依据和事实决策参考。[⑤]

来自南京的太平天国文化，被“何木斯”号悠悠载回上海，又以一位身在上海的英国传教士为支点，在思想理念和政策抉择两个维度上，与英国本土发生了一场深度跨文化交流。

---

①*Papers Respecting the Civil War in China,* London, 1853, p.44.

②F.0.17/202，转译自S. Y. Teng, *The Taiping Rebellion and the Western Powers: A Comprehensive Survey,* Oxford: Clarendon Press, 1971, p.215.

③*Papers Respecting the Civil War in China,* p.43.

④吴义雄：《在宗教与世俗之间：基督教新教传教士在华南沿海的早期活动研究》，广东教育出版社2000年版，第520页。

⑤“事态已经复杂起来，欧洲人已经无法在清朝人眼中澄清与太平天国的‘勾连’，或者至少被认为是同情起义军的。因此，唯一明智的政策是避免卷入这场战争，避免与任何一方的官方联系。”见*Papers Respecting the Civil War in China,* pp.43-44.

结论

太平天国定都天京引发了19世纪中期西方人对南京的多次探访，而英人文翰一行是最早一批出访南京的外国人，作为先行者观察到了太平天国定都初期的城市景象与政权状况，留下了第一手的资料。他们用文字勾勒出南京的外观样貌，描绘南京的民风民性，评论太平天国的成败得失，使得这个“神秘”的政权从此在西方人眼中渐渐明朗起来。从他们手中逐层传递出去的资料，引发了外界的广泛讨论和多元解读。

出访团队作为一个整体，内部也存在着不同的声音。悲观者如文翰，贬斥太平天国的宗教，讥讽太平天国的自大；而支持者如费煦邦，则赞扬太平天国的进步性。对太平天国的观念与态度，在不同西方个体之间产生了巨大的张力。但无论何者，都站在西方殖民的立场上，他们对于太平天国的审视将萨义德笔下的东方主义展露无遗。英人对太平天国的语言尺度、宗教认同、政治立场等方面的思想刻度，也在西方记忆中形成了一个重要的研究切面，对太平天国史的研究作出了有益补充，也为今日理解跨文化间的对话提供了历史镜鉴。

作者简介：刘越洋，南京大学历史学院学生；周佳琦，南京大学历史学院学生；姜云瀚，南京大学历史学院学生

NANJINGXUE

历史名人与地域文化

明代御制诗中的南北两京之旅
——以朱高炽《御制诗集》为中心

高 希

摘要：明代御制诗词以明仁宗朱高炽所作数量较多且保存完整，辑为《御制诗集》存世。其中多有对明初南京、北京景状及两京间旅程的书写。诗词在记录南北两京地理形胜和都城景观的同时，也因朱高炽的皇室视角和个人情感体验而折射出明代两京制下特有的文化意蕴，为研究明代南京、北京的历史地理和政治文化提供了独特视域。

关键词：明代；御制诗；南京；北京；旅行

有明一代，随着南北曲的繁荣盛行，诗词略显衰颓之势。明初也曾追贤复古，试图振奋，有刘基、高启、杨基等诗家闻名一时；至永乐时体崇台阁，以杨士奇、杨荣、杨溥为代表，诗词雍容雅洁，现承平之风。这一时期的御制诗词在秉承此风的同时又殊为另类，通过皇帝这一特殊身份的创作主体，能够见常人未见之景象，行常人未行之旅程，发常人未有之心声，呈现出独特的生活与情感写照。明仁宗朱高炽作为个中代表，所创作的描绘南京、北京景状及两京间往来旅程的诗词，富含历史地理和政治文化信息，别具研究价值。

一、仁宗诗缘与行迹

明初皇帝诗词，以明仁宗朱高炽所作数量较多且保存完整，中国国家图书馆现藏其洪熙元年（1425）刻本《御制诗集》，为海内孤版，收存古诗、绝句、律诗、排律及词等各种形式共272首，集中展现了朱高炽从皇子到皇帝二十余年间的生活、学习、行旅、执政等情形。

明成祖朱棣发动“靖难之役”夺得皇位，沿用南京为京师，升北平府为北京，自此奠定明代两京制度。永乐初期，作为皇子的朱高炽留守北京，至永乐二年（1404）三月被召至南京立为皇太子。任太子期间，朱高炽的活动多集中于南京，其间三度监国，代理皇帝职责。永乐十八年（1420）十二月，明成祖召太子赴北京参加迁都大典，此后朱高炽长驻新都，后在此即皇帝位并最终去世。自成为皇子后，朱高炽在南京生活16年有余，在北京生活亦超过6年，对明朝两座国都均有深刻了解，也具有深厚感情。他的存世诗词集中创作于这一时期，对南北两京的山川景色、古迹宫苑及两京之间的旅行着墨颇多，将自己的行走足迹与心灵旅程深深留在诗歌作品中。

朱高炽的诗词造诣与其所受良好的皇家教育密不可分。自被立为太子后，有被成祖誉为“真才子”的解缙及三杨等人任詹事府官员，教导其学习。他在践习政务、研修经史之余亦热衷于诗，如其《吟诗》中所述：“朝退时多暇，心澄学赋诗。”在名师指导下，他的诗词力求效法汉唐、宗于李杜，所谓“汉唐诚所尚，李杜实当师”。其习诗目的不仅限于描绘景状、记录生活，还有“从容理情性，进德此其基”的心性与道德追求。①皇帝接班人不同于一般诗人，二者的生活状态、情感体验与着力方向终究不同，朱高炽对自身诗词水平有着清醒认知，他在《自师吟》中自述：“工诗岁月深，未能得于心。”②这是略显谦逊却也较为实在的自我评价。尽管如此，朱高炽始终对诗歌抱有浓厚兴趣，每每“朝回有新句，朗咏兴悠悠”③，这才得

①[明]朱高炽：《御制诗集》卷上，明洪熙元年（1425）刻本，第12页。
②《御制诗集》卷下，第20页。
③《御制诗集》卷下，第11页。

以为后世留下大量反映当时两京风貌及两京间旅行的诗篇。

这一时期的南京与北京，南北峙立，相倚为强。一个是立国半世纪之久的旧都，传统的经济与文化中心；一个是正在肇建的新都，实际的政治与军事中心。上至皇室百官，下至军民匠役，频繁往来其间。两京之旅成为当时最重要的社会活动之一，人们南下“虎踞龙盘”的南京，北上“天府之国”的北京，多驻足流连，或游名山胜水，或访人文古迹。由皇子而皇帝的朱高炽更不待言，他有充足的时间和条件遍览两京胜景，诗词中关于两京自然、人文景观及旅途气象的记述丰富多彩且别具格局，后人得以通过其诗词了解明初南京、北京的具体情形，跨越时空感受明初的南北两京之旅。

二、南京壮哉形胜地

朱高炽生于中都凤阳，长于燕藩北平，作燕王世子时就数度前往南京参加国家大典与祭祀活动。成为皇子后长驻南京，其间被册立为皇太子，三次监国主政，对这座他为之经营并赋予他至尊身份的都城印象深刻、情感深厚。他在《山楼晴望》中概述南京形胜：“旭日丽晴天，浮云乍卷收。乘高聊引望，王气满双眸。钟山势龙蟠，长江浩东流。壮哉形胜地，万载帝王州。”[①]全诗放眼南京两个地标景观——一山一江，山是宛若龙蟠的钟山，江是浩瀚东流的长江，这是一入南京便会率先映入眼帘的雄伟壮丽之景，更是使南京成为国都的关键地理保障。

南京城地处长江下游南岸，西、北两面临江，大江支流自西南向东北斜贯都城。城邑三面环山，钟山位于中支，地势险要，峰峦秀美，向有“龙蟠”之喻。山川环抱中，山地、丘陵、平原、江河、湖泊纵横交错其间，使得南京地形多样、景状丰盛，诚如诗中所言“壮哉形胜地”。就其政治人文特点而言，南京作为六朝古都遍历繁华，此时又是明朝京师，无怪乎有“万载帝王州”之赞。《山楼晴望》为朱高炽描写南京的诗词定下基调，凡涉南

①《御制诗集》卷下，第11页。

京，多以长江、钟山入诗。

朱高炽诗中的长江，多为秋日景致，如《秋景》《秋江》《江楼秋望》等。观其名即可感知，或许成熟中的收获与平静中的萧瑟恰符合朱高炽对南京城下长江的认知，也契合这位经历二十多年漫长等待的太子心境。在他笔下，秋日江水“渺渺碧波平，澄澄素练横”[①]，江边英华“金英开彩槛，红叶下瑶阶”[②]，江域生灵“塞雁冲云过，江鱼逐浪来”[③]，江中舟渡“云帆千万去，来往无留停”[④]，江畔渔人“行篱高晒网，茅屋是渔家”[⑤]。诗中景状极为丰富，有碧波、长汀、蘋洲、枫岸、前浦、浅沙、平川、郊原。诗中颜色五彩斑斓，有金英、红叶、彩槛、白蘋、碧霄月、山色青。除景色外，诗中还不乏人文关怀，在朱高炽眼中，长江护卫着神京，养育着禾黍，怡悦着性情。

在有关长江的众多形象中，大雁出现频率最高，它们被朱高炽称为“塞雁”并赋予特殊意象。在诗中，这些塞雁于每年秋日冲云而过，欢呼而鸣，飞下云端，以报早寒。它们来自寒冷的“边塞之地”北京，为太子带来新都的消息，起到了联系南北两京信使的作用。

从诗中“登临”“临眺”“凭栏闲眺望”等语可知，作者是居高临下眺望长江的。那么，朱高炽登临何地，又在何处凭栏呢？一首《石城晓望》透露端倪：“龙湾江上石头城，远水长天一色清。极目高楼千万里，满川禾黍庆西成。”[⑥]据此，他是在江边“石头城”上眺望江景的，所见水天一色、满川禾黍也恰与诗歌景象相符。此石头城据诗中所言位于“龙湾江上”，并非清凉山的六朝遗迹石头城。龙湾位于今下关宝塔桥一带，长江在卢龙山下由西南东折，形成天然港湾，故名龙湾，《汉丹阳郡图》已载其名。洪武元

①《御制诗集》卷上，第19页。
②《御制诗集》卷上，第3页。
③《御制诗集》卷上，第3页。
④《御制诗集》卷下，第10页。
⑤《御制诗集》卷上，第21页。
⑥《御制诗集》卷上，第26页。

年（1368）为增金川河运力，朱元璋开浚龙湾，使其成为重要货贸港口，逐渐聚成市集，即龙江市。《洪武京城图志》载："龙江市在金川门外，柴炭等物聚所。"[①]可见龙湾江上的石头城，实指南京城墙之金川门。朱元璋部将孙炎曾有诗曰："龙湾城，壮如铁，城下是长江，城头有明月。"[②]亦指此地。立足国都的雄伟城门，自然令朱高炽有"极目高楼千万里"之感。"靖难之役"时，曹国公李景隆和谷王朱橞打开金川门，迎燕军入京夺得政权，这才令明朝的皇统由燕王朱棣一系取代太子朱标一系，此处对于成祖子孙尤其是太子朱高炽有着特殊的意义。

南京的另一处地标景观钟山，同样令朱高炽着墨颇多。钟山又名紫金山，位于南京城东，占地20平方公里，主峰北高峰海拔近450米。钟山融合自然与人文景观，如今仍是风景名胜。"钟阜朝云"作为明初史谨所谓"金陵八景"之首，被朱高炽记录在《钟山云》一诗："触石玄云起，神龙所依止。倏忽满太虚，好雨霈千里。值兹耕耨时，田家咸庆喜。"[③]朱高炽笔下的钟山，不仅是一处雄奇风景，更是都城南京以至皇家宫阙的守护与屏障。如《钟山晓景》一诗云："晓日重峦似翠屏，葱葱王气壮神京。……遥迎晓日晴光莹，万载蜿蜒拥凤城。"[④]又如《钟山王气霭祥烟》诗云："巍巍紫金山，横峙都城东。王气亘天阙，祥烟起晴空。……山河形势壮，虎踞诚为雄。皇图据磐石，万年宗社隆。"[⑤]可见，钟山承载着历代"王气"积淀，更成为明朝帝业象征。

明朝在南京修建的唯一帝陵——明太祖孝陵位于钟山独龙阜玩珠峰下，朱高炽几度拜谒，留下数首谒陵诗。孝陵天气"霏霏细雨乍收晴"[⑥]，孝陵

---

①[明]礼部纂修：《洪武京城图志》，南京出版社2006年版，第45页。

②[明]曹学佺辑：《石仓十二代诗选》，《明诗》卷四十六，明崇祯刻本，第47册，第2页。

③《御制诗集》卷下，第18页。

④《御制诗集》卷上，第22页。

⑤《御制诗集》卷下，第3页。

⑥《御制诗集》卷上，第36页。

风景“松柏光涵芳润”[①]，祭礼场面“满捧金卮拜祖灵”[②]，祷念皇祖“尚祈恩泽被，延祚万年春”。朱高炽还曾在谒陵时偶遇奇景：“吾皇德与天合，甘露降于孝陵。”[③]天降甘露于皇祖陵寝，既是难得的祥瑞，也令孝陵景致更具灵性。此番祥瑞曾被时人记载，考其事发时间，或为永乐四年（1406）十一月己巳，所谓“甘露降孝陵松柏”，同时有“醴泉出神乐观”，成祖将甘露、醴泉“荐之太庙”并赏赐百官。[④]朱高炽此诗盖为应制之作。

钟山深处还蕴藏着晚明朱之蕃所定“金陵四十景”之一的“灵谷深松”[⑤]，朱高炽有《灵谷胜景》描绘于此：“胜景开金地，良时曾一游。松杉千古秀，花木四时幽。别径通灵谷，方池漾碧流。尘途当溽暑，此景快如秋。”[⑥]灵谷中不单有“千古秀”的深松，还有“四时幽”的花木，以及“方池”“碧流”，足称胜景。当然，灵谷之胜更胜在宝刹灵谷寺。灵谷寺前身开善寺，建于南梁天监十四年（515），明洪武十四年（1381）迁址重建并定此名。朱高炽《灵谷晴岚》诗有“山寺晴岚绕雾浓”之句，道出深山藏古寺之意境。[⑦]另有《灵谷寺》一诗：“石径荫松筠，郁郁含苍翠。魏峨梵王宫，荧煌金碧丽。塔影高千尺，钟声来天际。山僧讲真经，空中宝花坠。象教翊皇度，国祚隆万世。”[⑧]移步换景，在松竹之间循石径而上，远见巍峨寺院，近观千尺塔影；遥闻天际钟声，迩听山僧讲经，当得起护佑国祚长久的宝寺。

朱高炽在南京期间，更多时间是在皇宫中度过的。南京皇宫是当时中国宫殿建筑集大成者，作为遵循皇家礼制的典范、明清官式建筑的母本，其建

①《御制诗集》卷上，第24页。
②《御制诗集》卷上，第36页。
③《御制诗集》卷上，第24页。
④[清]张廷玉等：《明史》卷六《成祖本纪二》，中华书局1974年版，第84页。
⑤汤宇星：《明代南京城市风景的建构——从“金陵八景”到“金陵四十景”》，《艺术工作》2019年第5期。
⑥《御制诗集》卷上，第19页。
⑦《御制诗集》卷上，第32页。
⑧《御制诗集》卷下，第7页。

筑形制为后来的北京紫禁城所继承。自永乐迁都北京后，南京皇宫经明清数百年间火灾、战乱等影响，几乎毁坏殆尽，如今仅存午门、东华门、内五龙桥及奉天门遗址、西华门遗址等零星几处。幸而朱高炽的御制诗保留下当时的皇宫盛状。

其中有《春》《夏》《秋》《冬》四景诗，完整反映了南京皇宫的四季景象。春日，“瑞霭连凤阙，和风度龙楼。柳垂黄金线，日映翠云裘。上林听莺啼，御沟看鱼游”①，念宫殿巍峨，鸟集鳞萃。夏日，“永日正中天，殿阁来熏风。御苑松筠绿，太液荷花红。高卷水晶帘，窗户何玲珑”②，感和日熏风，树绿花红。秋日，“馥烈仙桂蕊，炫烂木莲花。寒菊迎霜绽，幽艳纷交加。皓月映瑶池，清趣渺无涯”③，见秋菊傲霜，月色清幽。冬日，“金炉添兽炭，画阁生和气。雪花飞六出，屡兆丰年瑞。琼楼映玉宇，瑶阶列琪树”④，观瑞雪迎风，玉宇琼华。壮丽的宫阙四时成色，美不胜收。诗中的四季，是朱高炽多年南京生活四季轮转的真实掠影和情感写照。如今，南京明皇宫早已毁弃殆尽，在仅有几处遗迹上建成明故宫遗址公园，供后人观览凭吊。

三、北京河山尽环拱

与南京相比，北京更充当着朱高炽故乡的角色。自于凤阳出生后，他便随父亲燕王朱棣在北平生活。永乐十八年（1420）正式迁都前夕，又被招致北京，此后再未离开。可以说北京见证了朱高炽的青春年华和功业成就，他对北京也有着深厚感情。他的《神京》诗，讲述建都渊源与新都建成时的景象。北京建都有古可依，所谓“惟皇建有极，稽古肇神京”；建都前后景象各异，所谓“昔称天府国，今为九重城”；地理形势得天独厚，所谓“河山

①《御制诗集》卷下，第5页。
②《御制诗集》卷下，第5页。
③《御制诗集》卷下，第6页。
④《御制诗集》卷下，第6页。

尽环拱，道里亦均平”。北京新建的宫殿建筑皆以南京为母本，据载其“宫殿、门阙，规制悉如南京，而高敞壮丽过之”①。朱高炽在诗中描绘：“天人咸协赞，宫殿喜新成。龙楼与凤阁，金碧耀紫清。”②

朱高炽对北京的认识是广博而深入的，将著名的“燕京八景”入于诗中。“燕京八景”又称“金台八景”，是北京地区八个驰名景观，最早见于金代《明昌遗事》，明时已流传广泛并相沿至今。据载，明成祖朱棣曾命词臣以燕京八景赋诗，并定八景之名为“琼岛春云、太液晴波、西山霁雪、玉泉垂虹、卢沟晚月、蓟门烟树、金台夕照、居庸叠峰”③，与今之八景均吻合，仅具体称谓略有不同。朱高炽诗中收录其中六处，集中关注皇家园囿、城垣关隘及水源津要。

《瑶岛春云》即写琼岛春云。“三山仙岛胜，五色春云护”④，点明西苑一池三山之格局。明代西苑位于紫禁城西侧，基本沿用元代皇宫内苑太液池水域，并在南部开挖南海，形成北海、中海、南海三海纵列且统为一池的格局。其中北海之琼华岛，北海、中海间之团城，及南海之瀛台并称三岛，仿自传说中蓬莱、瀛洲、方丈三仙山。《太液秋波》即写太液晴波，“万顷秋波静，澄泓涵太虚”，极富道家韵味。“蓬莱山色翠，倒影浸璠玙”，蓬莱为仿仙境蓬莱山的琼华岛，与前诗相呼应。“修堤荫绿柳，清漪艳红蕖”⑤，该堤即今之西堤，至今仍有小景观“西堤春晓”，春天时堤上柳绿桃红，是赏花漫步的好所在。《蓟门烟树》有“夹到桑榆茂，浓阴接古城”一句，⑥明确了该景观具体位置。此古城为元大都废弃城墙的西段，夯土构建。洪武元年（1368）明军攻陷大都后为收缩防线，将大都北城墙废弃，南

①《大明太宗文皇帝实录》卷二三二“永乐十八年十二月癸亥”，台北“中研院”历史语言研究所校印本，1962年，第2244页。

②《御制诗集》卷下，第2页。

③[明]张怡：《玉光剑气集》，中华书局2006年版，第796页。

④《御制诗集》卷下，第3页。

⑤《御制诗集》卷下，第4页。

⑥《御制诗集》卷下，第4页。

移5里另筑新城。废弃的夯土城墙上始有树木生长，至朱高炽成诗时已过半个世纪，遂成烟树之景。《玉泉垂虹》形象地描写了玉泉山泉水趵突之景象："玉泉出幽岩，飞空挂云端。皎如虹饮涧，石畔声潺湲。素练垂苍壁，明珠散翠峦。"并追溯景观的历史渊源，"金人此避暑，夏月足清寒"[①]，与金章宗在玉泉山麓建玉泉水院行宫的历史相吻合。《居庸叠翠》诗有两首，"形势壮畿甸，黛色连碧穹""蜿蜒连碧岑，形势控山阴"[②]等句，从宏观角度关注居庸关的险要形势。居庸关位于八达岭关沟内，与附近的八达岭长城同为北京西北方的重要军事屏障。居庸关一带山谷幽深、植被繁茂，成叠翠之景。《卢沟晓月》一诗更重八方向化、万国来朝之气势，所谓"万方朝贡者，宵征喜气扬。天威近咫尺，奉觐及朝阳"[③]。卢沟桥建于金大定二十九年（1189），是出入北京的咽喉要道，对于北京与中原腹地及江南地区的交通至关重要。旅客行至卢沟桥常已日暮，需在附近住宿，翌日拂晓启程，得以欣赏卢沟桥畔日夜更替之景。明初来自东西二洋的外国使节都是由海路先抵南京，再北上北京朝贡，途中必经卢沟桥。朱高炽以太子乃至帝王身份，在对燕京八景的关注上，既留意自然景色，更注重景色背后的军事地理与政治意蕴。

与自然景观相比，历时14年营建、适才落成的北京皇宫紫禁城，在朱高炽诗词中有更多体现。其中一首《南乡子·庆贺宫殿》专为庆祝紫禁城竣工而作："皇天眷大明，圣主宏谟肇玉京。四塞山河总环向，晶莹。丽日祥云映五城。宫殿耸峥嵘，凤阙龙楼拱帝庭。宗社一新隆宝祚，堪称。华盖岧峣耀紫清。"上阕述北京形胜，下阕绘皇宫气象。巍峨的紫禁城拔地而起，正门午门平面呈"凹"字形，如同凤凰展翅，既是汉代门阙造型之演变，又沿袭唐宋以来宫殿大门之形制，且居于正南午位，对应五行之朱雀，故称"五凤楼"，即诗中"凤阙"。"龙楼"则指紫禁城中等级最高、规模最大、居

①《御制诗集》卷下，第4页。
②《御制诗集》卷下，第4页。
③《御制诗集》卷下，第4页。

于最核心位置的宫殿“奉天殿”。它是举行大型朝会的重要宫殿，坐落于8米汉白玉台基之上，当时通高超40米。虽为宫殿，却似楼阁高耸，故有龙楼之谓。“宗社一新”指居于紫禁城南东西两侧的太庙与社稷坛，为祭祀祖先及土、谷二神的场所，象征皇统。“华盖岧峣”指奉天殿后的华盖殿，作为紫禁城前朝三大殿之一，是皇帝在大典前更衣及宴请藩王的空间。此外，皇帝临朝亦张华盖于头上，借以指代明成祖。

对于北京地区关系重大的“迁都大典”，也被朱高炽难能可贵地记录于诗词中。当时正值永乐十九年（1421）正月初一，迁都与元旦两项典礼同期举行。《庆元正》词云：“新岁喜辛年，宝历新开甲子元。”“辛年”指永乐十九年辛丑年，“甲子”为正月初一甲子日。“圣主三朝御新殿，膺乾。”正月初一日，为岁、月、日之始，故称三朝；明成祖朱棣在这一天于新建成的紫禁城奉天殿临朝，以受天命。王公百官云集殿前跪拜行礼，此谓“百辟山呼玉陛前”；中和韶乐列于大殿廊下，正是“金石列宫县，万舞箫韶九奏全”。迁都大典后不足百日，紫禁城三大殿就因雷火而烧毁，此后二十年间未曾重建。该诗便成为少有的记载明初北京紫禁城建成及使用的存世资料。

朱高炽留下足迹的另一处重要皇家建筑是北京天地坛，即今北京天坛。明初天地合祭，天地坛是北京坛庙中最重要的一处所在。早在永乐十九年（1421）迁都大典当日，身为太子的朱高炽就受命代替皇帝祭祀天地坛。《明实录》载：“永乐十九年春正月甲子朔，上以北京郊社、宗庙及宫殿成，是日早躬诣太庙，奉安五庙、太皇太后神主；命皇太子诣天地坛，奉安昊天上帝、厚土皇地祇神主；皇太孙诣社稷坛，奉安太社/太稷神主；黔国公沐晟诣山川坛，奉安山川诸神主。”[①]在几位代祀人员中，太子身份最高，所行祭祀仪式也最显要。

洪熙元年（1425）正月十五日，已即位整五个月的仁宗首次也是唯一一

①《大明太宗文皇帝实录》卷二三三“永乐十九年正月甲子朔”，第2247页。

次以皇帝身份祭祀天地坛，并作《洪熙元年大祀诗》记录盛况："眇躬继统祀穹苍，月朗风清蔼瑞光。深荷天恩何以报，抚育元元保万方。"[①]祭祀活动在子时开启，贵为皇帝也需亲自出紫禁城赴南郊，以示对天地的恭敬之心。当日月朗风清、瑞光蔼蔼，仁宗被宏大而肃穆的仪式深深触动，感念天恩并发愿抚育臣民以保太平。祭祀顺利结束后，仁宗返回紫禁城奉天门，与百官一同举行庆成礼。天地坛距紫禁城来回近20里，皇帝需连夜启程，并在一日内往返，其间出寝宫乾清宫之乾清门，经紫禁城之奉天门、午门，皇城之承天门、大明门，都城之正阳门，以及天桥等处，均为北京城南中轴线的著名建筑景观，这一行程堪称皇帝的"政务一日游"。

四、南北相望一苇航

自永乐朝起，朱高炽只于南北两京间往返一次，其中间隔16年。他在永乐二年（1404）首次自北京赴南京前，曾作《拟为人送行》："奉命出金城，孤帆谒帝京。今朝拜辞去，万里不胜情。"[②]如诗所言，一朝离去，再回北京不知何时，自是牵挂之情无法抑制。永乐十八年（1420）十月十七日，奉召返回阔别多年的北京时，朱高炽作《过大江》直抒胸臆："趋召赴金阙，清晨发大江。"得到召还北京的诏书，即刻登船过江，急切之情跃然纸上。"鼓角掀波涌，旌旗顺风扬。"已在南京做了多年的"留守"太子，此时奔赴新都更有重用，风扬波涌，踌躇满志。"皇祖建业初，万旅一苇航。"忆皇祖朱元璋建立基业时，南征北战，犹如达摩立于苇上，在江山自由驰骋；转念自己长驻南京，企盼多年才有此番远行，激动之情难以按捺。"眷此龙虎势，南北两相望。"道出明代两京相峙的独特形势。"予心如此水，朝宗上天潢。"[③]自此奔赴北京，似箭归心有如大江澎湃。兴之所至，朱高炽连续作诗记录朝天之旅。

---

①《御制诗集》卷上，第34页。
②《御制诗集》卷上，第2页。
③《御制诗集》卷下，第21页。

永乐九年（1411），明成祖疏浚会通河，京杭大运河重新开通，成为明代北京赖以生存的生命线，自此两京间人员往来多经运河。但朱高炽的北上之旅并非直达北京，而是先行向西，走陆路赴中都凤阳府祭奠祖陵。

过长江不久便经清流关。《过关山》诗云："晓过滁阳山，俄上清流关。"[①]清流关位于今安徽滁州西郊关山中段，南望长江、北控江淮，地形险要、山高谷深，呈一夫当关万夫莫开之势，是北方进出南京的必经之地，被誉为"金陵锁钥"。

十一月二日抵达中都凤阳。《至凤阳》云："禹会诸侯地，王气之所钟。"相传大禹会盟诸侯之地就在凤阳，《汉书》中即见地名"禹会村"，在今蚌埠西郊，这也为诞生此处的明太祖朱元璋加持了"王气"。"皇祖受天命，握符剪群雄"，这才有了元末乱世中明朝的建立。朱高炽于祖陵前恭敬祭拜，"拜奠陵寝下，感慕写吟悰"[②]。

此后过淮河，作《过淮》。淮河是中国东部江河巨擘，发源于河南桐柏山脉，为中国传统的南北方分界线。诗中道："长淮何浩渺，发源自桐柏。兹为形胜地，南北所限隔。"又云："映带荆涂山，钟灵肇王迹。"[③]荆涂山位于今蚌埠怀远，亦为名胜，自古就以大禹治水的故事而闻名。

过淮河后继续北行，经宿州夹沟驿至闵子乡，作《过夹沟》。"宿州闵子乡，行义有徐王。"这里作为春秋时孔门十哲之一闵子骞的家乡而著名，明初开国元勋徐达出自此乡，这里也是朱高炽皇祖母马皇后故里，所谓"是惟生圣后，归嫔我祖皇"。马氏祖上陵寝也被整修一新，置有专人打理，"奉祠置冢户，松柏被余光"。朱高炽见景思人，"敬诵周南篇，厚德那可忘"[④]，尤念祖母恩德。

继而抵达彭城九里山，以《游九里山》记之："彭城行九里，岭嶂碧嵯

①《御制诗集》卷下，第22页。
②《御制诗集》卷下，第23页。
③《御制诗集》卷下，第23页。
④《御制诗集》卷下，第24页。

峨。形势称垓下，淮阴战绩多。风声疑鼓吹，云影旌旗摩。千古兴亡恨，临风发浩歌。”[①]九里山位于今徐州市西北部，山势高峻，因古时距彭城九里而得名。该山曾是楚汉鏖兵的战场，相传为项羽兵败处，千古绝唱《垓下歌》即作于此处。“靖难之役”时也曾在此山中激战，引发朱高炽历史兴亡之感叹。

随后渡过汴河，进入山东。以《过汴河》诗描绘河景：“河流既深广，山势亦隘塞。”与在九里山时一样，朱高炽追忆靖难之役在此取得的伏击大胜，这也是之后成祖一系得以夺取天下的关键一役。“忆昨靖难时，伏发虏尽殛。神器有所归，百灵自匡翊。”[②]自这时起，朱高炽一行由陆路换水路，沿运河继续北上。

在运河沿途重镇济宁，朱高炽见漕运繁忙、民生富庶，赋《到济宁》：“巨野古名郡，南北之要冲。漕运所辏集，物货仍委业。民生庶且富，熙皞寿域中。”[③]次至德州，同样见到来轸方遒、仓廪云集。《至德州》诗云：“德州马颊河，为时之要津。舟车所辐辏，仓廪遍城闉。”这里作为连接京鲁的重镇，外国使臣沿运河北上时都在此集结休整，以待进京觐见皇帝，所谓“万方朝贡者，由兹觐紫宸”[④]。此时运河距重新开通已近十年，正是河势平稳、运力成熟之时，故而朱高炽未在沿途过多驻留，一路北进，于十二月二十五日至北京，完成了这场历时2个多月、2200余里路途的水陆旅程。

结语

总览明仁宗朱高炽的诗词，通过文学与地理的双重视角，不仅有关于六百余年前南北两京形势、名胜、风物、宫殿、坛庙等一系列景观叙事，也有跨越两京间山峦、河流、关隘、名城、重镇的水陆旅程纪实。在朱高炽诗

---

①《御制诗集》卷下，第25页。
②《御制诗集》卷下，第25页。
③《御制诗集》卷下，第25页。
④《御制诗集》卷下，第26页。

中，有景、有境、有人、有情，实现了诗词与地理景观的真切融合。朱高炽的诗词不仅是内容丰富的文学遗产，更是一份珍贵翔实的历史地理文献。通过对南京、北京及两京之间旅程的描绘，展现了明代初期两京的自然景观、人文古迹和政治风貌，为研究明代的历史、文化和地理提供了独特视角。

首先，朱高炽的诗词记录了南京和北京的地理特征及都城景观。南京的钟山、长江，北京的燕京八景、紫禁城等在诗中得到生动描绘。诗词不仅展现了两京的自然美景，还在一定程度上反映了当时的城市建设和规划，为研究明代两京城市发展提供了重要的线索。

其次，朱高炽的诗词记录了两京之间的皇家旅程。从南京到北京所历一众自然景观和人文古迹在诗中得到详细记述。诗词不仅展现了明代两京之间的交通路线和地理环境，还反映了当时的人文景观和社会风貌，为研究明代交通史提供了宝贵的资料。

此外，朱高炽的诗词还体现了他作为太子乃至皇帝的特殊身份和视角。诗词除描绘自然景观、人文古迹外，更表达了对皇统传承、国家大政和百姓生活的关注与思考。如《过汴河》对“靖难之役”的追忆，《庆元正》对迁都大典盛况的记录，《洪熙元年大祀诗》对天地的敬畏和对百姓的关爱等，为研究明初皇室的思想和情感提供了直接的信息。

总而言之，诗词所反映的既是明仁宗朱高炽由皇子而皇帝的20余年情感之旅、心灵之旅、人生之旅，更是一场彰显明代两京精神地标的文化地理之旅。作为这一系列旅程载体的朱高炽《御制诗集》极富文学性、地理性与政治性，成为留存至今的宝贵的文化财富。

作者简介：高希，历史学博士，故宫博物院副研究馆员

全面抗战前南京高校教授的日常生活
——以《吴梅日记》为中心

赵子聪

摘要：吴梅的个人生活是全面抗战前南京高校教授社会生活的缩影。从《吴梅日记》可见，吴梅有多元的谋生手段，总体生活较为充裕，但易受时局的影响而陷入窘境。吴梅的家庭生活、社会交往和日常娱乐具有新旧并存的特点，这也是同时期知识分子生活的普遍特征。1931—1937年，南京处于相对平静的状态，吴梅的日常生活相对稳定。伴随时局动荡，吴梅的忧国忧民之情显露无遗，而作为一·二八事变的亲历者，吴梅深感对战争的无力，一度产生了对自身定位、价值认同的迷茫。

关键词：全面抗战前；南京；高校教授；日常生活；《吴梅日记》

近年来，随着抗战社会史的兴起，抗战时期日常生活的研究热度逐渐提升。相关研究着眼于民众的衣食住行、交游娱乐、心态情感、社会阶层整体变动等方面，探讨战争对日常生活秩序的影响，为理解战时社会变迁与战争应对提供了微观视角，丰富了传统抗日战争史研究的维度。知识分子留存有大量日记、书信、文集等资料，为探究其日常生活提供了坚实的史料基础，相关的学术成果不断涌现。[①]目前来看，学界更多地聚焦于该群体在全面抗战时期的社会生活史。对于1931年九一八事变至1937年七七事变这一时间段的研究，仍有待进一步的关注和探讨。吴梅及《吴梅日记》为了解全面抗战前南京高校教授的日常生活，提供了可能。

吴梅（1884—1939），字瞿安，号霜厓，出身于苏州一个科举文化世家。他少时致力于科举入仕，然而两次应江南乡试均未中。科考失利使吴梅备受打击，此后他转向词曲创作。1905年清廷下诏废除科举，改变了传统知识分子耕读仕进的循环生产过程。为谋生计，吴梅离开苏州，先后在南京、上海、北京等多地高校执教，成为现代中国戏曲研究的开创者之一。1937年全面抗战爆发，吴梅举家内迁，因旅途劳顿，病情加重，1939年不幸病逝于云南大姚县。

现存于世的《吴梅日记》，是他在南京中央大学任教期间所写，始于1931年10月11日，讫于1937年7月7日，呈现了自九一八事变至七七事变间吴梅的生活经历与心路历程，包括饮食起居、出游消闲、家庭生活、社会交往以及感时伤事等诸多内容。[②]学界对《吴梅日记》的利用，主要集中于吴梅

①相关成果主要有帅彦《乱世浮生——1937—1945中国知识分子生活实录》，中华书局2007年版；郑会欣《战时后方高级知识分子的生活贫困化：以几位著名教授的日记为中心》，《抗日战争研究》2008年第1期；裴毅然《延安文化人的生活》，《新文学史料》2010年第1期；郭川《抗战大后方公教人员日常生活及心态嬗变研究》，西南大学2017年博士论文；陈嘉顺《别有奇芬日采撷：抗战初期的中学教员日常生活——从社会生活史角度对詹安泰的考察》，《中国社会历史评论》2018年第1期；冯尔康《西南联大教授的日常生活——以郑天挺教授为例并以他的〈西南联大日记〉为资料》，《河北师范大学学报（哲学社会科学版）》2020年第1期；李永东《阶层易位、身价涨跌故事中的战时国都》，《中山大学学报》2021年第1期；胡勇军《淞沪会战前后一位江南乡绅的日常生活与见闻——以〈徐兆玮日记〉为中心》，《日本侵华南京大屠杀研究》2023年第2期。

②吴梅共写过三部日记。第一部是在北京大学任教期间（1917—1922年）所写，第二部是在广州中山大学任教期间（1927年9月—1928年初）所写，第三部是在南京中央大学任教期间（1928—1937年）所写。不幸的是，前两部日记毁于抗日战争初期，只有第三部现存于世。

的曲学、文学创作及教育成就，对其日常生活关注相对不足。[①]本文以《吴梅日记》为中心，梳理和展现1931—1937年吴梅的日常生活和心灵世界，并揭示战争对其生活和心态的影响，辅之以同时代其他中央大学教授的日记片段，以丰富学界对于这一时期南京高校教师日常生活的认识。

一、全面抗战前吴梅的生计

治生，指经营家业、谋生计之意，是关乎人生存与发展、维持家庭生活的重要问题。1931—1937年南京物价总体较为稳定，凭借多元的谋生手段，吴梅及其家人过着充裕的日常生活。但由于其家庭人口较多，家中的流动资金处于紧张状态，受时局和突发事件的影响，也会出现一些捉襟见肘的时刻。

（一）薪俸、田租与稿费：吴梅的谋生手段

任职高校的薪酬是吴梅的主要生计来源。1922年起，吴梅任教于东南大学，除1927—1928年、1932年3月至10月外，他长期在东南大学（后更名为中央大学）担任词曲国文教授。吴梅每月的薪资为“三百二十元”，在他看来，这笔收入十分重要，“有此一款，可以从容支用，否则寓中用费无着矣”。此外，吴梅也在金陵大学兼课。1933年，胡小石向吴梅送上金陵大学的聘书，约定“自明岁起，月奉六十金，授金元散曲”。[②]次年金陵大学文学院开办国学研究班，聘请吴梅为导师。按照学程纲要，吴梅每周所授的

①对吴梅曲学、文学创作及教育成就的研究成果主要有刘蕊《试论吴梅〈奢摩他室曲丛〉之编纂及版本选择——以〈紫钗记〉为例》，《中华戏曲》2019年第1期；徐燕婷《吴梅词学教育新范式与潜社女词人的词学活动》，《中山大学学报（社会科学版）》2022年第2期；赵山林《试论吴梅与昆剧传习所、“新乐府”、仙霓社之渊源》，《戏剧与影视评论》2023年第4期等。对其日常生活的研究主要有谷曙光、赵武倩《从日记看曲学大师吴梅的日常生活》，《文史知识》2020年第3期；谷曙光《家常细语、心灵景观与学人志业：日常生活史视域下的吴梅日记》，《人文》2022年第1期。

②吴梅著，王卫民编校：《吴梅全集》（日记卷），河北教育出版社2002年版，第42、14、48页。

课程包括乐章词释、清真词释、南词校律、北词校律等八门课，每门课三小时。[1]随着授课任务的增加，他的薪水也上涨至一百二十元。如此一来，吴梅每月的薪资收入变为四百四十元，这样一笔稳定的收入为吴梅养家糊口提供了坚实的基础。

经营土地所得是吴梅维持自身及家庭生活所需的重要收入来源。吴梅在苏州家中有“田二百五十余亩也”，他将此部分土地托付从弟吴仲培打理，其收益用以补贴家用。田租收入并不稳定，易受时局、年成、粮价的影响，吴梅常常与吴仲培通信了解情况。假期返回苏州后，吴梅也会亲自去从弟家中，翻阅账簿。当田租收入较高时，吴梅心情喜悦，“取大字租簿一阅，收数将及一竿，心为大慰”。然而收入不多的情况也经常发生，“得仲培书，知租息五百元，已付田行折上，本年收租，不甚踊跃也”；“是日得仲培函，知大号收租，止有四十七元”。[2]对此，吴梅感到无可奈何。

此外，出版戏曲作品、代做应酬文章也是吴梅谋生的重要手段，这是文化学者具有的独特生存技能。作为中国极具影响力的戏曲理论家，吴梅编写了多部曲学著述，所得版税是一笔不菲的收入。如他的《曲选》选辑数百种明清传奇，1931年临近年关之际，“振新书社交来《曲选》版税八十四元”，这笔收入对吴梅一家欢度春节有重大意义。吴梅出身书香门第，少年时经受了系统的儒学教育，在诗歌、散文、经史等方面有着相当深厚的积累，文字功底极强，故而他常常收到报刊约稿。如1932年《中华杂志》向吴梅约稿，他提出“二百元”的稿费要求。[3]吴梅也经常收到友人、学生的代笔请求，主要包括写作祝寿文章、挽联、墓志铭等。[4]

①私立金陵大学文学院院长室编：《私立金陵大学文学院概况》，收入李森主编《民国时期高等教育史料三编》第18册，国家图书馆出版社2017年版，第330、331页。

②吴梅著，王卫民编校：《吴梅全集》（日记卷），第93、371、367—368、818页。

③吴梅著，王卫民编校：《吴梅全集》（日记卷），第76、237页。

④王卫民：《吴梅年谱》，载《曲学大成　后世师表：吴梅评传》，上海古籍出版社2010年版，第199—210页。

（二）优渥与窘迫：时局冲击下吴梅经济的脆弱性

1931—1937年，南京物价指数整体平稳、稳中有降。[①]根据1930年南京的物价推测，[②]吴梅在此期间的生活应当是较为宽裕、舒适的。饮食方面，20世纪30年代南京每石米价为8.51元；[③]每斤猪肉0.588元，鸡肉0.84元；每斤青菜0.017元，大白菜0.039元。[④]吴梅家中有六口人，假设每天消耗4斤米、3斤肉、3斤蔬菜，取各类食物价格的最大值计算，吴梅一家每月在饮食方面的花销大约在45元。至于住房，吴梅与妻子租住在南京大石桥22号，1931年租金为“大洋三十元”[⑤]。出行方面的开支，主要是吴梅和妻子寒暑假乘坐火车往返于南京、苏州的花费。当时京沪铁路普通快车的一等票为6.15元，特别快车的一等票为7.95元。[⑥]总体来看，吴梅一家食、住、行等必要的月度支出在80元左右，连同其他未计算在内的日常开支，应当不会超过100元。凭借吴梅在中央大学的薪资，便足够维持一家人的生活。从日记看，吴梅一家的生活确实较为优渥。1934年，吴梅在老万全请友人吃饭，“定十四元翅席”，这在当时是规格相当不错的席面。

需要指出的是，虽然吴梅收入颇丰，但受到时局和突发事件的影响，他的日记中也会出现“家累负身”“阮囊羞涩”的感慨。1931—1932年，受到国民政府财政改革和江淮水灾的影响，中央大学经费不足，无法全额发放薪

---

①以1930年南京的物价指数为100，1931—1937年的物价指数分别为106.1、100.8、92.1、80.6、80.3、84.8、96.6，参见财政部国定税则委员会《南京批发物价指数表》，《上海物价月报》第13卷第5号，1937年4月，第6页。

②上白米的价格为每升0.093元，牛肉每斤0.277元，猪肉每斤0.366元，数据来源于工商部《南京市零售物价表》，《物价统计月刊》第2卷第10、11、12号合刊，1930年12月，第24页。

③江苏省地方志编纂委员会编：《江苏省志·价格志》，江苏人民出版社1995年版，第9页。

④南京市地方志编纂委员会编：《南京价格志》，海天出版社1996年版，第100—105、81页。

⑤吴梅著，王卫民编校：《吴梅全集》（日记卷），第19页。

⑥《苏浙皖闽赣五省铁路里程票价及行车时刻表》，载中华全国道路建设协会编《中国公路旅行指南》第一集，1936年，第2、3页。

资。直到1932年1月吴梅才拿到前一年十月的薪资。1932年，中央大学3月、4月、8月的薪俸一直未发放。吴梅前往会计处恳求，会计组“遂将三月总数，全数见付”。面对这种情况，吴梅心情复杂，“吾辈以文字糊口，本属可悯，而又遭此乱离，学费无着，读杜甫茅屋秋风之叹，不无同感矣”。受战争影响，田租收益也令人忧虑。一·二八事变后，兵燹的消息冲击地方社会，田租收入不佳，吴梅的友人打算将土地“抑价出售”给吴仲培，被他断然拒绝。1936年意大利吞并埃塞俄比亚，形势紧张。吴仲培写信提及近日田租锐减，吴梅感叹，“如今如此，恃田产为生者难矣”。时局之外，家人突发疾病也给吴梅的经济状况带来压力。1933年，吴梅的儿子吴南青癫痫病发作，住院费用“计每月需百十一元”，这在吴梅看来“已大贵矣”。就家庭状况而言，吴梅和妻子育有四个儿子，婚事也是一笔很大的开销。故而吴梅一直在有意识地存钱，甚至迫于生计，只能暂时打消退休想法，“余近来颇思退休，惟儿辈男女五人，学费及婚费，尚无的款，以是不能决去耳”。①

二、全面抗战前吴梅的家庭、交游与娱乐

吴梅的家庭生活、社会交往和日常娱乐具有新旧并存的特点，这也是同时期知识分子生活的普遍特征。身处社会转型的时代，吴梅并不排斥电灯、火车等便利生活的新方式，但在思想深处仍然保持着对传统文化的强烈认同。1931—1937年，南京的局势相对平静，吴梅得以继续授课、作曲、访友。随着日本全面侵华脚步的加快，吴梅与友人密切关注时局，地方社会暗流涌动。

（一）趋新又守旧：吴梅的家庭生活

近代以来，“变”成为家庭的典型特征，主要表现在累世同居的大家庭逐渐向一夫一妻的核心小家庭转变。②吴梅出身于洞泾吴氏家族，这是明清

①吴梅著，王卫民编校：《吴梅全集》（日记卷），第219、39、216、644、285、736页。

②对此学界多有论述，参见邓伟志《近代中国家庭的变革》，上海人民出版社1994年版，第156—174页；张国刚主编，郑全红著《中国家庭史》（第五卷），人民出版社2013年版，第27—70页。

时期苏州地区一个鼎盛的科举世家，世系繁盛。受太平天国运动、辛亥革命和新文化运动的冲击，传统伦理秩序逐渐瓦解，家族组织也随之日趋松散。1900年吴梅成婚后，与妻子组建起自己的小家庭。夫妻关系方面，吴梅与妻子志趣相投，婚后生活融洽美满，“夜中吾妇度曲，余倚笛和之，小饮甚乐”。吴梅前往南京执教，妻子陪伴在吴梅身边，二人是生活中的亲密伴侣，积累了深厚的感情，“中年夫妇，情逾骨肉。吾无兄弟手足之乐，幸有此椎髻梁鸿之妻”。妻子五十岁生日时，吴梅特意赋诗四首，回忆以往的时光。就父子关系而言，吴梅与其子可称得上父慈子孝。次子汸玉出门在外，吴梅担忧其安危，“汸儿赴润，余嘱其随时应变，万一有危，还家为上”。1933年四子吴南青癫痫病发作，缠绵病榻，吴梅夫妇费心劳神，“余自儿病后，脑胀、心跳、脚软，诸病皆发”。吴梅诸子皆孝，这让他感到欣慰，“《四部丛刊》亦有虫蛀，大儿为我剔刷干净，大是佳事”。几个儿子学成后都找到工作，也陆续成家，建立小家庭，“四儿、洁媳至润州做小家庭”。[①]

吴梅在婚姻观念方面也较为开明。对于家中小辈的婚事，他认为“总以男女本身作主，为家长者，不可固执我见”。这体现出吴梅对年轻一代婚姻自主权的尊重，这种思想在当时可谓颇具进步意义。需要指出的是，吴梅也有守旧的一面，这种既趋新又守旧的矛盾很大程度上缘于其早年接受的系统儒学教育。吴梅非常重视家庭伦理，他内心深处仍然保持着对传统文化的强烈认同。1934年9月2日，吴梅阅读柳诒徵写作的寿文，对该文“痛斥新家庭之不善，而以断发短衣为服妖”的观点深表赞同，认为“此言深合吾意也”。1931年吴梅与学生看电影，对于影片中“生日贺客，跳舞上寿”的情节，他认为“不合中国情形”。[②]身处社会变革的时代，吴梅的家庭观念呈现出明显的矛盾性，这正是近代中国知识分子在传统与现代之间徘徊的典型写照。

---

①吴梅著，王卫民编校：《吴梅全集》（日记卷），第221、186、83、296、214、836页。
②吴梅著，王卫民编校：《吴梅全集》（日记卷），第166、339、80页。

（二）广泛的交游：吴梅的社会交往

吴梅喜好填词作曲，先后发起或加入了包括南京的潜社、如社、紫霞社、百雷曲社等在内的多处词社、曲社。社团成员往往定期集会，相互唱和，切磋曲艺，并将创作的词曲作品辑录成刊。1924年春，吴梅应东南大学学生之请发起成立潜社。潜社每月一集，学生根据词牌作词。据卢前回忆，潜社“在万全酒家举行次数最多。或买舟秦淮，其舟曰‘多丽舫’”①。1935年，吴梅与友人在南京成立如社，规定“月举一集”②，轮流值社。如社自成立起至1937年共举行十六次社集，其成员的作品最终刊印为《如社词钞》。

以社团为纽带，吴梅结识了许多志同道合的朋友，主要有张钟来、顾巍成、汪鼎丞、胡小石、汪东、柳诒徵、王伯沆、黄侃、汪辟疆、夏承焘、龙榆生、王季烈及唐圭璋等人，建立起一个相当广泛的交往圈。吴梅与社团友人的交往，并不局限于值课雅集、填词唱曲等曲社活动，而是延伸到社团以外的工作、生活空间。工作中的来往，主要涉及课程安排、指导学生等方面。汪东时任中央大学文学院院长，吴梅与他的往来较为频繁，主要是商定所授课程。汪东还会特意告知吴梅中央大学的开学日期，并约其“日内赴京”③。对于学生，吴梅辛勤教导，且从不藏私。唐圭璋写成《全宋词》一书，吴梅为其作序，“今唐子以一人之耳目，十年之岁月，成此巨著……欢喜赞叹，非言所尽”④。生活中，吴梅与友人的日常交往主要体现在闲谈、上门拜访、共同聚餐等方面。吴梅常常拜访好友，友人也会登门拜访小聚。关于聚餐，吴梅常去的是夫子庙附近的老万全。老万全是“秦淮酒家最负盛名而资格最老者”，有“南京的酒业大王”之称。⑤同在中央大学任教的朱希祖和黄侃也喜欢与友人前往老万全小聚。朋友之间相互帮忙是应有之义。

---

①卢前：《冶城话旧·东山琐缀》，南京出版社2016年版，第35页。

②吴梅著，王卫民编校：《吴梅全集》（日记卷），第536、537页。

③吴梅著，王卫民编校：《吴梅全集》（日记卷），第216页。

④吴梅：《全宋词序》，收入《吴梅全集》（理论卷），第978页。

⑤俞允尧：《秦淮古今大观》，江苏科学技术出版社1990年版，第521页。

世界书局请吴梅校阅《国学字典》，付给百元报酬，吴梅想到“顾巍成正在窘乡”，将此机会转让给他。[①]1935年12月28日，朱希祖特意拜访吴梅，托吴的家人向恩师章太炎送上贺礼。[②]正是在日常闲谈小憩、互相帮忙的过程中，朋友间的感情得以加深。

1931—1937年，南京处于相对平静的状态，教授仍能按部就班地授课、作曲、访友，但其生活已不可避免地受到时局影响。战事消息不断传来，吴梅常常与友人讨论国内外局势。1935年王伯雷夫妇拜访吴梅时，谈起“此时日本一切条件，皆黄郛塘沽协定时所筹划”，显露出对日本侵略野心的警惕。1936年吴梅阅报得知意大利吞并埃塞俄比亚，他敏锐地意识到“此恐为世界大战之先声”。时局不宁，吴梅与友人商议未来可能的避兵之地，“旭初来谈，劝余避兵之地，以洞庭西山为佳”。[③]不独吴梅如此，朱希祖也“与大儿谈避地事”[④]。以上细节生动展现了全面抗战前南京教授的交游状态，反映出当时地方社会的暗流涌动。

（三）继承与嬗变：吴梅的日常娱乐

日记所见，读书藏书、诗酒唱和、游山玩水，这样一种传统士人普遍践行的生活样态，教授们乐在其中。吴梅好书，几乎每天都要读书或整理书籍。读书之余，吴梅会将读后感想作一简要记录。1931年10月16日，吴梅阅读《孔氏杂记》，认为“颇有可记者”[⑤]，记录了四条感想。对身处南京的教授们而言，夫子庙一带的状元境是一个淘书的绝佳去处。由于靠近夫子庙和江南贡院，状元境自元明起便成为书坊集中之地。进入民国，状元境的旧书业仍然相当发达，书肆林立，蔚为大观。吴梅的弟子卢前曾写道，状元境

①吴梅著，王卫民编校：《吴梅全集》（日记卷），第23、226页。

②朱希祖著，朱元曙、朱乐川整理：《朱希祖日记》（中），中华书局2012年版，第590页。

③吴梅著，王卫民编校：《吴梅全集》（日记卷），第574、622、629页。

④朱希祖著，朱元曙、朱乐川整理：《朱希祖日记》（中），第514页。

⑤吴梅著，王卫民编校：《吴梅全集》（日记卷），第7页。

“近数十年为书贾麇集之所”[①]。吴梅常常前往夫子庙游玩，游憩之余，他不忘寻访曲学著作，“得批本《牡丹亭》”[②]。朱希祖亦喜好藏书，他的日记中常常有前往状元境购书的记载，如1934年3月5日，他“至状元境一带旧书坊看书”，3月13日至“状元境保文书局购书十二种”。[③]黄侃也常常前往状元境买书。[④]授课之余，高校教授喜欢流连山水，这种游玩之举具有文人特色，往往与治学紧密联系在一起，是一种寓学术于娱乐的游历。南京建城历史悠久，既有夫子庙、明孝陵等人文遗迹，也有紫金山、玄武湖等自然风光，为教授们的娱乐出游提供了多样的选择。1934年4月，吴仲培初次来南京游玩。吴梅特意携他游访了秦淮河、莫愁湖、雨花台、扫叶楼、中山陵、玄武湖及燕子矶等处。吴梅的选择绝非偶然，这背后暗含了他对南京城市文化的认知。在吴梅心中，这些景点能在一定程度上代表南京的历史文化，是招待亲友的理想场所。每遇一名胜古迹，即可回顾其背后之历史，这正是历史学家的游玩雅趣。

另一方面，随着城市的近代演进，教授的休闲娱乐生活日益散发出新的气息。清末民初，电影在上海、南京等城市悄然兴起。南京的电影业相当发达，1929年相关的电影公司即“有九家之多”[⑤]。1933年，国民大戏院和首都大戏院打算在“城北区各设一分院，以便城北观众”[⑥]，可见电影在南京已形成相当规模的受众基础。《吴梅日记》记载了许多看电影的情节，如1931年12月17日，吴梅与学生在老万全吃过午饭后，前往影院观看影片《铁骨冰心》，[⑦]其情节体现出反对包办婚姻、追求恋爱自由的理念。对于电影这样一种近代娱乐方式，许多高校教授并不抵触。朱希祖看过考古、动物

①卢前：《冶城话旧·东山琐缀》，第8页。
②吴梅著，王卫民编校：《吴梅全集》（日记卷），第350页。
③朱希祖著，朱元曙、朱乐川整理：《朱希祖日记》（上），第315、318页。
④黄侃著，黄延祖重辑：《黄侃日记》（下），中华书局2007年版，第695、718页。
⑤《南京电影界最近消息》，《北洋画报》第8卷第373期，1929年9月19日，第1页。
⑥曼君：《南京电影业之发展》，《小日报》1933年10月11日第3版。
⑦吴梅著，王卫民编校：《吴梅全集》（日记卷），第79页。

及侦探等多种题材的电影。[①]黄侃常常前往国民大戏院看电影，1931年4月6日，他和友人“至国民戏院看歌女红牡丹有声电影”，5月2号又和子侄“看影戏于国民”。[②]作为近代新兴的公共空间，公园逐渐成为城市居民重要的休闲娱乐场所。南京作为当时的首都，其市政建设颇受重视。通过整饬园景、增添休闲娱乐设施的方式，玄武湖、莫愁湖、鸡鸣寺等旧有古迹被辟为近代公园，其内配备有相关休闲娱乐设施，成为教授群体治学之余品茗谈天的理想场合。1933年竣工的中山陵园，是民国时期纪念公园的典范。吴梅曾前往中山陵园游玩，他评价道，“芍药已开，灿若云锦，妙甚”[③]。此外，教授群体的生活中还有西餐、咖啡、冰激凌、理发、洗牙等新事物，如吴梅在日记中有“晚至沙利文西餐”“理发甚适”的记载，[④]朱希祖与家人“至大行宫购物，并食冰淇淋”[⑤]，黄侃则“理发、剪爪、濯足、涤齿”[⑥]。民国时期的南京，在休闲娱乐生活方面焕然一新。

三、战争威胁下吴梅的心态与生存

从1931年九一八事变到1937年七七事变，时局动荡，外患日逼，教授群体的忧国忧民之情显露无遗，这种救国济世的情怀又进一步转化为切实行动，在全面抗战时期发扬光大，最终转变为全民族的坚守。焦虑和不安在社会蔓延，作为一·二八事变的亲历者，吴梅深感个人对战争的无力，产生了对自身定位、价值认同的迷茫。

（一）以天下为己任：吴梅的忧国忧民之思

吴梅早年关心时政，积极参与神交社、南社等进步团体。辛亥鼎革以

①朱希祖著，朱元曙、朱乐川整理：《朱希祖日记》（上），第125、344、400—401页。
②黄侃著，黄延祖重辑：《黄侃日记》（下），第701、702页。
③吴梅著，王卫民编校：《吴梅全集》（日记卷），第419页。
④吴梅著，王卫民编校：《吴梅全集》（日记卷），第447、88页。
⑤朱希祖著，朱元曙、朱乐川整理：《朱希祖日记》（中），第528页。
⑥黄侃著，黄延祖重辑：《黄侃日记》（下），第685页。

后，吴梅的兴趣逐渐转向词曲研究，后任教于高校，远离政治。然而随着九一八事变中日本侵华野心的暴露，吴梅恢复了记日记的习惯，重拾对于时政的关怀。在日记卷首，吴梅写道："今岁辛未，东北构兵，天未厌乱，不知所届，金陵弦诵之地，或有移国瓦解之虞。戢影家衖，时惊风鹤，文人结习，老而弥笃，随所闻见，疏记于此，不足言文也。"①

此后日本步步南侵，局势日益紧张，吴梅密切关注日本的侵华动向以及国际社会的反应。1931—1932年，吴梅几乎每日都要阅读报纸，密切关注中日作战情况。此时，战局的好坏已然成为影响其心境的重要因素。1931年11月20日，吴梅得知黑龙江失陷，忧虑战局而无心上课，"为之不欢者竟日，勉强上课，不知所云"。当获闻喜讯时，吴梅的心情十分振奋，"吾军又大胜，闻之欣慰。归买各报，与家人言之，皆眉飞色舞"。当局的应对也是吴梅关注的重点。九一八事变发生后，国民政府采取"攘外必先安内"的政策，寄希望于国际联盟来解决中日争端，自身却无所作为，吴梅认为政府此举乃是"顾自不振拔，而仰赖他人，即使弭祸，仍处人卵翼之下也"，心中感到愤懑无比。②事实上，将目光转向时局的教授绝非少数。1931年夏，黄侃已经意识到日本"驻军、屯粮，部署安详，各有处所。时会一至，我为鱼肉矣"。此论较九一八事变爆发尚有月余，而黄侃已精准预言日本的野心，展现了其超前的忧患意识。1931年9月20日，黄侃得知"辽东倭警"一事，"眦裂血沸，悲愤难宣"。第二天，得知天津、青岛沦陷，他"当食，悲痛而罢"。③朱希祖也相当关注时事，1933年，他从报纸中得知喜峰口、古北口被日本占领，心中悲痛万分，"吊此亡国君臣，更深悲恫"④。

战争纷扰，生灵涂炭，百姓处于水深火热之中。1932年春，吴梅与友人到车站，发现难民"满站皆是，扶老携幼，不下千人"。细问之下，吴梅得

①吴梅著，王卫民编校：《吴梅全集》（日记卷），第1页。
②吴梅著，王卫民编校：《吴梅全集》（日记卷），第46、92、3页。
③黄侃著，黄延祖重辑：《黄侃日记》（下），第708、740页。
④朱希祖著，朱元曙、朱乐川整理：《朱希祖日记》（上），第229页。

知这是江北一带的难民，先遇水灾而不得不背井离乡，又遇战乱，生活艰难。吴梅对百姓抱有深切的同情，发出“亦可怜矣”的感叹。物价变迁引发吴梅对民生的关注。1935年11月4日，吴梅阅报得知中央、中国、交通三银行停止兑现。11月7日他写道，“近日来谣言蜂起，钞票停兑，物价激增，当局者高车驷马，能体恤民隐者鲜矣”①。吴梅对政府漠视民生的批评，体现了他对社会现实的深刻观察和责任感。

日军铁蹄践踏国土、无辜百姓罹难的残酷现实，激发了教授群体的民族意识和爱国热情。1932年1月31日，针对国民政府寄希望于国联的现状，中央大学教授发布对政府之忠告，内容为“对日强硬到底，勿依赖国联，急调海空军力助陆军作战，对民众抗日运动勿再压抑”②。吴梅则有为前线将士支援物资的举措，他“与家人为前方战士，作避毒口套，计五百具”。值得一提的是，高校教授们已经认识到存续民族文化、保存古物的紧要性。在一次曲社雅集中，吴梅的曲学同仁道“声音之道，与政相通，治世之音必和平雅正。今虽非治世，而保存国粹，留此治世之音，终有和平之一日”，吴梅对此深表赞同。面对日本人向他请益词曲的行为，吴梅认为此乃居心叵测之举，他大力号召，“同人于度曲之馀，再从事声律之学，勿令垂绝国粹，丧于吾手云云”。③吴梅本人也在积极保存昆曲文化，他先后加入昆曲保存社和昆剧传习所，培养了众多“传字辈”昆剧人才。朱希祖在担任中央古物保管委员会期间，曾参与起草《古物范围及分类案》，主持古物保管委员会刊物等事宜。④他对南京及周边地区的古迹进行了深入调查，凡史乘记载所及，无不按图索骥、遍加访问，涉及六朝陵墓、栖霞山古物、太平天国禁城等处。在此基础上，朱希祖写成《六朝陵墓调查报告书》及《天禄辟邪考》《神道碑碣考》等文章，为保存古物做出了重要贡献。

---

①吴梅著，王卫民编校：《吴梅全集》（日记卷），第638、639页。

②《南大百年实录》编辑组编：《南大百年实录·中央大学史料选》（上），南京大学出版社2002年版，第379页。

③吴梅著，王卫民编校：《吴梅全集》（日记卷），第94、65页。

④朱希祖著，朱元曙、朱乐川整理：《朱希祖日记》（中），第467、494页。

（二）自我认同的失落：战乱中的避难生活

1931年九一八事变爆发，日本开始侵华战争，如何在战乱中护持己身、维持生存成为民众普遍面临的不可回避的问题。1932年一·二八事变爆发后，上海形势紧张。随着战事不断扩大，吴梅的心态也经历了由从容自适到焦虑紧张的转变。起初，听到日军增援的消息，吴梅还能付之一笑，与家人斗牌。随着十九路军撤退的消息传来，吴梅心中感到焦虑，“不敢形诸颜色，恐家人惶悚”。不久后，苏州遭到日军飞机的猛烈轰炸，这给苏州民众带来直接的战争体验。在炮火的冲击下，生命显得尤为脆弱。行人提心吊胆，友人“面带忧色”，吴梅与从弟吴仲培，也是“相对愁叹”，不能下咽。在这样的情况下，吴梅的亲友如吴仲培、陆麟仲、邹梁臣等人均迁避远走，吴梅也“怦然有避兵之意”。[①]

避兵究竟该往何处？吴梅考量时间、路线及安全性等问题后，决定带领家人赴上海避难。《吴梅日记》记载了避难的情形：“是日避兵者众，城外客邸有人满之患……至船埠，则人山人海，行李阻道路。”上船之后，空间狭窄，吴梅及家人只能“团坐通宵”。途中众人想要投宿休息，然而“各店皆满”。好不容易找到客栈，却是“衾枕如墨，不敢蒙被，和衣偃息而已”。对于为期两天半的避难生活，吴梅自嘲“此等苦境，平生未历也”。[②]从南京前往北平避难的黄侃也有此感受。一路轮船、火车皆拥挤不堪，“难觅置足之地”，更有“炮声轰响，探海灯周回照射”，令人“忧惊并集”，还发生误乘车，“站员讹索”之事，黄侃感叹，“此时苦况，真毕世难忘也”。[③]逃亡途中要寻找合适的交通工具和投宿场所并不容易，店家坐地起价已经成为常态，而逃难人数众多，拥挤不堪，往往令人身心俱疲，伴随而来的还有日军的炮火轰炸。这种艰辛与酸楚的避难经历，成为无数人共同的战争记忆。

---

①吴梅著，王卫民编校：《吴梅全集》（日记卷），第94—99页。

②吴梅著，王卫民编校：《吴梅全集》（日记卷），第100、101页。

③黄侃著，黄延祖重辑：《黄侃日记》（下），第771—773页。

一路流亡，带来的不仅有身体上的疲惫，吴梅内心也充斥着对未来的迷茫。来到上海租界后，吴梅一家缺少经济来源。中央大学一直欠薪，而“租界屋贵，非吾所堪”，为此吴梅忧心忡忡。后经过友人介绍，吴梅在富商王伯元家中担任西席，“月修百元”。生计问题得到解决，但吴梅在担任西席期间也感到些许不愉：王伯元有时旁听吴梅授课，其间“时作解人语”或“随两生公同问难”。对此吴梅心下不爽。此后，中央大学催吴梅返校授课，然而王伯元对吴梅极为厚待，为此他相当矛盾，“盖在伯元殷拳之意，未便恝然，而中大诸生之心，亦极诚恳”。[①]1933年5月28日，吴梅在《晶报》上看到了自己弃大学教授任西席的报道，用语夸张，“绝无仅有培植子弟费，订立合同先付二万元”[②]。吴梅虽认为两万元是无稽之谈，“可笑也”，但还是感到舆论的压力。此后吴梅与王伯元因售书事宜发生了不愉快，返回中央大学任教。

一·二八事变的短暂逃难经历，给吴梅带来深远影响。避兵途中的困顿艰辛自不待言，沿途破败的战争景象、生命的脆弱易逝使吴梅认识到战争的残酷。国运衰微，而作为文科教授的吴梅却无能为力。他和普通民众一样遭受动荡时局的裹挟，只能哀叹生不逢时，命运不济，“岂意垂老光阴，坐见神州沉陆。我生何辜，横遭荼毒”。这种无力感使他经受着“知识分子如何自处”的焦虑与困扰，由此产生了对自身定位和价值认同的迷茫。吴梅在遗嘱中叮嘱后辈，“须时时读史，以竟我志”，“吾意生为中国人，经书不可不读”[③]，却未提及词曲，可见并无令后人承袭己业之意。事实上吴梅的几个儿子中，只有四子吴南青精通曲学，继承了吴梅的衣钵。

结语

通过日记探知吴梅的具体生活细节，有助于还原立体、鲜活的吴梅形

①吴梅著，王卫民编校：《吴梅全集》（日记卷），第104、117、124、181页。
②《吴梅弃大学教授任西席》，《晶报》1933年5月28日第2页。
③吴梅：《百嘉堂遗嘱》，收入《吴梅全集》（日记卷），第909页。

象。与全面抗战爆发后大后方教授“贫困化”的生活境遇不同，[①]1931—1937年南京物价较为稳定，凭借多元的谋生手段，吴梅过着较为充裕的日常生活。这一时期，局部战争时有发生，但日本尚未形成全面进攻的态势，故而吴梅仍然按部就班地授课、作曲、出游。随着局势日益紧张，吴梅关注时局，忧心民生，同时积极保存昆曲文化，为抗战做出了独特努力。值得注意的是，一·二八事变的亲身体验，重塑了吴梅的主体认知，他深感个人对战争的无力，产生了对自身定位和价值认同的迷茫。

吴梅乃至其他在中央大学任教的教授的个人生活史，为了解全面抗战前南京高校教授的生活状态以及思想状态提供了一个窗口。九一八事变后，他们坚守在教学岗位，发挥职业优势，为抗日宣传奔走，积极从事古籍整理、文物抢救、昆曲传承等工作，努力延续中华文脉。这种爱国精神与实践，乃是这一群体文化抗战的先声。七七事变后，他们的政治自觉与文化坚守不断发扬光大，最终融入抗日民族统一战线，为持久抗战提供了重要的文化支持。

本文对吴梅一·二八事变短暂的逃难经历的关注，有助于弥补传统抗日战争叙事下对教授群体复杂性和多面性认知的不足。战时高校教授的民族大义向来是历史书写的主轴，他们支持抗战的决心和信心自然毋庸置疑。但教授身份之外，个体生命的求生本能往往被忽视。本文的研究表明，生死一线间，教授也有胆战心惊、恐惧忧愤的一面，他们的避兵经历也和普通人一样，充满了心酸与苦楚，这有助于还原这一群体更为本真的战时生存状态。

作者简介：赵子聪，山西大学历史文化学院硕士研究生

①参见郑会欣《战时后方高级知识分子的生活贫困化：以几位著名教授的日记为中心》，《抗日战争研究》2008年第1期。

虚拟现实技术在南京研学旅行产品中的应用研究

汤 澍 张维亚

摘要：本文探讨了虚拟现实（VR）技术在南京研学旅行产品中的应用前景。通过对南京主要景区的实地调研和数据分析，讨论了VR技术在研学旅行中的应用现状、面临的主要问题以及未来的发展方向。研究发现，尽管VR技术在提升研学旅行体验方面具有显著优势，但仍面临技术成本高、用户体验有待提升等挑战。本文提出了教育游戏、历史场景再现和互动性儿童探索活动等基于VR技术的创新产品方案，以期为南京研学旅行市场的高质量发展提供参考。

关键词：研学旅行；虚拟现实；载体创新；南京

一、研学旅行的兴起

旅游作为一项综合性产业，对经济发展具有重要拉动作用。党的十八大以来，习近平总书记关于旅游业的一系列重要指示批示和论述，充分体现了以人民为中心的大众旅游发展理念，为新时代旅游业的创新发展指明了方向。国务院办公厅在2013年颁布实施的《国民旅游休闲纲要（2013—2020年）》中，首次提出“逐步推行中小学生研学旅行”。2016年，教育部等11

个部委联合印发《关于推进中小学生研学旅行的意见》，明确将“研学旅行”纳入中小学教育教学计划。2022年，中央办公厅和国务院办公厅印发的《“十四五”文化发展规划》提出要“加快发展度假休闲旅游、康养旅游、研学旅行实践活动”。这些政策文件的出台，体现了国家对研学旅行发展的高度重视。

研学旅行作为“教育+旅游”跨界融合的产物，具有特殊的教育意义。它不仅能推动学生职业发展和综合素质提升，还有助于拓宽学生视野，促进文化交流，丰富人生阅历。研学旅行作为校内教育与校外教育衔接的新形式，突破了传统教学模式的限制，是学科课程内容的延伸、综合、重组与提升，有助于落实立德树人的根本任务，对培养全面发展的社会主义建设者和接班人具有重要意义。

在新时代背景下，研学旅行的发展也体现了“新质生产力”的特征。所谓“新质生产力”，是指在科技创新和数字化转型的推动下，通过新技术、新模式、新业态的融合，实现生产力的质的飞跃。新质生产力作为一种符合新发展理念的先进生产力质态，已成为赋能旅游业高质量发展的核心动力。[①]研学旅行作为一种新兴的旅游形式，正是通过将教育与旅游深度融合，利用现代科技手段，如虚拟现实（VR）技术、增强现实（AR）技术等，为学生提供更加丰富、多元和沉浸式的体验，从而提升研学旅行的教育效果和市场竞争力。这种融合不仅推动了研学旅行产业的高质量发展，也为旅游业的转型升级提供了新的动力和方向。

二、虚拟现实（VR）技术在研学旅行中的创新应用

近年来，虚拟现实与人工智能、机器学习的结合使得用户体验更加个性化，应用范围也在不断拓展。随着技术的不断进步和成本的降低，预计虚拟现实将在更多领域展现出其独特的应用价值。国内利用虚拟现实技术增强游

---

①杨建春、李开潮：《新质生产力赋能旅游业高质量发展：理论逻辑与实践路径》，《云南民族大学学报（哲学社会科学版）》2024年第6期。

客在文化旅游过程中的沉浸感，已有多个成功案例。如湖南博物院的VR行走体验项目《国宝迷踪》等，能够让参与者从视、听等多角度对虚拟环境进行感受和想象。

王曦桐通过虚拟增强现实技术应用于专业课教学的优势及虚拟增强现实技术在专业课教学中的应用的相关分析指出，虚拟现实教育是促进现代旅游教育发展的必然选择。[①]虚拟现实技术通过多感官交互特性，为研学旅行构建了突破时空限制的沉浸式教育场景。相较于传统旅游技术，其核心优势体现在三维空间重构与实时交互功能，这为历史场景复原、科学原理可视化等教育需求提供了创新解决方案。

在实践层面，VR技术主要服务于三大研学场景：其一，文化遗产的数字化复原，如商丘古城通过三维建模与动态渲染实现建筑肌理可视化研究；[②]其二，高危场景的安全模拟，如内蒙古防灾VR科普馆通过虚拟灾害演练提升应急教育实效；其三，抽象概念的具象呈现，如博斯腾湖全景漫游系统实现了生态系统的动态演示。[③]研究显示，环境生动性与信息真实性是提升学习成效的关键要素，对于“新世代”来说，与提升旅行效率的实用性相比，他们更加看重虚拟旅游的易用性和娱乐性。有研究发现，在虚拟旅游中，环境的生动性和真实性是影响体验的关键因素。当图像分辨率达到4K级别时，学生知识留存率可获得有效提升。[④]

与此同时，虚拟现实技术在研学旅行实践的教育公平维度也展现出独特价值。通过云端资源共享，偏远地区学生可同步参与故宫文物修复等优质研学项目。北京研学案例表明，VR技术可有效缓解师资短缺与安全保障压力，

①王曦桐：《虚拟增强现实技术在专业课教学中的应用》，《船舶职业教育》2022年第6期。

②简艳英、唐佐侠：《基于VR技术的商丘古城及其文化传承的研究》，《商丘职业技术学院学报》2023年第3期。

③张军爱、王昭君：《基于虚拟现实技术的博斯腾湖景区全景漫游系统的设计与实现》，《科技创新与生产力》2023年第11期。

④赵伟伟、罗盛锋、黄燕玲：《虚拟如何触动现实？“新世代”感知视角下的虚拟旅游影响机理研究》，《旅游科学》2022年第5期。

使研学导师单次指导覆盖人数提升5—8倍。[①]有相关数据监测显示，融合VR的研学项目使中学生对历史学科学习的兴趣度提升40%以上，对科学探究能力可提高30%左右。

在文旅新质生产力的背景下，通过虚拟现实技术，研学旅行产品能够更好地满足学生和家长对高质量教育体验的需求。虚拟现实技术的应用，不仅提升了研学旅行的教育效果，还推动了研学旅行产业的高质量发展，同时也为研学旅行市场带来了新的增长点。

三、南京研学旅行发展现状

南京是闻名中外的历史文化名城，自古以来便是文人墨客、学生士子争相向往的求学之地。近年来，随着研学旅行的兴起，南京凭借其深厚的文化底蕴和丰富的旅游资源，研学旅行市场也蓬勃发展，逐渐展现出其独特的魅力。据《全国旅游监管服务平台》数据显示，2023年上半年南京旅行社接待研学旅行人数40万人次，较2019年增长15%，接待研学旅游量居全省第一，数据表明南京研学旅行市场规模恢复性增长态势良好。

（一）资源基础

南京研学旅行市场的资源基础得天独厚。南京拥有丰富的历史文化遗产，从六朝古都的遗址，到明清时期的园林建筑，再到民国时期的建筑风貌，南京的历史脉络清晰可见，为研学旅行提供了丰富的历史教育资源。同时，南京还是中国近现代教育的重要发祥地之一，拥有众多高等学府和科研机构，为研学旅行提供了优质的学术资源。此外，南京的自然风光也十分秀美。紫金山、玄武湖、中山陵等自然景观与人文景观交相辉映，为研学旅行提供了丰富的自然教育资源。学生们可以在这里亲近自然、感受自然之美，同时学习自然科学知识。

---

①林月、何艳琳、贾艳琼、郝利群、刘云：《文旅融合背景下北京研学旅行产品创新开发研究》，《中国市场》2023年第28期。

（二）产品特质

南京研学旅行产品具有鲜明的城市特质。首先，产品主题丰富多样。既有以历史文化为主题的研学旅行产品，如“金陵寻根”“博物馆纪念馆之旅”等；也有以自然科学为主题的研学旅行产品，如“探索紫金山生物多样性”“玄武湖环保科普之旅”等。这些产品主题鲜明、内容丰富，能够满足不同年龄段、不同学科背景学生的需求。其次，产品体验性强。南京研学旅行产品注重学生的亲身体验和实践探索。在研学旅行过程中，学生们可以通过实地考察、现场教学、互动体验等方式，深入了解南京的历史文化、自然风光和科技发展等方面的知识。这种体验式的学习方式能够激发学生的学习兴趣和求知欲，提高他们的学习效果。同时，产品安全性高。目前南京市场上的研学旅行产品均十分注重学生的安全保障，在产品设计、行程安排、安全管理等方面，都严格遵循国家相关标准和规定，头部研学旅行机构在确保学生研学旅行安全方面经验丰富。

随着研学旅行市场的不断发展，南京的研学旅游产品也在不断提升品质。例如，南京市文化和旅游局在长江江豚科教中心举办的“研学南京　成长旅行”2023年度南京秋季亲子研学旅游产品发布会，发布了内容新颖、主题鲜明的秋季亲子研学旅游产品50余个，涵盖了生态保护、人文艺术、非遗传承、文博探索等多个领域，为南京研学旅行产品提质升级创造了良好环境。

（三）市场特征

第一，市场需求旺盛。随着教育改革的不断深入和人们教育观念的转变，越来越多的家长和学生开始关注研学旅行这种新型的教育方式。南京作为历史文化名城和教育资源丰富的城市，其研学旅行市场需求十分旺盛。

第二，主题创新能力强。南京研学旅行机构在产品设计上不断创新，推出了一系列具有南京特色的研学旅行产品。这些产品不仅具有教育意义，还具有很强的趣味性和互动性，能够吸引更多学生的参与。

第三，产业融合度高。南京研学旅行市场与旅游、文化、教育等相关产业深度融合，形成了以研学旅行为核心的产业链。这种融合的模式不仅能够促进相关产业的发展，还能够为研学旅行市场提供更多的资源和支持。

第四，政策支持力度大。南京市政府高度重视研学旅行市场的发展，出台了一系列政策措施来支持研学旅行机构的发展和创新，如“博物馆+”战略和“文化小店”计划等，这些政策为研学旅行的发展提供了良好的环境和条件。

总体而言，南京研学旅行市场以其丰富的资源基础、鲜明的产品特质和独特的市场特征，正在逐步成为文旅行业的重要支柱之一。根据研学旅游企业的反馈，2023年暑期，南京研学机构接待人次相比2022年大幅增长，且客源市场距离半径明显扩大，品质型产品受到来自多个省份的广泛关注。这表明南京的研学旅行产品得到了市场的认可和好评。

四、虚拟现实技术在南京研学旅行产品中的应用

为进一步了解虚拟现实技术在南京研学旅行产品中的应用情况，笔者对南京多家研学旅行活动相对集中的景区进行了调研，并通过随机方式开展现场访谈。2024年4月6日至14日，累计调查121位研学旅行游客，回收相关信息104份。

（一）夫子庙景区

夫子庙景区已开展的传统研学旅行活动充分结合了其丰富的研学旅行资源，如南京知行研学“状元养成记”之“小状元下江南”、“拼经济、看秦淮”研学打卡金陵站等热门的研学活动多会选择夫子庙景区作为研学线路中的主要组成部分，夫子庙景区的研学产品设计方案也因其丰富的研学资源而更加多元化。虚拟现实技术在夫子庙景区的应用主要集中在增强游客体验和互动性方面。例如，一些应用允许游客通过虚拟现实头盔观看历史事件的重现，从而增加游客的参与感和教育性体验。此外，虚拟现实技术还被用于提供导览服务，游客可以通过VR设备获得更多关于景区的详细信息，包括建筑历史、文化意义等，这不仅增强了游客的学习体验，还提高了游览的效率

和质量。在技术革新方面，夫子庙景区利用虚拟现实技术开发了虚拟导游服务，游客可以通过佩戴VR设备，跟随虚拟导游游览景区，了解景区的历史文化背景和景点介绍；利用虚拟现实技术举办了多场虚拟展览，如“夫子庙历史文化展”“秦淮风情展”等。游客可以通过VR设备身临其境地参观展览，了解景区的历史文化；同时开展一些虚拟教育活动，如“夫子庙VR课堂”“秦淮VR实验室”等。

（二）南京博物院

作为南京历史文化和博物馆研学的重要接待地，南京博物院也长期致力于提供多样化的研学旅行产品。近年来，随着虚拟现实（VR）技术的不断发展，南京博物院开始探索将其应用于研学旅行产品中，以提供更加生动、直观的学习体验。主要的应用情况包括：（1）3D虚拟博物馆：南京博物院在2011年便建成了3D虚拟博物馆，游客通过轻点鼠标即可“触摸”到金蝉玉叶、竹林七贤砖画、银缕玉衣等18件“镇馆之宝”。这种技术让游客足不出户就能欣赏到珍贵文物，为研学旅行提供了便捷的线上学习途径。（2）三维文物体验设备：南京博物院在展馆内引入了全新的三维文物体验设备，将主题创意、空间设计与数字展示技术相融合。这种设备允许游客在虚拟背景中，通过光影明灭展现文物的绝妙之处，提供鲜活、丰富、多元的深度沉浸式观展体验。（3）线上三维文物展示：南京博物院还推出了线上三维文物展示系列，如明洪武釉里红岁寒三友纹梅瓶等。游客可以通过手机或电脑等设备，全方位、多角度地观察文物的细节，如同置身于博物馆之中。

虚拟现实技术在南京博物院的应用效果主要包括：（1）提升参观者学习体验。虚拟现实技术使文物“活起来”，为研学旅行提供了更加生动、直观的学习体验。游客可以通过互动操作，深入了解文物的历史背景、制作工艺等方面的知识。（2）拓展研学旅行学习空间。线上虚拟博物馆打破了时间和空间的限制，使研学旅行不再受地域和时间的限制。游客可以随时随地通过虚拟现实技术参观博物馆，拓展学习空间。（3）有效保护文物资源。

通过虚拟现实技术对重要文物进行建模和数字化保护，可以在一定程度上减少对实体文物的损耗和破坏。同时，数字化资源也为文物的传承和研究提供了更多的可能性。

（三）长江生态VR观测站

长江生态VR观测站是南京滨江风光带中的一项创新性生态教育研学项目，通过虚拟现实（VR）、增强现实（AR）及卫星遥感等技术手段，构建了一个虚实融合的生态教育平台，旨在提升公众对长江生态保护的认知与参与度。该观测站的实体基站位于南京滨江风光带绿荫深处，由一组银灰色半球形装置构成，其核心功能是通过数字化技术将长江生态数据与现实场景实时叠加，为学习者提供沉浸式生态体验。在观测站的教学场景中，学生通过搭载AR识别功能的观测镜，能够将虚拟生态数据与现实江岸景观相结合。例如，浪花间跃动的水花被转化为通过卫星遥感重建的百年水文数据流，而滩涂上的芦苇丛中则出现虚拟的震旦鸦雀形象，扫描其二维码标签即可获取濒危鸟类的三维解剖模型。这种虚实联动的教学方式，不仅增强了研学旅行的趣味性，还使生态知识的传递更加直观与高效。

每年四月，观测站通过水下摄像阵列与声呐系统的实时传输，重现江豚家族的春季洄游盛况。学生在虚拟空间中目睹江豚的运动轨迹，并通过触碰虚拟江豚触发生态知识模块，全息投影展示长江食物链的层级关系。这种沉浸式体验使学生能够深入了解长江生态系统的复杂性与动态性。

（四）六朝服饰虚拟工坊

六朝服饰虚拟工坊是江宁织造博物馆的一项创新性数字非遗研学项目，通过柔性电子技术、人工智能（AI）及动作捕捉等手段，构建了一个虚实融合的服饰文化体验平台，旨在复原与传承六朝服饰文化，同时探索数字技术在非遗保护与教育中的应用潜力。该工坊位于江宁织造博物馆负一层，通过多感官交互技术，为学习者提供沉浸式的历史文化体验。工坊的核心体验之一是柔性电子手套的触觉模拟功能。当学生佩戴手套触碰虚拟织机时，掌心的微型电极能够模拟真丝滑过指尖的细腻触感，并根据不同经纬密度调整力道反馈。这种触觉模拟技术使学生能够直观感受传统织造工艺的复杂性与精细性。此外，AI纹样生成系统能够对残破的六朝绞缬纹样进行补全，并在45秒内生成十二种符合南北朝时期配色规制的完整图案，为传统纹样研究提供了新的技术路径。

工坊中央的“霓裳云台”通过动作捕捉技术与虚拟形象投射，实现了历史礼仪的数字化复原。当学生站上定位感应区时，系统会将其投射为身着不同品级官服的虚拟形象，并通过实时比对《建康礼仪图注》数据库，对学生的揖让举止进行毫米级纠偏。例如，南师附中的学生在重阳节完成了一场穿越时空的成人礼，通过虚拟襦裙的动态涟漪效果，学生能够直观感受到传统服饰的美学意境。

织物修复教学系统是工坊的另一大亮点。面对投影幕布上破损的六朝锦缎，学生需用触控笔沿着经线走向“穿针引线”，压力传感器通过笔尖震动反馈丝线的崩裂风险。南京云锦研究所的老师傅们发现，经过虚拟织造训练的学生在实际操作木机妆花时的失误率降低了60%，表明虚拟训练能够有效提升传统织造技艺的学习效率。此外，工坊的社交VR展厅通过“百人华服大秀”功能，实现了传统服饰文化的跨国传播与交流。

五、虚拟现实技术在南京研学旅行产品中的应用前景

（一）面临主要问题

目前，虚拟现实技术在南京主要景区的研学活动中虽然提供了许多创新的教育方式和体验，但也存在一些不足和挑战。通过笔者的访谈和调查数据，能够反映出一定的问题，主要包括如下方面：

1. 技术接入和成本问题

虚拟现实技术的引入需要相对高昂的初始投资，包括设备采购和软件开发。此外，维护和更新这些技术系统也需要持续的财务支出，这对于资源有限的教育机构来说是一个挑战。据调查结果显示，52.6%的受访者认为新技术实现过程中可能遇到的最大挑战可能是硬件成本。

虚拟现实技术接入和成本问题的关键点

成本类型	描述	考虑因素
设备采购成本	购买VR头盔、传感器、计算机等设备	设备质量、持久性、升级频率
软件开发成本	创建定制的虚拟环境、互动功能和内容	开发复杂度、持续更新与支持
维护和更新成本	定期维护设备和升级软件，以保持系统功能正常和最新	长期维护合同、技术支持的可用性
技术人员培训成本	培训员工操作和维护VR设备，或聘请技术专家	员工技能水平、培训资源、持续教育
基础设施要求	建设和维护强大的计算机和网络基础设施	初始投资、运营成本、升级频率

2. 技术适应性和用户体验

目前，虚拟现实技术在夫子庙景区中的应用还存在一些用户体验方面的问题，如画面清晰度不够、交互方式不够自然等。这些问题可能会影响游客的使用体验和满意度。调查数据显示，大部分用户（56.49%）表达了增加互动体验的需求。用户希望通过更多的互动功能，如虚拟互动导览、角色扮演游戏等，来提高学习和体验的趣味性和参与感。

如部分受访者表示，夫子庙虚拟研学产品在增强用户的文化学习体验和满意度方面具有巨大潜力，因此为了更好地满足用户需求，产品开发团队需要考虑以上反馈，特别是在互动体验、内容丰富性和技术优化方面进行改进。这不仅能提升用户的整体满意度，还可以增强用户对夫子庙文化的深入了解和兴趣。

虚拟现实技术适应性和用户体验的关键点

问题类别	描述	考虑因素
设备适用性和舒适度	确保VR设备适合各种头型和视力条件，避免长时间使用引起的不适	设备设计、重量、材料、可调节性
技术易用性	用户界面应简洁直观，易于操作，适应不熟悉技术的用户	界面设计、用户指导、操作简便性
生理和心理反应	避免晕动病和减少长时间使用造成的眼睛疲劳或其他生理不适	画面更新率、用户环境控制、适应性反馈
技术的普及和接受度	影响因素包括成本、文化差异及用户对新技术的开放程度	成本效益、文化适应性、教育推广
无障碍设计	设计应考虑所有用户的需求，特别是有特殊需求的用户	用户界面可访问性、功能调整、多样化输入支持

3. 内容的局限和更新

在景区研学活动中，虚拟现实（VR）技术的内容更新和局限性是其应用面临的重要问题之一。调查显示，高达87.66%的受访者表示新技术实现的过程所要克服的最大挑战是内容创新的问题。虚拟现实内容的制作成本较高，同时更新周期也较长，这会导致夫子庙景区采用的VR内容无法及时反映最新的历史研究成果或景区内的展览变化。当前提供的VR内容相对单一，难以满足不同游客的需求和兴趣。例如，博物馆研学旅行虽涵盖了丰富的历史文化内容，但VR技术目前可能无法全面呈现这些内容的多样性，如果游客对特定历史时期或文化方面感兴趣，而VR内容中未涵盖相关内容，这会降低游客的参与度和体验感。同时VR技术本身的局限性也会影响到内容的更新速度和多样性。例如，一些复杂的历史场景或文化遗迹可能难以用VR技术全面还原。

解决这些问题的关键在于加强技术开发和内容制作团队的合作，提高内容更新的效率和速度。此外，还需要不断探索新的VR技术应用方法，以丰富研学活动中的虚拟体验内容，满足不同游客的需求和兴趣。

4. 物理与虚拟环境的脱节

虽然VR可以模拟历史场景，但它不能完全替代在现场实地学习的历史氛围和文化底蕴。VR主要依赖视觉和听觉，其他感官体验如嗅觉和触觉无法通过当前的技术得到有效模拟。尽管VR技术为许多历史文化类景区的研学活动带来了新的发展可能，但上述问题和挑战需要得到妥善解决，以充分发挥其教育潜力。未来的发展需要关注成本效益、用户体验、内容丰富性和技术可靠性等关键方面，以提高这项技术在教育领域的应用效果和普及程度。

（二）解决途径

1. 载体创新设计

结合虚拟现实技术的创新性设计方案的重点在于贴合用户期望，符合市场需求，依据调查数据和现有案例分析，提出如下可行设计方案：

一是教育游戏。根据调查数据，教育游戏受到了游客较高的关注和兴趣，70.78%的受访者对其表示了兴趣。这一数据，反映出将教育游戏融入虚拟研学产品是满足用户期待和提高体验满意度的有效策略。通过设计和实现涵盖教育价值、互动性、历史文化准确性和用户友好性的教育游戏，夫子庙景区的虚拟研学产品不仅能提高用户的满意度和体验感，还能有效地传承和普及中国传统文化，符合用户期望和需求。

二是历史场景再现。从调查数据中可以看出，用户对夫子庙等景区虚拟研学产品中历史场景再现的需求非常高，90.26%的受访者表示希望改善或增加这一体验。这一高比例反映了用户对深入了解夫子庙及其历史文化背景有着强烈的兴趣，同时也显示了用户对于教育内容的丰富性和有趣性有很高的期望。依据历史资料和考古发现，借助虚拟现实技术精准再现夫子庙及其周边历史建筑的外观、内饰以及周边环境，围绕夫子庙的历史事件和文化特色，设计富有教育意义和趣味性的故事情节，能够提高用户的学习兴趣，同时通过结合虚拟导游或解说系统，为用户提供历史背景、文化知识和场景介绍，可以帮助用户更好地理解和吸收信息。用户对于夫子庙景区虚拟研学产品中历史场景再现的需求明确且迫切，这要求产品设计者在保证历史准确性的基础上，通过创新的交互设计和丰富的故事情节，提升研学活动中的沉浸式体验和学习兴趣，从而满足用户的期望并增加产品的吸引力。

三是互动性的儿童探索活动。通过互动和游戏化的元素，引导儿童学习夫子庙的历史和文化。主要面向年龄在6至12岁之间的儿童，适合家庭一同参与。例如寻找历史上失落的宝物或帮助历史人物解决问题，故事情节需要能够帮助孩子们通过角色扮演进入游戏，提高参与感和兴趣。活动过程中需要一定的任务和奖励机制，包括寻宝任务、解谜游戏和小型挑战，这些都与夫子庙的文化和历史知识相关；同时为了提高活动开展对象的广泛性，设计多级任务，难度应适合不同年龄层的儿童，鼓励他们探索和学习。技术层面上充分利用移动应用或网页平台结合集成AR技术，使活动中的任务与实际景点虚拟互动，如使用设备扫描真实景物来解锁游戏内容。考虑到互动性元素，游戏中可以加入角色对话和选择题，设计点对点挑战或合作任务，增加教育内容的互动性，鼓励家庭成员或朋友间的互动。这种互动式儿童探索活动不仅提供了一种新颖的学习方式，还能够促进家庭互动和跨代间的文化传承，为夫子庙景区的文化教育带来更多可能性。

2. 内容创新思路

第一，基于技术融合的内容设计。技术融合上的创新是指在教育游戏设计和历史场景重现时不再使用单一的虚拟现实再现，而是通过活动形式的创新在产品设计中实现增强现实（AR）技术与虚拟现实（VR）技术的融合。创新性的虚拟研学产品在开展时可以更好地体现出教育与体验的深度融合，通过AR技术增强现实导览的同时，结合VR技术重现重要的历史场景和历史事件，使得学生在夫子庙实地访问时可以通过手机或AR眼镜扫描特定标识，即刻呈现相关历史故事或文化解说，如动画、3D模型展示等。这种即时的信息叠加，不仅丰富了参观者的体验，还加深了对夫子庙文化的理解和记忆。在虚拟环境中，用户可以与其他用户一起参与某些活动或游戏，如在线答题、角色扮演等，这不仅增强了用户的参与感，还提供了一种新型的社交方式。这种活动形式更加注重个性化与参与度，用户可以根据自己的兴趣选择不同的历史场景体验，或参与不同的互动活动，从而获得个性化的学习体验。这种方式可以满足不同年龄层和不同兴趣用户的需求。为了保证良好的活动体验，这种活动形式也面临着一些技术挑战和内容创新上的风险，首先需要解决VR技术可能带来的眩晕问题，以及提高AR技术的识别精度和响应速度。这需要通过优化软件算法和提升硬件性能来实现。与此同时持续更新和丰富虚拟内容是提升用户黏性的关键，需要结合历史学家、文化专家与技术开发人员的共同努力，不断创新和完善内容。通过增强现实与虚拟现实技术的创新融合，景区虚拟研学产品不仅能够提供传统的文化教育内容，还能通过新技术增强用户的体验感、互动性和参与度，从而实现更加生动和有效的学习体验。

第二，基于协同产业链的内容设计。虚拟研学产品的开发需要高质量的VR及AR技术支持，通过与技术供应商合作，可以确保技术的先进性和稳定性，促进技术的优化和升级。与历史学家、文化学者、艺术家等内容创作者合作，共同开发丰富、准确、吸引人的教育内容和故事线，能够提高产品的教育价值和吸引力。景区虚拟研学产品与学校、教育机构合作开展研学活动，将虚拟研学产品纳入教育课程或活动中，促进传统文化教育的创新。这种合作不仅能扩大产品的用户基础，也有助于提升学生的学习兴趣和效率。产业链的上下游整合，文创产品的兴起代表着可以利用虚拟研学产品中的内容和技术，开发相关的文化创意产品，如AR书籍、VR体验盒等，丰富文化消费市场，形成文化产业链的新增长点。建立以景区虚拟研学产品为核心的数字化服务平台，整合酒店、餐饮、交通等相关服务，为用户提供一站式文化旅游解决方案，增强用户体验，促进相关产业的发展。通过产业链协同，景区虚拟研学产品不仅能提升自身的竞争力和市场影响力，也能带动相关产业的发展，形成文化旅游、教育、技术、文创等多产业的协同效应，共同推进传统文化的传承与创新。

虚拟现实技术在南京研学旅行产品中的应用，为传统文化教育与现代科技的深度融合提供了创新路径。通过对南京主要景区的调研，笔者分析了虚拟现实技术在研学旅行中的应用现状、优势与挑战，并提出了教育游戏、历史场景再现和互动性儿童探索活动等创新设计方案。研究表明，虚拟现实技术能够显著提升研学旅行的沉浸感、互动性和教育效果，同时在拓展学习空间、保护文化遗产和促进教育公平方面展现出独特价值。然而，技术成本、用户体验和内容更新等问题仍是当前应用的主要瓶颈。未来，通过技术融合与产业链协同，虚拟现实技术有望进一步优化研学旅行产品的教育功能与市场竞争力，为文化旅游产业的高质量发展注入新动力。

本文为2024年度教育部人文社会科学研究规划基金“游客视角下AIGC影响文旅信息生成机制与数智应用研究”（项目编号24YJA790090）的阶段性成果，并获金陵科技学院南京学研究基地资助

作者简介：汤澍，理学博士，金陵科技学院人文学院教授；张维亚，理学博士，金陵科技学院人文学院院长，教授

论红十字运动对南京博爱之都的历史建构及当代城市精神的塑造影响

聂　涛　陈　丽

摘要：本文在比较中西方文化对“博爱”内涵诠释的基础上，回顾红十字精神对南京博爱之都的历史建构，阐述红十字运动对当代南京城市精神的塑造。研究表明，当代南京依托红十字文化，通过公益活动、应急救护、国际交流等方式，将博爱精神融入城市创新发展，为中国式现代化南京新实践贡献力量，强调红十字博爱精神不仅塑造了南京独特的文化标识，更在提升城市包容性、创新力与社会福祉方面发挥了关键作用。

关键词：红十字运动；博爱之都；南京城市精神；人道主义

习近平总书记指出：“国际红十字运动已经有150多年的历史，红十字组织是全世界影响范围最广、认同程度最高的国际组织。红十字是一种精神，更是一面旗帜，跨越国界、种族、信仰，引领着世界范围内的人道主义运动。”[①]红十字文化的核心——以博爱为根本的人道主义，作为一种理论体系、一种特定的世界观，虽产生、发展、体系化自西方，但在中国文化土

①转引自中国政府网，https://www.gov.cn/xinwen/2015-05/05/content_2857307.htm.

壤中也有现实的基础和历史文化的因素，同时它正服务于中国式现代化建设，成为推动社会进步的重要文化因素。南京红十字会作为“江苏第一个红十字会组织”（时称金陵分会），在中国红十字运动史上具有重要的地位。因此，探讨红十字博爱精神对南京城市文化的形塑作用，不仅有助于深化红十字运动的理论研究，加强对红十字博爱精神的宣传与推广；也有利于增强南京“以文铸城，延续文脉”的文化软实力，推动奋力书写“走在前、做示范”新答卷，为中国式现代化南京新实践贡献力量。

一、博爱视域下的红十字运动及精神内核探析

（一）中西文化比较下的博爱内涵诠释

关于博爱思想，中西文化有着不同的诠释。中国的“博爱”思想，内涵丰富，发端于春秋，丰富于战国，是一种道德情感。西方的“博爱”思想既是一种哲学精神境界，也是一种宗教情怀。①

中国文化中的“博爱”源于儒家的仁爱，其词最初见于《孝经·三才章》曰：“先王见教之可以化民也，是故先之以博爱，而民莫遗其亲，陈之于德义，而民兴行。”②对此，曹元弼引《春秋繁露》曰：“先之以博爱，教以仁也。”③据杨伯峻研究，《孝经》之作，当在公元前3世纪期间，则“博爱”一词的出现，应不晚于战国末期。④又从《春秋繁露》的解释可以看出，所谓“博爱”的内涵，即是仁爱。唐代韩愈继承了这种观点，直言“博爱之为仁”。

众所周知，“仁”奠基于孔子，孔子的思想以“仁”为核心，“仁”的基本内涵就是“爱人”。《论语》记载：“樊迟问仁。子曰：‘爱人。’”⑤所谓“爱人”，乃指主体对他者的同情共感、痛痒相关，这一对

---

①杨清虎：《“博爱”思想研究30年》，《胜利油田党校学报》2015年第6期。

②[唐]李隆基注，[宋]邢昺疏：《孝经注疏》，上海古籍出版社2009年版，第30页。

③[清]曹元弼：《孝经郑氏注笺释》，中国社会科学出版社2020年版，第106页。

④杨伯峻：《经书浅谈》，中华书局1984年版，第109页。

⑤[宋]朱熹：《四书章句集注》，中华书局2011年版，第139页。

“他者”的爱虽始于自然血缘的亲属，却又可推括至由亲及疏的一切人甚至万物。此正孟子所云：“君子之于物也，爱之而弗仁；于民也，仁之而弗亲。亲亲而仁民，仁民而爱物。”[①]张焕君认为：“亲、仁、爱分别对应亲、民、物三种对象，形成三种不同深度的情感：亲的对象是父母兄弟等血缘之亲，仁的对象则扩大为所有人，不分高低贵贱，爱的对象是人类之外的物。”[②]所以，“仁”以人类为界限；在人类内部，“仁”不再有界限，而只有层次的区分。因此儒家思想中的“爱人”之“人”虽有亲疏的分别，却没有高低、贵贱之分，儒家充分尊重每一个人的人格和尊严，并要求个人突破私我的局限，做到“泛爱众而亲仁”，从而具有普遍性的特点。在这一点上，它可以等同于博爱。

杨清虎将这种博爱等同于仁爱的观点，归结为对博爱狭义的解释。除此之外，学界另有一种广义的看法，主张把“博爱”当作一种宽泛的爱，即无差等的爱。[③]所谓“无差等的爱”，在中国古代可以墨子的“兼爱”为代表。“兼爱”是墨子学说的根本观念，其他学说都由此推演而出。所谓“兼爱”，就是互爱、无差等的意思。天下人人视人如己，互相帮助；这样不但利他，其实也正是利己。墨子认为行兼爱可祛除私心，避免争执，消弭战争。他的看法是只要人人相爱，人人摒除自私自利的心，则社会的动乱不生，一切的问题都可迎刃而解了。

墨子的兼爱说，破除了阶级之分、人我之别，具有极崇高的理想。不过，墨子虽强调平等，但对儒家的伦常关系并未加以否定。在他看来，实行兼爱的终极，仍然是使君惠、臣忠、父慈、子孝、兄友、弟悌，正所谓：“视人之国，若视其国；视人之家，若视其家；视人之身，若视其身。是故诸侯相爱，则不野战；家主相爱，则不相篡；人与人相爱，则不相贼；君臣相爱，则惠忠；父子相爱，则慈孝；兄弟相爱，则和调。天下之人皆相爱，强不执弱，众

①[宋]朱熹：《四书章句集注》，第363页。
②张焕君：《论孔子礼学思想中的成人之道与君子养成》，《安徽史学》2012年第1期。
③杨清虎：《“博爱”思想研究30年》，《胜利油田党校学报》2015年第6期。

不劫寡，富不侮贫，贵不傲贱，诈不欺愚，凡天下祸篡怨恨，可使毋起者，以相爱生也，是以仁者誉之。”[①]由人伦的和谐关系，实现“老而无妻子者有所恃养，以终其寿，幼弱孤童之无父、母者，有所放依，以长其身”[②]，这和儒家所说的“大同世界”在本质上是相似的。可见，墨子的兼爱，仍然着眼于政治伦理上的意涵，与红十字运动所强调的“博爱”仍有很大的不同。

与中国文化相比，博爱精神是西方社会基督教文化的基本原则之一，正因如此，基督教也被称为“爱的宗教”。然而从词源上考察，“博爱”一词最早出现于法语的fraternité，语根来自frère。后者是兄弟的意思，因此博爱的字义是兄弟性或兄弟的关系（brotherhood），引申表达全人类有如兄弟一般的关系，即所谓的“四海之内皆兄弟”。随后基督教对其做了新的发展，宣称“上帝面前人人平等”，正如有学者指出“尊重人的尊严，爱护所有的生命包括自己的生命，人和己都是构成神人关系链条上的重要因素”[③]。这种建立在宗教信仰基础之上人与人之间平等的相爱，无疑是“人类历史上第一个较为明确完整的博爱思想”[④]，具有进步的意义，启迪了后世资产阶级平等、博爱等西方近代社会思潮的诞生。

总之，在中国文化语境中，无论是孔孟儒家的“仁爱”，还是墨子的“兼爱”，其与“博爱”相关的内涵大致都是指人与人之间的一种情感态度，突破了宗子之爱、血缘之亲，能够广泛地爱一切人。[⑤]但是，由于儒、墨二家本身学说的政治伦理色彩，加之实施者个人道德修养的高低不齐，都对“博爱”的实际推行产生了一定的影响。而西方文化突破了宗教的范围，最终发展为爱全人类的博爱，自有其发展的线索、价值和局限。

---

①[清]孙诒让：《墨子间诂》，中华书局1986年版，第94页。

②[清]孙诒让：《墨子间诂》，第107页。

③李春华：《基督教“博爱”与儒家“仁爱”之共同现实价值》，《承德民族师专学报》2009年第4期。

④李春华：《基督教“博爱”与儒家“仁爱”之共同现实价值》，《承德民族师专学报》2009年第4期。

⑤李春华：《基督教“博爱”与儒家“仁爱”之共同现实价值》，《承德民族师专学报》2009年第4期。

（二）红十字运动的精神内核

作为一种文化，红十字文化集中体现在其性质、宗旨和原则之中。红十字运动自诞生之日起，即以人道、公正、中立、独立、志愿服务、统一和普遍为七大基本原则。《中华人民共和国红十字会法》把中国红十字会的性质和宗旨定义为“保护人的生命和健康，发扬人道主义精神，促进和平进步事业”的社会救助团体。[①]在这七项原则中，“人道”原则是红十字文化最直接的体现，它要求不加歧视地救护战地伤员，在国际和国内两方面努力防止并减轻人们的疾苦，保障人类尊严，保护人的生命和健康，促进人与人之间的相互了解与合作，从而促进持久和平。[②]这个原则是“红十字所有工作的基础。红十字运动的宗旨在于采取适当的行动，以确保人类的痛苦不会受到漠视。从这方面而言，人道原则并不是代表一种‘交易’或哲学，它代表的是一种休戚与共的精神及救助人间苦难的实实在在的具体行动。同时，它认同人类一向共同关注的、跨越了所有界限的大事：即人类的未来”[③]。从文化哲学的角度看，红十字运动及其所凝聚的红十字文化，其精神特质的核心话语就是“人道主义”。什么是人道主义？一般来说，人道主义就是“对人的价值的重视，对人的尊严的关注，对人的自由的追求，对人的命运的关怀，对人的幸福的向往，对人的解放的论证，对人的全面发展的憧憬等等”[④]。正如有学者指出的，“红十字文化包括由人道主义发展出的一系列的文化手段和措施，因此，弄清楚‘人道主义’是了解红十字文化的关键”[⑤]。

（三）红十字运动博爱精神与儒家、基督教的区别

在历史的长河中，同样遵循这种人道理念，中、西方创造出形式各异的

①《中华人民共和国红十字会法》，转引自中国政府网，2005年8月1日。

②转引自中国红十字会总会官网，https://www.redcross.org.cn/.

③袁惠章、叶家宪：《红十字会现代管理简明教程》，上海医科大学出版社2000年版，第85页。

④海泉：《要充分体现人道主义的特色》，《中国红十字报》1989年5月5日。

⑤徐志成、常康、黄良才、窦迎华：《红十字文化与社会主义核心价值体系的辩证关系》，收入江苏省红十字会编《红十字运动：传承与发展》，东南大学出版社2013年版，第12页。

文化体系，中国儒家的仁爱，西方式的博爱，其背后都深藏着人与人之间休戚与共的情感联结、同情和无私的道德情操。可以说，博爱文化是全人类共有的精神财富。

不过，与儒家仁爱发端于血缘亲情、基督教基于宗教信仰的博爱不同的是，红十字人道主义的最大特点是“一视同仁地保护人的生命和健康、不加歧视地帮助最易受损和陷入困境的人”①。红十字运动人道主义式的博爱发端于战场的人道救助的实践基础，以改善最易受损害群体境遇为行为目标，因而其人道主义的实施，真真正正要求“博爱”精神的贯彻，从而成为超越社会制度、意识形态的人类合作，从根本上体现了人类互爱互助的精神。正如池子华所说的：“无论是西方基督教文化、欧洲文艺复兴的人本主义思潮、欧洲资产阶级革命的‘自由、平等、博爱’以及中国文化的‘仁爱’思想都被红十字所汲取，整合成超越种族、国界、宗教信仰、阶级、意识形态的具有‘普世价值’的博爱文化，显示出无穷的魅力。”②

总而言之，红十字博爱精神是人类历史长河中追求和平进步、走向文明社会的一朵奇葩，是人类先进文化的重要组成部分。③这种中立、不带主观偏见、摒弃个人喜恶、不搞厚此薄彼、力求平等相待的“广博大爱”，方为红十字博爱与儒家仁爱以及西方式博爱的根本区别。

二、红十字运动对南京博爱之都的历史建构

（一）现有框架内对南京博爱之都论述的特色与不足

南京作为博爱之都，在城市形象建构过程中，既有口口相传的民众基

①张立明：《红十字文化的主要内容和功能》，收入氏著《红十字人道事业：改革与发展管见》，合肥工业大学出版社2013年版，第196页。

②池子华：《博爱文化与城市精神》，收入氏著《红十字运动：历史与发展研究》，合肥工业大学出版社2013年版，第18页。

③郝如一、刘斌：《试论社会主义核心价值观与红十字精神的契合与践行——学习习近平同志关于社会主义核心价值观论述的体会》，收入池子华等主编《红十字运动研究》2015年卷，合肥工业大学出版社2015年版，第55页。

础，也有作为官方渠道的正式阐释。在民间与官方的双重互动下，构成了现有城市形象的塑造和传播。但无论是官方渠道还是民间渠道，目前来看对南京城市形象的概括还存在一些薄弱环节。一方面，对南京新城市精神的历史梳理还存在不足，人们更多简单地从历史人物形象和地标性建筑中加以联想和推演，而对其中复杂的历史构成和演进缺乏足够论述，一定程度上存在传播面广但内涵不够深刻的缺陷；另一方面，对现实的指导性和工作导向性也还存在一定的不足，在满足于排他性的概念区别之外，如何通过城市精神的进一步塑造，不断凸显城市精神自身标识，使其成为自觉和不自觉的文化名片，还需要现实的工作路径和有力的工作支撑。为此，有必要通过对历史和现实的情况加以甄别分析和研究，不断丰富和拓展城市精神内涵，为南京新城市精神的塑造作出积极贡献。

（二）孙中山“博爱”精神的形成与红十字运动的渊源

“博爱”作为南京城市精神的主要内涵之一，起源于孙中山先生。历史地看，“博爱”价值秉持和精神追求在孙中山的革命生涯中占据了重要位置，也是其最主要的政治学说。孙中山“博爱”精神有其具体的形成过程，而与此有着相同价值追求的红十字运动也在一定程度上直接或间接参与了其“博爱”精神的塑造和实践。

生于1866年的孙中山幼年曾入村塾读书，接受传统教育，“所习功课除了练习写字，有《三字经》《千字文》《幼学故事琼林》《古文评注》，以及‘四书’‘五经’选读等”[①]。对于中国传统文化中的“仁爱”学说，孙中山首推墨子。他后来曾指出，古代最讲“爱”字的莫过于墨子，墨子所讲的“兼爱”，与耶稣所讲的“博爱”是一样的。在孙中山看来，“博爱”就是中国古代众多思想家们所谓的“仁”。从1878年开始，孙中山先后在檀香山、广州、香港等地比较系统地接受西方式的近代教育，尤其在檀香山曾就读于基督教学校，《圣经》中包含的“博爱”思想也潜移默化地影响着他。

①尚明轩：《孙中山传》，文化艺术出版社2008年版，第13页。

在檀香山意奥兰尼学院和奥阿厚学院，“他在不断的宗教灌输中被基督教义所吸引，对其中的平等、博爱的内容十分感兴趣，热心地背诵《圣经》，觉得比中国儒教‘君君臣臣父父子子’那一套严格的封建等级制度要好得多”[①]。1883年，十七岁的孙中山受洗成为一名基督教徒。在先后接受了传统和现代教育以及基督教教义的灌输之后，孙中山心中已经埋下了“博爱”的种子，这为其后来支持红十字运动打下基础。

除了中西方关于“博爱”的理论和学说成为孙中山“博爱”思想的重要来源之外，人道主义作为红十字文化的核心价值观，与孙中山“博爱”精神在价值诉求上有着高度的重合。实际上，孙中山也用自身的实际行动支持和宣传红十字精神，实现了红十字运动与孙中山“博爱”精神的双向互动。

1895年广州起义失败后，流亡海外的孙中山于1896年在伦敦遭清廷诱捕，经红十字会英国伦敦支队和香港红十字会的创始人康德黎及红十字会等力量营救获释。滞留伦敦期间，他系统研究西方政治经济著作，并与伦敦红十字会柯士宾医生结下深厚友谊。1896年冬，应柯士宾之请，孙中山将《红十字会救伤第一法》译成中文，首次将红十字救助体系引入中国。该译著既包含专业急救知识，也承载人道主义精神，北伐期间更成为卫生员培训范本。孙中山不仅翻译出版了《红十字会救伤第一法》，为红十字在中国的诞生做出了贡献，“中国红十字事业的发展，同样得到孙中山的呵护”[②]。1904年，在日俄战争的催生下，由中、英、法、德、美五国合办的上海万国红十字支会成立。1907年，中国红十字会实现自办。1912年辛亥革命后，孙中山热心支持中国红十字会向当局提交的“立案”申请。正是在其支持下，同年2月，中华民国临时政府内务部正式为中国红十字会办理了“立案”事宜。

此外，作为中国红十字运动的先驱者，孙中山的“博爱”思想对中国红十字事业的发展同样有着非同一般的影响。1921年，孙中山为番禺红十字分

①尚明轩：《孙中山传》，第21页。

②池子华：《略论孙中山对中国红十字运动的贡献》，《民国档案》2006年第6期。

会题写“博爱”墨宝，该手迹不仅载入红会史册，更成为《博爱》期刊命名之源。其倡导的人道理念与红十字精神深度契合，为中国红十字运动注入持久精神动力。①

从译介急救手册到确立法定地位，孙中山始终以革命家胸怀推动红十字事业。这种跨越中西的融合，既体现人道主义全人类共同价值，更彰显近代中国接纳现代文明的特殊路径。

（三）红十字金陵分会的战火仁心

1904年上海万国红十字支会成立后，南京红十字会的前身金陵分会依托东南经济重镇与两江总督驻地优势应运而生，成为江苏首个红十字组织。辛亥革命期间，中国红十字会协助重建并正式更名为南京分会，成为首批官方认证的地方分会。1911年南京战役期间，分会于雨花台设立战地医院，组建掩埋队收殓700余具遗体，立碑永志。1913年“二次革命”紫金山血战中，分会将鼓楼等医院转为红十字救治中心，收治1900余名伤兵，会长于恩绂自筹资金掩埋7350具遗骸，并救助600余名战火孤儿。至1926年，分会已发展出下关、江浦等分支机构。

全面抗战爆发后，南京分会承担2万余名前线伤员转运救治，组织志愿者实施医疗护理、代写家书等人道服务。南京沦陷期间，留守的下关办事处持续开展施粥、掩埋、医疗救助，与南京安全区国际委员会协作赈济难民，在极端困境中延续红十字精神命脉。正如学者所言：“在红十字总会失去联系的艰难时期，在缺乏人力、物力、财力的险恶环境中，南京红十字分会竭尽其所能展开人道救援运动，为中国红十字会的抗战救护工作书写了光辉的一页。”②

（四）红十字精神与南京城市文明的共生演进

南京红十字会不仅积极通过人道主义的战争救护来诠释博爱精神，体现对个人生命的关爱，而且在中华人民共和国成立后继续通过积极开展各项社

①池子华：《略论孙中山对中国红十字运动的贡献》，《民国档案》2006年第6期。

②池子华、郝如一：《近代江苏红十字运动》，安徽人民出版社2007年版，第181页。

会救助活动，传递博爱理念，让博爱融入南京的历史血脉。

2000年以来，南京红十字会的博爱公益活动蓬勃开展，其中，与新光医院联合开展了博爱公益体检活动，近千名各界人士接受了免费体检；与南京电视台新闻综合频道联合成立“每日观察红十字博爱基金”，为建立中华骨髓库江苏分库开展定向募捐活动；定期前往监狱，为民警以及服刑人员开展健康知识讲座、应急救护知识培训和体检等活动；为救助南京地区14岁以下困难儿童家庭，特别设立“红十字金陵宝宝博爱资金”；等等。

当前，南京红十字会作为开展社会公益活动的一支重要力量，继续参与南京的城市建设，并以其自始至终的人道主义追求参与城市精神的塑造，成为南京博爱城市名片上的一笔重要色彩。

三、红十字运动与当代南京城市精神的再塑造

党的二十大报告指出，当前世界百年未有之大变局加速演进，新一轮科技革命和产业变革深入发展。在坚守中华文化立场，提炼展示中华文明的精神标识和文化精髓，加快构建中国话语和中国叙事体系的同时，更要深化文明交流互鉴，推动中华文化更好地走向世界。南京作为中国“四大古都”之一和唯一的“世界文学之都”，有近2500年的建城史和近450年的建都史，历史底蕴深厚，名胜古迹众多，文化遗产丰富。正如学者所指出的，当代南京最大的文化使命，就是“提供一种中华古都的文化传承、保护、创新与发展及东南门户大都市发展建设的新模式”①，为中国式现代化南京新实践贡献力量。

（一）红十字博爱精神与历史文化名城的现代交融

正所谓不拒众流，方为江海。包容性是“城市具有活力的重要原因之一，尤其在信息化的世界里，没有一座城市能仅仅依靠其内部成员所创造并继承下来的（或引进的）单一文化样式而生存与发展”②。对南京来说，红

---

①贺云翱等：《文化南京：历史与趋势》，江苏人民出版社2020年版，第334页。

②陈柳钦：《城市文化:城市发展的内驱力》，《学习论坛》2011年第1期。

十字运动的“博爱”精神正是塑造城市包容特征、展示历史文化名城多元魅力、提高国际影响力的重要因素之一。

第一，红十字博爱精神是人类先进文化的重要组成部分，是建构南京城市文化和落实“人类命运共同体”理念的重要基石。先进文化是人类文明智慧的结晶，必然包含人类过去创造的一切文明成果，同时具有鲜明的民族性、传承性、现代性和国际性。自传入中国后，红十字会便积极地发挥着人道主义的作用。南京红十字会倡导的博爱精神早已和南京城市文化融为一体，有助于促进南京这一历史文化名城在现代化进程中传统与现代、中西方优秀文化的有机融合，奠定其走向现代化的文化基石。

同时，红十字博爱精神也与人类命运与共的“一体”理念相互契合，构建人类命运共同体思想“站在人类整体利益的高度，契合各国人民的共同愿望，顺应全球治理体系改革潮流”①；“超越了民族、国家和意识形态的界限，以维护人类利益、关注人类命运为价值诉求”②。红十字博爱精神与古都南京的现代交融，将进一步彰显南京城市的国际化因素，打造构建人类命运共同体的城市样板。

第二，红十字博爱精神是建构城市特色的重要基础。任何城市都有特征和个性，没有特征和个性的城市很难成为世界知名的现代化大都市。作为中国民主革命的先行者，深受红十字运动精神影响的孙中山先生一生提倡博爱；作为人道救援组织的南京红十字会，在不同的历史时期，虽经历数次劫难，却依然高举人道主义大旗，出没在枪林弹雨中，服务于社会的广阔天地，矢志不渝。近年来，南京市红十字会多次举办“南京市遗体器官捐献者纪念日”公祭仪式，积极开展无偿献血、造血干细胞捐献工作，全年造血干细胞入库采样人数，位列全省、全国同类城市第一；继续稳步开展艾滋病预

①“人类命运共同体与国际法”课题组：《人类命运共同体的国际法构建》，《武大国际法评论》2019年第1期。

②杨宏伟：《“人类命运共同体”：走向“自由人联合体”的当代路径》，《理论学刊》2017年第2期。

防教育工作，教育普及大学生数万多人次；组织红十字方队，参与侵华日军南京大屠杀死难者国家公祭活动及南京安全区国际和平徒步活动；与侵华日军南京大屠杀遇难同胞纪念馆联合举办《劫难之后：从1937南京记忆到1949文明的庇护——纪念日内瓦公约签署70周年》主题展览，争取中宣部、总会等部门支持，筹划在瑞士日内瓦举办《共同见证：1937年南京记忆》史实展，宣传红十字会在战争中不可遗忘的人道贡献。

可以说，中国历史悠久的古都不止南京，然而在所有古都中，深具博爱精神和人道主义实践的却只有南京。红十字运动的博爱精神本身构成了南京城市的重要特征和个性。

第三，红十字博爱精神是塑造城市魅力的强有力因素。城市魅力是城市发展的动力之一，它是城市现代化过程中能否吸引人流、物流、财富流和信息流的重要条件，也是建设幸福城市、现代化城市的重要指标。与南京红十字运动相关的史迹、纪念馆等文化景观，不但与许多重要人物和事件产生过联系，更是促进城市文化产业及旅游产业发展的重要资源和动力。红十字运动背后的“博爱”精神和人道主义理念，更是推动精神文明建设、社会教育事业发展，提高市民文化素养不可或缺的精神财富。两相结合，可以形成区别于其他城市的独特魅力。

如南京市红十字会近年实施公益性应急救护百万培训项目，高质量完成“设置500台AED，新增10万CPR+AED持证救护员培训”南京市2021年民生实事项目。加强救护师资注册管理与服务，新增1000名CPR+AED救护师资。推进公益救护培训“五进”活动，做好公安、城管、交通、学校等重点领域的应急救护技能培训。广泛推动“一键互救”APP普及应用，显著提升南京现场急救效率。推进学校生命健康安全教育体验教室建设，支持建设3个左右生命健康安全教育体验教室，已建成的体验馆实现对中小学生免费开放。切实发挥救护培训基地作用，把救护培训基地（生命体验馆）为民服务成效纳入年度工作评估内容。进一步规范5A级景区救护站建设，力争实现4A级景区救护站全覆盖。

总之，博爱文化与城市精神是一种良性互动的关系，城市精神呼唤博爱文化的注入，博爱文化则以城市精神为载体而弘扬光大。①

（二）红十字博爱精神对中国式现代化南京新实践的作用

奋力谱写“强富美高”新南京现代化建设篇章，既要践行创新理念、深化创新实践，又要焕发创新精神、激扬创新力量。说到底，文化是创新的灵魂，优秀的人才“只有在创新的文化环境中，才能发挥潜能，完成重大成果，开创卓越的事业”②。红十字博爱精神作为一面旗帜、一种文化，可从以下几个方面为中国式现代化南京新实践贡献力量。

第一，红十字博爱精神能提高城市创新硬核力，升华企业主体的精神境界。历代红十字人出生入死，用人道之光驱散战争投下的阴霾，以博爱懿行给陷入困境的芸芸众生带来生活的希望。他们以无私奉献的精神铸就了一个又一个辉煌。③在“强富美高”新南京现代化建设中，企业主体是城市科技创新的关键和硬核。优秀的企业家除了具备开拓进取的胸怀气魄之外，还必须具有无私奉献的崇高精神，能够拒绝一切私利诱惑，不畏险阻，默默实践，这样才能在完全将创新要素转化成经济增长的内生要素的同时，反馈于社会、城市发展。红十字的博爱精神正好是一份宝贵的精神财富。如南京市红十字会精心筹划和培育受群众欢迎、可持续发展的“博爱易捐”“百度爱心厨房”等人道公益项目，打造“博爱时间银行”公益平台，积极搭建爱心企业履行社会责任、爱心人士服务社会的平台，实现了遗体器官捐献、无偿献血、造血干细胞捐献、应急救援志愿者的高质量增长。因此，在社会或企业中倡导红十字博爱精神，能够对企业主体的精神境界起到升华的作用。

第二，红十字博爱精神能提高城市创新活力，拓展创新主体的思维水平。创新思维是指以新颖独创的方法解决问题的思维过程，通过这种思维能

①池子华：《博爱文化与城市精神》，收入氏著《红十字运动：历史与发展研究》，第20页。

②徐冠华：《大力构建有利于创新的文化环境》，《中国软科学》2001年第3期。

③池子华：《人道的光辉——纪念中国红十字会建会110周年》，收入氏著《红十字运动：历史审视与现实思考》，合肥工业大学出版社2016年版，第30页。

突破常规思维的界限，敢于打破思维定式和偏见，以超常规甚至反常规的方法、视角去思考问题，提出与众不同的解决方案，从而产生新颖的、独到的、有社会意义的思维成果。

红十字博爱精神跨越国界、种族、信仰的界限，本身就是一种开放博大的思维境界。在经济全球化深入发展的今天，创新资源在世界范围内加快流动，各国经济科技联系更加紧密，任何一个国家都不可能仅仅依靠自己的力量解决所有创新难题。[①]中国工程院院士、同济大学副校长吴志强在2020年首届中国城市与高校发展论坛上说："创新是多基因组合的生命力。城市要创新，就要打开胸怀、广纳谏言。创新，就是把年轻人放出去接受教育，再把接受过高等教育的人才吸纳回来，让不同的人才、不同的头脑、不同的专业领域，即不同的基因汇聚在创新的热土上，实施头脑风暴，开启思想碰撞，共谱生命火花。这是城市生命力，也是创新力的第一要素。"[②]因此，创新主体必须具备胸襟开放、兼容并蓄的思维水平，在开放创新中提升自己，实现更高层次的自主创新，促进自立自强、守正创新的精神品格。

第三，红十字博爱精神能提高城市创新动力，保障创新人才的培育沃土。人才的出现需要环境，正所谓"制度环境越完善，法律越完备，政策制定越有效，越有利于创新人才发挥作用。城市创新文化能有效激发社会各阶层的创新活力，提升城市创新主体积极性，为城市持续创新提供合适的思想土壤和文化氛围"[③]。红十字文化的核心价值观是人道主义，强调保护人的生命和健康以及对最易受损人群的关怀和扶助。[④]因此作为一种文化价值，提倡与传播红十字博爱精神，可以为创新性人才的培育提供适宜的发展

①赵永新：《人民日报科技杂谈：自主创新与开放创新》，《人民日报》2018年10月8日。

②吴志强：《城市与高校协同发展：中国高质量发展新的里程碑》，《中外建筑》2021年第1期。

③章文光、肖彦博：《创新型城市试点选择的多维影响因素分析——基于2006—2016年事件分析》，《上海行政学院学报》2020年第6期。

④池子华、郭进萍、邓通、李攀：《红十字：文化传播、危机管理与能力建设》，合肥工业大学出版社2014年版，第25页。

环境，从而推动人才资源的开发，加快培育新质生产力，推动实现高质量发展。

第四，红十字博爱精神能提高城市创新造福力，贯彻以人民为中心的发展理念。加强科技创新，服务经济发展的同时，也要服务社会发展。不断增强人民群众的获得感、幸福感、安全感，是谱写“强富美高”新南京现代化建设的重要标识。南京市红十字会紧扣新时代发展目标，协助党委政府把民生保障的网织得更密、扶贫济困的底兜得更牢。多次组织实施“博爱送万家”“养老照护志愿服务”“博爱光明行”等品牌项目。继续推进“4+X”模式博爱家园建设，通过情景剧、歌舞、演练、现场教学等形式，向广大市民宣传人道理念，普及自救互救、防灾减灾知识，传播社会正能量。创新发展红十字智慧公益，开发“一键呼救”“博爱易捐”“无偿献血智慧管理”“博爱时间银行”等4个网络服务平台，实现服务困难群众“零距离”，打通联系群众的“最后一公里”。

提倡与传播红十字文化所倡导的人道、博爱与奉献的高尚精神，可以引导广大社会创新主体和企业秉承科技造福民生的基本价值取向，提升产品和服务安全性，杜绝伤害消费者行为的发生，使科技进步与创新更好地为幸福生活服务，让城市的发展更有温度，展现南京在推动高质量发展中实现高品质生活和高效能治理的美好画卷。

总之，红十字博爱精神对南京城市文化的形塑作用影响深远，进一步加强和拓展红十字运动理论研究，充分挖掘红十字文化内涵，广泛传播红十字博爱人道理念，对加快推进中国式现代化南京新实践具有不可低估的价值。

作者简介：聂涛，文学博士，金陵科技学院人文学院副教授；陈丽，管理学博士，金陵科技学院人文学院副教授

NANJINGXUE

文献考释与史料译编

《宋本建康实录》所载职官、时间及名称补正十八则

韦统顺　黄少聪

摘要：唐人许嵩著有《建康实录》一书，在其所注引的六十余部古籍中，除九部正史外，绝大多数文献均已散佚，这使得《建康实录》有着较高的文献保存价值。但许嵩个人并不具备“铨次旧闻，裁成义类”的史才，导致该书存在诸多错讹之处。本文根据相关史料，对《建康实录》中所载职官、时间及名称错讹进行补正，共涉及十八则。

关键词：许嵩；《建康实录》；六朝；补正

许嵩著有《建康实录》二十卷，叙述六朝史实，保存丰富史料，其中不少为正史所未载，具有较高的文献价值。该书今存最早版本为南宋绍兴十八年（1148）翻刻本，为后世诸本之源。清乾隆时期编纂《四库全书》，亦将《建康实录》收入其中。晚清学者甘曾沂曾对《建康实录》进行校订，民国学者郦承铨著有《建康实录校记》两卷。近年学界对《建康实录》有三种点校本，分别是1986年中华书局点校本（张忱石点校，2009年、2024年再版）、1987年上海古籍出版社点校本（孟昭庚等点校）、2020年南京出版社点校本（张学锋、陆帅整理）。笔者曾通过与相关文献

比对后发现该书中有关职官、人名、时间等内容仍存在诸多谬误，并撰文说明。[①]今再以南宋绍兴本《建康实录》为底本，补正《建康实录》各本涉及的职官、时间及名称之误，共十八则。不当之处，祈望方家指正。

一、职官

1.“卫军将军”当为“卫将军”，“文宣侯”当为“宣侯”

《建康实录·宋世祖孝武皇帝》载，孝建三年（456）春正月，“以骠骑将军建昌公到彦之，卫军将军新建文宣侯王华，豫宁文侯王昙首配食太庙”[②]。

按，《宋书·王华传》记载元嘉四年（427）王华去世后，“追赠散骑常侍、卫将军”。元嘉九年（432），宋文帝又追封王华“新建县侯，食邑千户，谥曰宣侯”[③]。《南史·王华传》载：“王华，字子陵……（元嘉）四年卒，年四十三。（元嘉）九年，以诛羡之功，追封新建县侯，谥曰宣。”[④]《册府元龟》记载王华去世时，“追赠散骑常侍、卫将军。元嘉九年，文帝思诛徐羡之功，追封新建县侯，食邑千户，谥曰：宣侯”[⑤]。

“卫将军”之职始于西汉，南朝时，“卫将军多省称作卫军”[⑥]。如王弘为卫将军时，宋文帝称其为“卫军”。[⑦]这种习俗一直延续至唐代，王述任卫将军，唐修《晋书》记载其为“卫军”。[⑧]隆昌元年（494）齐庐陵王萧

①韦统顺、朱寒冬：《〈建康实录〉史实纠谬十二则》，《南京学研究》（第八辑），南京出版社2023年版，第279—291页。

②[唐]许嵩：《宋本建康实录》卷十三《宋世祖孝武皇帝》，国家图书馆出版社2017年版，第4册，第14页。

③[梁]沈约：《宋书》卷六三《王华传》，中华书局1974年版，第1678页。

④[唐]李延寿：《南史》卷二三《王华传》，中华书局1975年版，第627页。

⑤[北宋]王钦若等：《册府元龟》卷二百零九《念功》，中华书局1960年版，第2502页。

⑥柳向春：《中华本〈南齐书〉校勘记失误举隅》，《古籍研究》2003年第2期。

⑦[梁]沈约：《宋书》卷四二《王弘传》，第1317页。

⑧[唐]房玄龄等：《晋书》卷二十《礼志中》，中华书局1974年版，第616页。

子卿任卫将军，姚思廉于《梁书》中亦称其为“卫军”。[①]也正是因为时人口语通常将“卫将军”简称为“卫军”，故史家撰写史书时也会出现将“卫将军”误写为“卫军将军”的情况。如柳向春便指出《南齐书·王俭传》中“卫军将军”当为“卫将军”[②]，而《建康实录》此处记载当与《南齐书·王俭传》记载失误原因一致。

2.“骁骑”当为“骠骑”，“开府仪同三司”当为“开府同三司之仪”

《建康实录·王茂传》记载：“王茂字休远，太原祁人……建康平，拜领军将军，进司空，加骁骑、开府仪同三司、江州刺史。”[③]

按，《梁书·王茂传》及《南史·王茂传》均未载王茂生前曾任骁骑将军一职。查史籍发现，王茂同时任江州刺史、开府且带有将军军职的是在天监十二年（513），“出为使持节、散骑常侍、骠骑将军、开府同三司之仪、都督江州诸军事、江州刺史”[④]。关于此事，李延寿删去“持节”“都督诸军事”等记载，《南史·王茂传》载：“徙骠骑将军、开府同三司之仪、江州刺史。”[⑤]

天监六年（507）设置左、右骁骑将军，位在第十一班，多由文臣兼领。“骠骑将军”为高级军职，西汉时就有，魏晋南北朝沿置，为重号将军之一。王茂为南梁开国元勋，一生所立军功无数，因而任“骠骑将军”更为合理。胡三省则指出：“梁官制有开府同三司之仪，在开府仪同三司下。”[⑥]

3.“南康王中兵参军”当为“西中郎中兵参军”

《建康实录·蔡道恭传》记载：“（蔡）道恭累以战功为南康王中兵

①[唐]姚思廉：《梁书》卷二二《太祖五王传》，中华书局1974年版，第339页。
②柳向春：《中华本〈南齐书〉校勘记失误举隅》，《古籍研究》2003年第2期。
③[唐]许嵩：《宋本建康实录》卷十八《王茂传》，第5册，第70、71页。
④[唐]姚思廉：《梁书》卷九《王茂传》，第177页。
⑤[唐]李延寿：《南史》卷五五《王茂传》，第1353页。
⑥[北宋]司马光著，[元]胡三省注：《资治通鉴》卷一四七“梁武帝天监九年春正月”条，中华书局2013年版，第4725页。

参军。”[①]

查《梁书》及《南史》，蔡道恭未曾任“南康王中兵参军”一职。按，《梁书·蔡道恭传》载：“齐南康王为荆州，荐（蔡道恭）为西中郎中兵参军，加辅国将军。”[②]《南史·蔡道恭传》亦载：“蔡道恭……仕齐为西中郎中兵参军，加辅国将军。”[③]据《梁书》记载可知，蔡道恭“西中郎中兵参军”一职乃是由南康王举荐，因而许嵩误认为其担任“南康王中兵参军”，由此出现撰史之误。

4.“宣武校尉”当为“宁蛮校尉”

《建康实录·韦叡传》记载：“韦叡字怀文，京兆杜陵人……以功封平北将军、宣武校尉、雍州刺史。”[④]

按，《梁书·韦叡传》记载韦叡于天监十四年（515）“出为平北将军、宁蛮校尉、雍州刺史”[⑤]。王钦若等人沿袭《梁书》观点，《册府元龟·退让》载：“韦叡，天监十四年出为平北将军、宁蛮校尉。”[⑥]《册府元龟·矜伐》亦载：“梁韦叡为平北将军、宁蛮校尉，雍州刺史。”[⑦]且查史书可发现，东晋南朝有“宁蛮校尉”，而无“宣武校尉”。“宁蛮校尉”为晋安帝时刘裕所设，负责雍州地区少数民族事务，治所为襄阳，此后南朝各代均沿置。韦叡既为雍州刺史，则兼领“宁蛮校尉”一职合于情理。

5.“左将军”当为“左卫将军”

《建康实录·江淹传》记载：“天监元年为左将军，封临沮县伯。”[⑧]

按，《梁书·江淹传》记载天监元年（502）江淹“为散骑常侍、左卫将

---

①[唐]许嵩：《宋本建康实录》卷十八，第5册，第75页。
②[唐]姚思廉：《梁书》卷十《蔡道恭传》，第193页。
③[唐]李延寿：《南史》卷五十五《蔡道恭传》，第1364页。
④[唐]许嵩：《宋本建康实录》卷十八《韦叡传》，第5册，第81、82页。
⑤[唐]姚思廉：《梁书》卷十二《韦叡传》，第224页。
⑥[北宋]王钦若等：《册府元龟》卷四百零八《退让一》，第4860页。
⑦[北宋]王钦若等：《册府元龟》卷四百五十一《矜伐》，第5348页。
⑧[唐]许嵩：《宋本建康实录》卷十八《江淹传》，第5册，第89页。

军，封临沮县开国伯，食邑四百户”①。《南史·江淹传》亦载：“天监元年，为散骑常侍、左卫将军，封临沮县伯。”②王钦若等人沿袭《梁书》及《南史》之言，《册府元龟·知足》载：“江淹为散骑常侍、左卫将军。”③

“左卫将军”与“左将军”不同，“左卫将军”一职始设于西晋时期，魏文帝时期设置中卫将军，“及（晋）武帝受命，分为左右卫，以羊琇为左、赵序为右”④，掌京师宿卫营兵。“左将军”先秦就有，秦汉因之，此后魏晋南北朝皆沿置，为重号将军之一。

6.“卫将军”当为“左卫将军”

《建康实录·陈高宗孝宣皇帝项》记载：“（太建）七年春正月乙亥，卫将军樊毅克潼州城。”⑤

按，《陈书·宣帝纪》载：“七年春正月……乙亥，左卫将军樊毅克潼州城。”⑥且据《陈书·樊毅传》载，太建初年（569）樊毅“入为左卫将军”⑦，太建五年（573）、六年（574）、七年（575）军职均未发生变化，直至太建十年（578）南陈吕梁丧师，樊毅“进号平北将军，率众渡淮，对清口筑城，与周人相抗”⑧。《册府元龟》及《资治通鉴》均沿袭《陈书》观点，《册府元龟·交侵》载：“（陈）宣帝……七年正月乙亥，左卫将军樊毅克潼州城。”⑨《资治通鉴·陈纪六》“太建七年”条载：“春，正月，辛未，上祀南郊……乙亥，左卫将军樊毅克潼州。”⑩

①[唐]姚思廉：《梁书》卷十八《江淹传》，第251页。
②[唐]李延寿：《南史》卷五十九《江淹传》，第1451页。
③[北宋]王钦若等：《册府元龟》卷七百八十五《知足》，第9332页。
④[唐]房玄龄等：《晋书》卷二十四《职官志》，第740页。
⑤[唐]许嵩：《宋本建康实录》卷十九《陈高宗孝宣皇帝项》，第5册，第150页。
⑥[唐]姚思廉：《陈书》卷五《宣帝纪》，中华书局1973年版，第88页。
⑦[唐]姚思廉：《陈书》卷三十一《樊毅传》，第416页。
⑧[唐]姚思廉：《陈书》卷三十一《樊毅传》，第416页。
⑨[北宋]王钦若等：《册府元龟》卷二百一十七《交侵》，第2605页。
⑩[北宋]司马光著，[元]胡三省注：《资治通鉴》卷一七二“陈宣帝太建七年春正月”条，第5517页。

7.“神武将军”当为“忠武将军”，“镇东将军”当为“镇东大将军”

《建康实录·陈后主长城公叔宝》记载：“神武将军孔范屯宝田寺，镇东将军任忠屯朱雀门。”①

按，《陈书·后主本纪》载：“（祯明）三年春正月……忠武将军孔范屯宝田寺。己卯，镇东大将军任忠自吴兴入赴，仍屯朱雀门。”②《南史·陈本纪下》亦载韩擒虎率军至石子冈时，“镇东大将军任忠出降擒虎”③。《资治通鉴》沿袭《陈书》及《南史》之言，《资治通鉴·隋纪一》“开皇九年春正月”条载：“陈主以猛妻子在隋军，惧有异志，欲使镇东大将军任忠代之……忠武将军孔范屯宝田寺。”④

陈朝有“忠武将军”一职，而无“神武将军”，“忠武将军”为天监七年（508）设置，南陈因之，为四品军职。“镇东将军”为汉末献帝时期始设，此后魏晋南北朝皆沿袭，为重号将军之一，资深者往往加“大”以示优宠。

二、时间

1.姚苌自号秦王当是在太元九年四月

《建康实录·晋烈宗孝武皇帝》记载：“（太元九年）三月，进卫将军谢安为太保，苻坚将姚苌背坚于北地，自号秦王。”⑤

按，《晋书·孝武帝纪》载：“夏四月……苻坚将姚苌背坚，起兵于北地，自立为王，国号秦。”⑥按《晋书》所载，姚苌当于太元九年（384）四月称王建国。《资治通鉴》采《晋书》之言，《资治通鉴·晋纪二十七》“太元九年”条载：“夏，四月……苌自称大将军、大单于、万年秦王，大

①[唐]许嵩：《宋本建康实录》卷十九《陈后主长城公叔宝》，第5册，第182页。
②[唐]姚思廉：《陈书》卷六《后主本纪》，第116、117页。
③[唐]李延寿：《南史》卷十《陈本纪下》，第309页。
④[北宋]司马光著，[元]胡三省注：《资治通鉴》卷一七七“隋文帝开皇九年春正月”条，第5683页。
⑤[唐]许嵩：《宋本建康实录》卷九《晋烈宗孝武皇帝》，第2册，第154页。
⑥[唐]房玄龄等：《晋书》卷十《孝武帝纪》，第233页。

赦，改元白雀。”[①]清代学者万斯同于《晋僭伪诸国年表》中载：“太元九年甲申……（后秦）姚苌，四月僭王位。”[②]东晋十六国时期，北方政权更迭频繁，故撰史者如不仔细考察往往会出现时间之误。

2. 元嘉十年“冬十月”当为“冬十一月”

《建康实录·宋太祖文皇帝》记载：“（元嘉十年）冬十月，氐贼次汉中。梁州刺史甄法护弃州奔江陵，下狱死。”[③]

按，《宋书·文帝纪》载：“（元嘉十年）冬十一月，氐杨难当寇汉川。丁未，梁州刺史甄法护弃城走，难当据有梁州。”[④]《南史·宋本纪中》载：“（元嘉十年）冬十一月，氐杨难当据有梁州。”[⑤]《资治通鉴》采《宋书》及《南史》之言，《资治通鉴·宋纪四》“元嘉十年”条载：“冬，十一月，丁未，法护弃城奔洋川之西城。难当遂有汉中之地，以其司马赵温为梁、秦二州刺史。”[⑥]需要指出的是，《实录》此处时间之误可能与其所用史源颇有关系。“许嵩对刘宋一朝历史的编纂，主要依据的很可能就是《宋略》。”[⑦]如此说来，《建康实录》刘宋部分所载史实出现错讹的原因很可能与《宋略》本身记载失误有关。司马光在编纂《资治通鉴》时，《宋略》也是其史源之一。“而根据司马光的考辨，他所看到的《宋略》就存在大量的干支错误，并将之记录在《考异》一书中。”[⑧]

---

①[北宋]司马光著，[元]胡三省注：《资治通鉴》卷一零五“晋孝武帝太元九年四月”条，第3426页。

②[清]万斯同：《晋僭伪诸国年表》，收入二十五史补编编委会编《两晋南北朝十史补编》，国家图书馆出版社2005年版，第1册，第675页。

③[唐]许嵩：《宋本建康实录》卷十二《太祖文皇帝》，第3册，第201页。

④[梁]沈约：《宋书》卷五《文帝纪》，第82页。

⑤[唐]李延寿：《南史》卷二《宋本纪中》，第40页。

⑥[北宋]司马光著，[元]胡三省注：《资治通鉴》卷一二二“宋文帝元嘉十年十一月”条，第3967页。

⑦吴龙杰：《〈建康实录〉献疑三则——兼论〈宋略〉所载史事的可靠性》，《南京学研究》（第五辑），南京出版社2022年版，第258页。

⑧吴龙杰：《〈建康实录〉献疑三则——兼论〈宋略〉所载史事的可靠性》，《南京学研究》（第五辑），南京出版社2022年版，第259页。

3. 元兴元年“六月”当为“三月”

《建康实录·晋安皇帝德宗》记载：“（元兴元年）六月，秃发利鹿孤死，弟辱檀嗣伪位。”①

按，《晋书·安帝纪》记载元兴元年（402）三月“秃发利鹿孤死，弟傉檀嗣伪位”②。《北史》记载：“（天兴）五年……三月，秃发利鹿孤死。”③在历法纪年上，北魏道武帝时期和晋朝皆使用曹魏《景初历》，故《晋书·安帝纪》中的“元兴元年三月”和《北史·魏纪》中的“天兴五年三月”时间应相同。司马光在撰写《资治通鉴》时，采《晋书》及《北史》观点，《资治通鉴·晋纪三十四》“元兴元年”条载：“三月……河西王秃发利鹿孤寝疾，遣令以国事授弟傉檀。”④清代学者万斯同在《晋僭伪诸国年表》中载：“元兴元年……（南凉）利鹿孤，三月死，弟傉檀嗣。”⑤

4. 泰始五年“三月”当为“二月”

《建康实录·宋太宗明皇帝》记载：“（泰始五年）三月庚申，以太尉庐江王祎为车骑将军、开府仪同三司、南豫州刺史。”⑥

按，《宋书·明帝纪》载：“五年……二月丙申，分豫州、扬州为南豫州。以太尉庐江王祎为车骑将军、开府仪同三司、南豫州刺史。”⑦李延寿采《宋书》之言，《南史·宋本纪下》记载宋明帝于泰始五年（469）二月“以庐江王祎为车骑将军、开府仪同三司、南豫州刺史”⑧。司马光在《资治通鉴》中沿袭《宋书》及《南史》观点，《资治通鉴·宋纪十四》“泰始

---

①[唐]许嵩：《宋本建康实录》卷十《晋安皇帝德宗》，第3册，第25页。

②[唐]房玄龄等：《晋书》卷十《安帝纪》，第255页。

③[唐]李延寿：《北史》卷一《魏本纪第一》，中华书局1975年版，第21页。

④[北宋]司马光著，[元]胡三省注：《资治通鉴》卷一一二“晋安帝元兴元年三月”条，第3646页。

⑤[清]万斯同：《晋僭伪诸国年表》，收入二十五史补编编委会编《两晋南北朝十史补编》，第1册，第677页。

⑥[唐]许嵩：《宋本建康实录》卷十四《宋太宗明皇帝》，第4册，第48页。

⑦[梁]沈约：《宋书》卷八《明帝纪》，第164页。

⑧[唐]李延寿：《南史》卷三《宋本纪下》，第81、82页。

五年”条载：“二月……丙申，诏降祎为车骑将军、开府仪同三司、南豫州刺史。”①

5. 萧颖达当是在齐和帝年间任“前将军”“丹杨（阳）尹”

《建康实录·萧颖达传》记载：“萧颖达，兰陵人，齐光禄大夫赤斧第五子……高祖受禅，为前将军、丹杨尹。”②

按，《梁书·萧颖达传》记载萧衍攻入建康之后，任命萧颖达“为前将军、丹阳尹”③。《南史·齐宗室传》亦载建康被平定之后，萧衍“以颖达为前将军、丹阳尹”。而南梁建立后，梁武帝封萧颖达“作唐侯，位侍中、卫尉卿”。④据《梁书》及《南史》相关记载可知，萧颖达任“前将军”“丹杨（阳）尹”时在萧衍攻克建康之后，其时萧衍遵奉齐和帝，南齐尚未灭亡。南梁建立后，萧颖达为侍中、卫尉卿。

6.“天监四年”当为“天监六年”

《建康实录·吕僧珍传》记载：“天监四年，高祖欲赏之，使为本州，持节、平北将军、南兖州刺史。”⑤

按，《梁书·吕僧珍传》载：“（天监）五年夏，又命僧珍率羽林劲勇出梁城。其年冬旋军，以本官领太子中庶子。僧珍去家久，表求拜墓。高祖欲荣之，使为本州，乃授使持节、平北将军、南兖州刺史。”⑥《南史·吕僧珍传》亦载：“（天监）五年旋军……僧珍去家久，表求拜墓，武帝欲荣以本州，乃拜南兖州刺史。”⑦据此记载，吕僧珍“授使持节、平北将军、南兖州刺史”当在天监五年（506）之后。又，《梁书·武帝纪中》载天监六年（507）九月“丙戌，以左卫将军吕僧珍为平北将军、南兖州刺史，豫

①[北宋]司马光著，[元]胡三省注：《资治通鉴》卷一三二“宋明帝泰始五年二月”条，第4276、4277页。

②[唐]许嵩：《宋本建康实录》卷十八《萧颖达传》，第5册，第73页。

③[唐]姚思廉：《梁书》卷十《萧颖达传》，第189页。

④[唐]李延寿：《南史》卷四十一《齐宗室传》，第1049页。

⑤[唐]许嵩：《宋本建康实录》卷十八《吕僧珍传》，第5册，第80页。

⑥[唐]姚思廉：《梁书》卷十一《吕僧珍传》，第213页。

⑦[唐]李延寿：《南史》卷五十六《吕僧珍传》，第1395、1396页。

章内史萧昌为广州刺史”[①]。

7. 天保“十五年”当为“十六年”

《建康实录·西梁世宗孝明皇帝》记载：“（天保）十五年，周高祖武帝平北齐，封齐太子高纬为温国公，只得传国玺入周。”[②]

按，《周书·武帝本纪下》记载周武帝东征班师后，于建德六年（577）四月“封齐主为温国公”[③]。《北齐书·幼主本纪》记载周武帝于承光元年（577）“并太后、幼主、诸王俱送长安，封帝温国公”[④]。《北齐书》中称高纬为“帝”，高桓为“幼主”，因而此处被封温国公者当为高纬。西梁天保十五年为576年，而北周建德六年及北齐承光元年皆为577年，故天保“十五年”当为“十六年”；且高纬为北齐后主，因而“齐太子”当为“齐主”。

8. 天保“十六年”当为“十七年”

《建康实录·西梁世宗萧明皇帝》记载：“（天保）十六年，周武帝崩。”[⑤]

按，《周书·宣帝本纪》亦载：“宣政元年六月丁酉，高祖崩。戊戌，皇太子即皇帝位，尊皇后为皇太后。”[⑥]李延寿于《南史》《北史》中沿袭《周书》之言，《北史·周本纪下》载：“宣政元年……六月丁酉，帝疾甚，还京。其夜崩于乘舆，时年三十六。”[⑦]《南史·陈本纪下》载：“（太建）十年……六月丁酉，周武帝崩……是岁，周宣政元年。”[⑧]

西梁天保十六年为577年，而北周宣政元年及南陈太建十年皆为578年，因而天保“十六年”当为“十七年”。

---

①[唐]姚思廉：《梁书》卷二《武帝纪中》，第46页。
②[唐]许嵩：《宋本建康实录》卷十八《西梁世宗孝明皇帝》，第5册，第98页。
③[唐]令狐德棻等：《周书》卷六《武帝纪下》，中华书局1971年版，第102页。
④[唐]李百药等：《北齐书》卷八《幼主纪》，中华书局1972年版，第111页。
⑤[唐]许嵩：《宋本建康实录》卷十八《西梁世宗孝明皇帝》，第5册，第98页。
⑥[唐]令狐德棻等：《周书》卷七《宣帝纪》，第115页。
⑦[唐]李延寿：《北史》卷十《周本纪下》，第371页。
⑧[唐]李延寿：《南史》卷十《陈本纪下》，第298页。

三、人名

1.“子恭”当为“恭武”

《建康实录·吴景皇帝》记载：“（孟）宗字子恭，江夏人。”①

按，《三国志》注引《吴录》记载：“（孟）仁字恭武，江夏人也，本名宗，避皓字，易焉。”②《吴录》为西晋学者张勃所撰，其时距孙吴亡国尚不久远，且张勃曾出仕于孙吴，故其应当掌握一手史料。另裴松之以求真务实的态度注解《三国志》，这就使得《吴录》所载史实更令人信服。此外，《太平御览》三处皆载孟宗字恭武。《太平御览·职官部》载：“孟仁，字恭武，江夏人也。”③《太平御览·服用部》引《吴录》记载：“《吴录》曰：孟仁字恭武，江夏人也。从李肃学，其母为作厚褥大被。”④《太平御览·竹部》引《楚国先贤传》载：“《楚国先贤传》曰：孟宗，字恭武，至孝。”⑤

2.萧“詧”当为萧“誉”

《建康实录·西梁中宗宣皇帝》记载：“（张）缵持其才望，志气轻骄，轻誉少年，州府迎候有阙，詧衔之。”⑥

按，《周书·萧詧传》记载梁武帝于太清二年（548）任命萧誉为湘州刺史，而原湘州刺史张缵被任命为雍州刺史代替萧詧。萧誉到达湘州后，“缵恃其才望，志气矜骄，轻誉少年，州府迎候有阙。誉深衔之”⑦。李延寿沿袭《周书》之言，《北史·僭伪附庸列传》中亦载：“缵恃才轻誉，州

①[唐]许嵩：《宋本建康实录》卷三《吴景皇帝》，第1册，第121页。

②[西晋]陈寿著，[南朝宋]裴松之注：《三国志》卷四十八《三嗣主传》，中华书局1971年版，第1169页。

③[北宋]李昉等：《太平御览》卷二百六十六《职官部六四》，中华书局1960年版，第1246页。

④[北宋]李昉等：《太平御览》卷七百零八《服用部十》，第3155页。

⑤[北宋]李昉等：《太平御览》卷九百六十三《竹部二》，第4275页。

⑥[唐]许嵩：《宋本建康实录》卷十八《西梁中宗孝宣皇帝》，第5册，第91页。

⑦[唐]令狐德棻等：《周书》卷四十八《萧詧传》，第856页。

府迎候有阙，誉深衔之，遂托疾不与相见。”[①]

此处本应是张缵接待萧誉时礼节不周而被其记恨，许嵩则写错人名，由此出现撰史之误。

四、书名

《建康实录·西梁世宗孝明皇帝》记载：“所著文集及《孝经》《周易义记》及《小大乘幽微》，并行于世。”[②]

此处《小大乘幽微》当为《大小乘幽微》。按，《周书·萧岿传》载：“岿字仁远，詧之第三子也……所著文集及《孝经》《周易义记》及《大小乘幽微》，并行于世。”[③]《隋书·萧岿传》载：“岿着《孝经》《周易义记》及《大小乘幽微》十四卷，行于世。”[④]李延寿于《北史·僭伪附庸列传》中亦载萧岿“所著文集及《孝经》《周易义记》及《大小乘幽微》，并行于世”[⑤]。

作者简介：韦统顺，安徽大学历史学院博士研究生；黄少聪，安徽大学历史学院硕士研究生

①[唐]李延寿：《北史》卷九十三《僭伪附庸列传》，第3087页。
②[唐]许嵩：《宋本建康实录》卷十八《西梁世宗孝明皇帝》，第5册，第99页。
③[唐]令狐德棻等：《周书》卷四十八《萧岿传》，第865页。
④[唐]魏征：《隋书》卷七十九《外戚传》，中华书局2012年版，第1793页。
⑤[唐]李延寿：《北史》卷九十三《僭伪附庸列传》，第3092页。

域外汉学研究中的明清南京城市

江　灏

摘要： 本文从域外汉学的视角出发，通过城市性质、政治史、文化史以及江南区域研究四个维度，对明清时期南京城市研究的核心议题进行梳理。无论哪个维度的讨论，都最终引向一个共识：南京是明清中国最为重要的城市之一，在江南乃至全国的政治、经济与文化版图中发挥着重要作用。从韦伯到罗晓翔、罗伯特·达恩顿到俞士玲的研究演变中，则可以观察到“去欧洲中心论”的影响及更贴合中国历史本位的研究方法的学术转向。尽管在以经济为主导的城市研究范式下，南京常常被边缘化，但这种矛盾性恰恰凸显了南京的独特价值——正是城市性格的复杂性，使得这座城市具有区域文化中不典型的一面，足以与北京、苏州等性质更为明确的城市形成对比。

关键词： 域外汉学；明清；南京；“去欧洲中心论”

无论是从政治、经济还是文化层面，南京都是明清中国最为重要的城市之一。明太祖定都南京，不仅确立了城市的基本格局，也奠定了它在明清时期的政治意义。虽然自明成祖以后，王朝的政治中心逐渐向北迁移，但南京仍然保留了陪都地位，是明两京体制下的核心城市。南京也是中央政府保障运河、控扼江南的重地所在，此项意义一直延续至入清都未曾改变。江南经济的发展亦为南京丰富的城市活动提供了物质的基础。宦游的官僚、求仕的举子共聚南京，构成了其艺文生活的主体，影响着江南乃至全国的文化风貌，也使得这座城市成为明清中国的文化符号。南京的政治地位、城市经济与艺文活动相互辅成，共同塑造了明清时期的南京城市形象，成为不断吸引后世学人所关注的议题，相关研究成果颇丰。

目前，中外史学界围绕明清南京城市研究积累了一定的成果，而域外汉学的相关成就无疑值得关注。一方面，域外汉学注重于社科理论与实证研究的结合，使得其在研究取径、视角上与中国学者有所不同，有助于审视以往被忽略的历史细节；另一方面，随着域外汉学对其自身学术传统的反思、更新，研究的范式也在不断转变，部分南京城市研究体现了这一特征。有鉴于此，本文拟根据不同研究主题，就域外汉学有关明清南京城市研究的相关成果进行回溯和评论。

一、明清南京的城市性质

在对传统中国城市性质的讨论中，马克斯·韦伯（Max Weber）是一位绕不开的人物，他对于欧洲城市形态的研究与定义，不仅在欧洲城市研究中具有重要的意义，也为中国城市史研究提供了讨论的起点。

马克斯·韦伯根据欧洲的经验提出，真正的“城市共同体”应具备“经济自治”和“政治自治”的双重特质：“城市经济”（Stadtwirtschaft）是介于“自给经济”（Eigenwirtschaft）与“国民经济”（Volkswirtschaft）间而又与之并列的一种特殊经济阶段；[①]在政治上，城市必须拥有独立的法律体系、行政体系以及市民的参与权，体现“非正当性支配”，即对抗封建体制

①[德]马克斯·韦伯著，康乐、简惠美译：《非正当性的支配——城市的类型学》，广西师范大学出版社2011年版，第10、11页。

的自治力量。[①]他指出，推动西欧近代化的城市模式在传统中国始终未能形成，原因主要有两个方面：首先，专制体制抑制了自治的发展。中国的城市多因政治和军事需求而建立，行政功能往往凌驾于经济功能之上，使得市民阶层和自治意识难以孕育。[②]其次，城乡社会结构的特殊性。中国社会以乡村为基础，城市多为流动人口的临时居住地，法律保甲制度和同乡会等组织虽加强了城乡之间的联系，但也阻碍了基于法律和共同利益的市民阶层团结。[③]

韦伯的这一观点奠定了对于帝制中国城市讨论的基本论调。在20世纪20年代至60年代的中国城市研究中，有不少以此作为出发点。其中，牟复礼首先以南京为个例对这一论点进行展开。

20世纪60年代初，牟复礼（Frederick W. Mote）发表《元末明初时期南京的变迁》一文。[④]在该文中，牟复礼提出了“城乡连续统一体”（Urban-rural Continuum）的观点，认为中国城市与西方城市不同，中国没有单一城市支配文明历史，也没有城市单独代表中国的文明。中国的城市和乡村之间没有明显界限，城市文明与乡村文明的分界很早就模糊了。这一观点在他后来的《中国城市史一千年：苏州城的形态、时间和空间观念》中得到进一步阐释：“农村与城市社会元素之间的社会互动模式是深刻地互相牵扯在一起的。”乡村生活在一定程度上决定了中国的生活方式，城市活动在传统中国中并不像在西方文明中一样重要。[⑤]

---

①[德]马克斯·韦伯著，康乐、简惠美译：《非正当性的支配——城市的类型学》，第23页。

②[德]马克斯·韦伯著，康乐、简惠美译：《中国的宗教：儒教与道教》，广西师范大学出版社2011年版，第44—46页。

③[德]马克斯·韦伯著，康乐、简惠美译：《中国的宗教：儒教与道教》，第137—156页。

④[美]牟复礼:《元末明初时期南京的变迁》，收入[美]施坚雅主编，叶光庭等译《中华帝国晚期的城市》，中华书局2000年版，第127页。

⑤[美]牟复礼：《中国城市史一千年：苏州城的形态、时间和空间观念》，收入常建华主编《中国城市社会史名篇精读》，上海教育出版社2020年版，第158页。

韦伯所建立的城市叙述，实际是基于欧洲城市发展的总结，其所关注的核心，是希望基于欧洲经验总结为何欧洲率先走向近代。而未能走入现代的传统中国，实际上充当了参照物的角色。韦伯的这一讨论模式日后被归结在“西方中心主义”这一概念下。

至20世纪70年代后，域外学者们开始反思原有的研究范式，进而主张建立一种以中国作为本位的研究，人们所熟知的柯文、杜赞奇等学者即是这一过程中的代表人物，其影响一直延续至今。具体到城市史领域，美国学者费丝言（Si-yen Fei）所著《谈判城市空间：都市化与晚明南京》（*Negotiating Urban Space: Urbanization and Late Ming Nanjing*）从南京城市研究出发，参与到这一问题的讨论，并对韦伯理论进行修正。

该书通过研究晚明时期的南京，探讨了都市化如何在制度和文化方式上影响城市空间的构造，并提出了对“城市主义”的新理解。费丝言认为，晚明时期的都市化不应仅被视为宋代商品经济发展的延续，而应结合明代特有的制度和文化进行分析。她强调了“谈判”的概念，即政治上的“公议”过程和文化实践中的调适，这些过程塑造了城市空间，并使城市逐渐形成了独立于乡村的地位。费丝言在书中采用了四个案例分析晚明南京的城市空间形成。这些案例涉及政治、文化和社会层面，包括赋税改革、筑城问题、城市空间的想象和士绅对城市空间的态度。费丝言的研究在一定程度上超越了西方城市史研究的既有理论框架，为国内城市史研究者带来了启发。①

南京大学罗晓翔受教于美国杜克大学，其研究受到域外汉学研究方法的影响较深，其著作《陪京首善：晚明南京的城市生活与都市性研究》直接与韦伯的城市理论展开对话，是明清南京城市形态研究的重要成果。②

该书以晚明时期的南京为研究对象，探讨了南京的城市空间、人口构成、城乡关系、管理模式、城市经济和文化资源等。书中详细讨论了明代洪

①[美]费丝言著，王兴亮译：《谈判中的城市空间：都市化与晚明南京》，浙江大学出版社2021年版，第28—31页。

②罗晓翔：《陪京首善：晚明南京的城市生活与都市性研究》，凤凰出版社2018年版。

武时期的都城建设对晚明南京城市空间和人口构成的影响，以及永乐迁都后南京的人口流动和城市特征，将明代南京的外来移民划分为自我完善型移民、维持生存型移民和政策型移民三类，并指出洪武时期的政策型移民从根本上影响了明代南京的城市变迁。南京的城市发展在明中后期并没有突破洪武时代的都城模式，城市特征带有深深的洪武烙印。

书中最值得关注的是作者以国家权力的“在场”为切入点。作者认为，以往的城市史研究虽然在一定程度上修正了韦伯关于中国古代城市的论述，但无论是对于江南市镇经济的研究，还是对于城市市民阶层的讨论，实际上还都停留在韦伯的框架之内，即经济与自治。需要追问的是，这种论述是否真实切合明清中国的历史实相？在作者看来并不切合。她引用梁敏玲的论述，指出以往明清中国城市史的研究“以回顾韦伯式命题开始，又以摆脱韦伯的中国城市观为目标，但实际上仍旧在韦伯以来西方中国城市史研究的脉络之中”①。罗晓翔认为，认识传统中国城市的关键在于“重新审视国家、政治与城市及都市性的关系”，而非以往所着重强调的地方主义。无论地方精英还是所谓“自治组织”，都无法进行制度建构，因此也就不能形成对地方社会的“非正当性支配”。

在以上这些讨论中，南京其实是探讨城市角色的影子，其背后是自韦伯以来对中国城市性质的想象。在这场集体性的联想中，南京在中国明清城市中显然是具有代表性的，它所裹挟的复杂的政治、经济和文化背景使得对城市结构和性质的讨论拥有了多元的渠道。这座城市充斥着复杂的地方叙事，又与各级权力机关建立了上通下达的关系，这些丰富的城市故事细节，使得如何看待和解读城市的过程充满了无限可能。

二、明清南京政治史研究

明清南京城的历史意义，部分是由它所具有的政治性所造就的。作为

①梁敏玲：《评费丝言〈谈判城市空间:都市化与晚明南京〉》，《史林》2012年第2期。

两京体制的核心，明代南京政治建制问题也是学界的关注之一。1976年，法默尔（Edward L. Farmer）出版《明前期的政府：两京的变化》（*Early Ming Government: The Evolution of Dual Capitals*）一书，讨论明朝的两京体制，这是域外汉学中第一部就这一话题进行讨论的著作，具有重要意义。该书就洪武至永乐时期两京体制的发展过程、朝野纷争有所讨论，并对两京制度进行广义、狭义区分，广义上指洪武、永乐在明初不同时期所建立的两个政治中心，如南京—开封、南京—凤阳、南京—北京，而狭义则专指南京与北京。[①]书中对于明代中后期的南京政府讨论较少，也未能深入到两京体制正式确立后的官僚体制运行层面。之后，域外学界中长期缺乏关于明两京体制的研究。直至2014年，方骏（Jun Fang）出版《陪都——明朝时期的南京（1368—1644）》（*China's Second Capital - Nanjing under the Ming, 1368–1644*），该书致力于讨论南都各衙署的运行情况及明廷长期保留南都制度设计的原因。[②]

较之于在城市史与文化史领域中，学者们选择与早期汉学前辈进行研究对话、试图打破“欧洲中心主义”的情况不同。方骏的对话对象则转向中国境内，旨在对中国学者以往的研究有所补正。

在该书的绪论部分，方骏回顾了学界已有的关于明代南京政治史的研究成果。南京较之于北京相对边缘，政治影响相对弱势，这已经是学界的普遍共识。相当长的一段时间内，学界对于明代南京各衙署的研究都极为有限，且部分研究也过于泛化。例如王天有关于明代南京的研究，指出南京政府的官员数量比北京政府少；南京政府的行政责任比北京政府少，南京中央机构的管辖权仅限于南京城和南直隶；南京的一些衙门只是名义上存在，没有任何职责要履行。[③]对此方骏认为，“该研究没有触及南京行政机构的功能，

①Edward L. Farmer, *Early Ming Government:The Evolution of Dual Capitals,* Harvard University Asia Center,1976, p.134.

②Jun Fang, *China's Second Capital: Nanjing under the Ming, 1368–1644,* London: Routledge, 2014.

③王天有：《明代国家机构研究》，北京大学出版社1992年版，第199—212页。

大多数结论都是基于对各种机构的一般性描述和分析”[①]。

方骏认为，南京的各部院机构虽然在职权上较之北京六部为轻，但也并非完全无用。在书中，他论述了南京一些主要衙署的职权运行情况，例如南京吏部在官员的考核、南京户部在江南的赋税征集、南京兵部在南直隶的军事防务等方面都发挥着实际影响。南京的官员也频繁通过奏疏等手段对北京施加影响。南京各部门并不像明人及后世认为的那样无用，否则就不能解释明代的两京体制得以运行百年的原因。只不过，较之于北京各部而言，南京各部远离内阁，并不具有实际事务的决策权力，南京扮演着辅助北京的角色。在地域广阔且缺乏必要联络手段的明王朝，两京制度实际上是管控帝国的有效手段。[②]

入清之后，南京成为两江总督驻地，地位由前朝故都降级至区域性行政中心，南京在全国性的话语权逐渐减弱。但此时的两江仍然是国家税赋、文教重地，其区域所供给的钱粮是清廷得以维持的支柱。如何处理调和江南地区的儒家士大夫与异族统治者间的张力，也是清廷始终关心的问题所在。而乾隆朝频繁兴起的南巡活动是这种政治考量下的具体体现。与国内学者所关注乾隆巡幸过程中强调的文治意义与文化融合不同，以“新清史”为代表的研究传统更为强调清朝政治政策中的民族特性。在此意义下，乾隆帝的南巡实际上具有武力展演、政治构建与加强满洲民族意识等多重意义。[③]美国学者张勉治（Michael G. Chang）所著《马背上的朝廷：巡幸与清朝统治的建构》是一部关于清朝乾隆皇帝南巡的历史研究著作。该书以乾隆皇帝的六次南巡为叙事背景，深入探讨了清朝在地方建立统治权威、朝廷统治内地的切实条件和历史机制等问题。南京在乾隆南巡过程中是极富标志意义的城市，乾隆帝于江宁的驻防城内举办了颇具规模的阅武活动。张勉

---

①Jun Fang, *China's Second Capital: Nanjing under the Ming, 1368–1644,* p.7.

②Jun Fang, *China's Second Capital: Nanjing under the Ming, 1368–1644,* pp9, 144-145.

③[美]张勉治著，董建中译：《马背上的朝廷：巡幸与清朝统治的建构（1680—1785）》，江苏人民出版社2019年版，第1—22页。

治指出，乾隆帝的活动背后，实际有向西北各部族武力炫耀、重申满族武力传统、遏制日益腐化的八旗体制等多重意义。[①]而乾隆帝于南京所举行的召试，则“遵循严格的回避制度，旨在吸引地方上享有声望且仍相对独立的人物进入朝廷……通过这种方式，相对独立自主并在地方上有影响力的知识分子更加依赖皇权”[②]。

很显然，南京在清初的政治寓意，与明朝以来的城市地位和职权有所联系。明代是学界继六朝之后对南京城市政治史最为关注的时代，深入部院机构甚至王朝版图的政治史解读，帮助域外学界不断加深对明清以来南京城市政治性的认识，也与中国政治城市研究的传统形成了更为通畅的对话。

三、明清南京的文化史研究：以书籍出版为中心

举凡讨论明清商业出版的学者，都频繁地引用《桃花扇》中的一段叙述来说明南京作为出版中心的地位：“在下金陵三山街书客蔡益所的便是。天下书籍之富，无过俺金陵；这金陵书铺之多，无过俺三山街；这三山街书客之大，无过俺蔡益所。你看十三经、廿一史、九流三教、诸子百家、腐烂时文、新奇小说，上下充箱盈架，高低列肆连楼。不但兴南贩北，积古堆今，而且严批妙选，精刻善印。”明清南京引领文化风潮，对其文化的研究与书籍密不可分，故而南京商业出版也是域外学者关注的所在。

在讨论明清南京的书籍出版研究之前，有必要简要回顾一下欧美的书籍史研究传统。欧美书籍史研究的起点是对于欧洲活字印刷术（古腾堡印刷）及启蒙运动过程中书籍的讨论。同韦伯一样，早期欧洲书籍史学者们实际也是希望以此来探讨欧洲走向现代的原因。他们将西方活字印刷技术看作是一场印刷革命，随之产生的大规模书籍印刷、出版是思想启蒙的硬性条件。与

①[美]张勉治著，董建中译：《马背上的朝廷：巡幸与清朝统治的建构（1680—1785）》，第122—164页。

②[美]张勉治著，董建中译：《马背上的朝廷：巡幸与清朝统治的建构（1680—1785）》，第202、203页。

之相对，流行于中国等东亚地区的雕版印刷技术则被视为一种落后的技术，是中国不能走入现代社会的动因之一。而欧美学界早期针对中国的书籍史研究，有不少是基于这种叙述模式的发散、延伸。学者们或自觉，或不自觉地陷入欧洲模式的比附框架内。

域外学者很早便已经关注到了明清南京的出版行业。1942年，吴光清（K.T.Wu）在《明代的印刷术与印刷工》（*Ming Printing and Printers*）一文中即提及明代南京的印刷业。[①]李约瑟（Joseph Needham）主编、钱存训执笔的《中国科学技术史》第五卷第一分册《纸与印刷》也提及了南京大报恩寺南本《大藏经》，指出16世纪末至17世纪初，大量刻工迁徙长江以南，“南京（金陵）……书业极为繁荣”，并在入清后仍然具有影响力。不过，两者的论述重点都在于印刷技术，对于南京出版业的商业运行情况、社会影响则未作过多深入。[②]

到了20世纪下半期，域外汉学研究更为细致化，区域研究开始兴起，学界出现了讨论明清南京出版业的专题成果。2002年，贾晋珠（Lucille Chia）发表《三山街：明代南京的出版商》（*Of Three Mountains Street: The Commercial Publishers of Ming Nanjing*）一文，该文实际是作者关于建阳刻书业研究的延伸。[③]在其著中，她认为明代出版业在地域上并非泾渭分明，而建阳与南京即存在密切的关联：两地书商会借用、分享同一套刻板，两地在刻书种类上也并没有明显差异；南京书商所刻印的书籍更多瞄准了具有一定经济实力的士绅群体，书籍质量更为上乘，但他们也销售价格便宜、编校粗糙的建阳书，以满足不同层次的消费需求；建阳的刻书家族也通过开设书

①K.T. Wu, “Ming Printing and Printers”, Harvard Journal of Asiatic Studies 7, no. 3, 1942, pp.203-260.

②钱存训：《中国科学技术史》第五卷第一分册《纸与印刷》，科学技术出版社1990年版，第162、163页。

③Lucille Chia, “Of Three Mountains Street: The Commercial Publishers of Ming Nanjing”, in Printing and Book Culture in Late Imperial China, eds. Cynthia J. Brokaw and Kai-wing Chow, Berkeley: University of California Press, 2005, pp.111-123.

坊、参与编校等方式参与到南京刻书业的经营。此外，贾晋珠通过对于三山街所处地理区划的分析，指出三山街得以兴起的区位因素。文章还统计出南京的180多家书铺，指出这些书铺背后的家族网络及地域关系。这一数据较之张秀民在《中国印刷史》中的统计更为丰富。贾晋珠的另一篇论文《吴勉学与明朝的刻书世界》则关注了一位活跃在南京的徽州书商吴勉学。通过对吴勉学刻印的书籍的讨论，重申了她对“明代出版业在地域上并非泾渭分明”的基本观点。吴勉学所刻印的书籍在内容与形式上实际与早期徽刻本有较大不同，其所要迎合的是更为广阔的江南市场。①

周启荣（Kai-wing Chow）所著《中国前近代的出版、文化与权力》（*Publishing, Power, and Culture in Early Modern China*），则涉及范式对话的层面。该书以印刷作为切入，系统审视中晚明书籍出版对于士人活动、文化生产及公共舆论等方面的影响，是域外汉学界关于明清书籍史研究的代表性成果之一。周启荣认为，雕版技术较之于活字更为符合中国的书籍市场。对比活字印刷，雕版印刷形式多样，价格也更为低廉。雕版刻工的自足性（理论上，最低只需要一位刻工就可以完成雕版、刻图等一系列活动），使得出版商并不必然需要经营一大家出版坊，产业更为灵活，投资成本与经营风险都被大大降低。②且出版物中对评注、插图等内容的需求也是雕版得以流行的原因。此外，雕版书籍实际上也策动了明代中晚期的思想异变。名家们通过对经典的评注，将自己的学术观念渗透其中，并通过书籍的销售网络实现思想（知识）的跨区域传播。这些评注代表着时下学术观念与社会意识的最新风向，它们有时并非与官方意识形态相互一致。以书中涉及的“四书”注释举例，这些注解中大量充斥着王学的基本特征，甚至糅合了宗教的相关观念，事实上动摇、批判了已显僵化的官学体系，“建立了一个对抗官方意

①[美]贾晋珠：《吴勉学与明朝的刻书世界》，收入《法国汉学》丛书编辑委员会编《法国汉学》第十三辑《徽州——书业与地域文化》，中华书局2010年版。

②[美]周启荣著，张志强等译，夏维中等校：《中国前近代的出版、文化与权力》，商务印书馆2023年版，第87—109页。

识形态的公共空间”。[①]编纂、评注的时文集子也成为商业出版物的重要内容。随之产生了一批以评注时文著称的批评群体，他们不仅关注所评注文章的优劣，更是直接商榷官方的选文标准，甚至要求一种不同于主流的写作风格。[②]

不难看出，周启荣所要挑战的是早期欧美书籍史研究者对于传统中国出版的论述。周启荣认为雕版技术之所以保有持久的生命力，其原因更多在经济因素及中国本土的特殊情况，且灵活多样的书籍生产实际上也实现了中晚明士人心态、思想言论的转变。

而对话商榷、打破“欧洲中心主义”的研究倾向，并不意味着完全忽视欧美学界所长期积累的人文社会科学传统。在此处，周启荣借用“欧洲原生主义”等理论工具，阐述其在书中借用“场域”“习业”“公共空间”等理论的合理性，这些理论虽然起自欧洲的历史叙事传统，但“并不属于西方独特性的宏大叙事的组成部分，他们与欧洲走向现代最终胜利和统治的制度与知识体系发展的话语没有必然的关系”。通过这一途径，周氏成功地将欧洲已有的书籍史研究的实践成果转移到明清书籍史研究的轨道上来，促和了东西方书籍史研究的对话。在笔者看来，这是本书的另一重重要意义。

虽然周启荣仅在第二章第三节“书籍贸易和销售”中涉及南京作为出版中心的意义，并说明了南京所销售书籍的特色，在全书之中占据的比重不大，但如果对于晚明思想史有所了解的话，就会发现在该书主题部分——雕版书籍与中晚明社会关系的讨论中所涉及的士人，无论是兼具士商身份的畅销书写手李贽、陈继儒、焦竑，还是通过点评时文、形成公议的复社，他们的活动都是以南京作为场域，他们所依托的也是自万历以来南京逐渐成熟的印刷市场。从此意义上言，南京在很大程度上影响了晚明社会的文化走向。

①[美]周启荣著，张志强等译，夏维中等校：《中国前近代的出版、文化与权力》，第216—249页。

②[美]周启荣著，张志强等译，夏维中等校：《中国前近代的出版、文化与权力》，第270—329页。

近年来，明代商业出版研究受到一定质疑。学者在“反欧洲中心主义”旗帜下对于前辈的修正，有可能再次陷入欧洲中心主义的陷阱之中，夏明方称其为“反欧洲中心的欧洲中心论意识”[①]。俞士玲指出，书籍史学者对于“商业出版”的强调，实际是受到美国文化史学者罗伯特·达恩顿（Robert Darnton）的影响。达恩顿即是从书籍的商业出版入手，探讨书籍对于启蒙运动的意义，并将其文学化地表达为“启蒙运动的生意”。然而，达恩顿研究的前提是欧洲具有较为严苛的书籍审查制度，故而“商人出于利益的驱动生产书籍，违禁书传达出某种政治信号和普遍政治观点”。但是，明代对于书籍的审查并不算严格，官方刻书也未占据垄断地位，坊刻、家刻与官刻之间的界限有时并没有那样泾渭分明，过分强调“商业出版”或许会在某种程度上脱离明清中国的历史实相，故俞士玲提出“明代书籍史研究应突破商业出版的框架”。[②]

可见仅是小小的出版议题，已经让研究南京的文化史学者乐此不疲。南京的商业出版有其基于城市人群的消费特征，同时也与更为广泛的出版中心产生关联，充分展现了其在明清全国性出版版图中的特殊面貌。学界虽然对明清出版史研究的理论模式产生了质疑，但这并不会消除南京作为明清江南出版重镇的姿态。

四、明清江南区域研究中的南京城市

在域外汉学研究中，如果以“区域”“区域研究”作为某一学者群体的标识，施坚雅（G.William Skinner）无疑能够名列其中。他于20世纪提出了与中国传统行政区划不同的区域划分法，即“大区域体系理论”（Macroregional Systems）。他主张超越传统行政区划，转而从“区域系统”

①夏明方：《十八世纪中国的“现代性建构”“中国中心观”主导下的清史研究反思》，《史林》2006年第6期。

②俞士玲：《明代书籍生产与文化生活》，南京大学出版社2022年版，第3—4、5—30页。

的视角来分析中国社会。他定义的“区域”由自然地理（如山脉、水系）所决定，有别于政治力量干预下形成的行政边界。每个区域内部包含经济核心区（如平原、河谷）和边缘地带（如山区），其中核心区的发展水平更高。区域经济受人口、资源、技术等因素影响，呈现出周期性的盛衰变化，与王朝更迭并不完全同步。[①]江南区域[②]也经历了这样的周期性变化。在此过程中，南京成为该区域的核心城市，“直至十四世纪明太祖引起了深远的变化，开创了新的发展周期，南京在这一周期中扮演了中心城市的角色”[③]。

在施坚雅看来，较之于区域内的其他城市，南京发展具有其特殊性。南京作为该区域的核心城市，并非单纯依靠商业活动的自然发展，更多体现出政治力量干预的结果。为证明这一观点，他将南京与杭州进行了比较，杭州依托大运河枢纽与富庶的浙东北州府形成经济联动，“开封和杭州作为地区贸易、工业、金融的中心，地位远胜于北京和南京”[④]。

不独杭州，即使相较于江南区域的其他城市，南京在经济上也未必占据显著地位。他引用了牟复礼的观点来说明南京“缺乏长江下游特有的富源”[⑤]。在牟复礼看来，南京所处的长江冲积平原西部土地贫瘠，农业生产力远逊于苏州、松江等东部州府，其紧邻腹地缺乏长江下游特有的蚕桑、盐业、渔业等资源禀赋，导致本地难以形成产业优势。尽管明代后期纺织业有所发展，但始终依赖外地原料供应，且未如苏州般实现棉纺织业的技术突破。与扬州依托盐业、苏州依赖丝绸棉纺形成鲜明对比，南京的工商业发展

①关于施坚雅“区域”理念的概括，可参见其所作《中华帝国晚期的城市》中文版前言，第1—7页。

②施坚雅在其著作中表述为“长江中下游区域”，而非“江南”，两者在概念上不能完全等同，但仍存在紧密的联系。从广义上讲，江南大致等同于“长江中下游”；从狭义上讲，江南则特指“七府一州”（苏州府、松江府、常州府、镇江府、杭州府、嘉兴府、湖州府和太仓州），其范围比“长江中下游”更为有限，无疑是该区域内最为核心和发达的地区。

③[美]施坚雅：《中华帝国的城市发展》，收入《中华帝国晚期的城市》，第16页。

④[美]施坚雅：《中华帝国的城市发展》，收入《中华帝国晚期的城市》，第31页。

⑤[美]施坚雅：《中华帝国的城市发展》，收入《中华帝国晚期的城市》，第31页。

始终未能形成自生性经济体系。尽管明代冠以“南京布”之名，实则其棉纺织业远逊松江；虽获丝绸重镇之誉，但产业链完整性不足。[①]这种经济依附性揭示出南京作为政治中心的功能本质——它更多是江南财富的汲取者而非创造者，其城市命运始终与中央政权对江南资源的政治调控紧密相连。[②]牟复礼总结道：“总之，南京的经济地位并不是以任何有特色的地方生产为基础，却是以对一个广大地区的政治、军事控制为基础的，这个广大地区东西沿着长江、南北沿着运河伸展。”[③]

如上文所言，在施坚雅和牟复礼的研究中可以看出韦伯方法对南京城市研究和区域研究的深刻影响，强调经济因素在城市和区域形成中的重要作用。然而，南京的兴起却恰恰相反，它更多地体现出政治干预的特征，而非经济力量自然塑造的结果。当王朝更迭、政权异变时，城市受到的冲击更为明显。“明太祖诏令迁移人口至南京，可能大大地影响了南京的最大规模，这恰恰是因为南京作为国都的寿命很短之故。”[④]“十六世纪开始了一个更长也更引人注目的发展周期，但十九世纪的太平天国之乱给它带来了一个灾难性的结局。这个周期中，苏州上升到突出的地位，成为地区的大都会。”[⑤]虽然中国的学者们未必都赞同施坚雅对于南京经济的评价，但是也都承认南京城市地位与政治地位间的紧密关系，长期致力于江南经济史研究的范金民即言：

①关于南京丝织业的域外汉学研究，可参阅[美]白馥兰著，江湄、邓京力译《技术与性别：晚期帝制中国的权力经纬》第五章《经济增长与劳动分工的变化》，江苏人民出版社2006年版，第160—185页。史景迁《康熙与曹寅：一个皇室宠臣的生涯揭秘》第三章《织造曹寅》也部分涉及相关内容。鉴于主题限制，本文不再详细展开讨论。

②[美]牟复礼：《元末明初时期南京的变迁》，收入《中华帝国晚期的城市》，第161、162页。

③[美]牟复礼：《元末明初时期南京的变迁》，收入《中华帝国晚期的城市》，第162页。

④[美]施坚雅：《中华帝国的城市发展》，收入《中华帝国晚期的城市》，第31页。

⑤[美]施坚雅：《中华帝国的城市发展》，收入《中华帝国晚期的城市》，第32页。

> 然而永乐时迁都，清代由留都降为省会，南京全国中心市场的地位随着全国政治中心地位的丧失也一去不复返……南京的木材只是转输，米粮为了供应庞大的人口，南京对周围乡村辐射功能极弱，南京在全国的经济地位也属平平，在全国商品大流通的明后期到清前期，南京仅是江南的区域中心市场，它地处江南西北，沟通了江南与长江上中游及皖北、河南等中原地区的经济联系。①

域外学者的宗教学研究也表明了南京作为江南区域核心城市所散发的影响力。明清时期是中国逐渐融入全球体系的开始，作为西学东渐的前奏，天主教会的进入具有特殊意义，而南京就是这一过程中的关键站点。钟鸣旦（Nicolas Standaert）在其著作《礼仪之争中的中国声音》（*Chinese Voices in the Rites Controversy: Travelling Books, Community Networks, Intercultural Arguments*）中部分讨论了天主教南京教区的发展与作用。②天主教之所以重视其在南京的发展，实际上是因为南京在江南乃至全国政治版图中的重要地位。这一点，从利玛窦（Matteo Ricci）神父等人所著的《耶稣会与天主教进入中国史》（*Della entrata della Compagnia di Gesùe Christianità nella Cina*）中可见一斑。该书第三卷的第九章和第十章，以及第四卷，都详细描述了教会进入南京的曲折历程。③

梅尔清（Tobie Meyer—Fong）的《清初扬州的文化》（*Building Culture in Early Qing Yangzhou*）揭示了作为文化中心的南京如何塑造并影响周边区域的城市景观形象。在其著作中，梅尔清以外号“小秦淮”的扬州红桥以及文选塔为例，讨论了扬州等地的前明故老如何通过诗词、文学作为手段，借用南京名胜来形塑当地城市景观，同时以此抒发对旧朝的怀念。在该书的第四

①范金民：《明清江南经济的发展》，南京大学出版社1998年版，第142页。

②[比]钟鸣旦著，陈妍蓉译：《礼仪之争中的中国声音》，上海人民出版社2021年版，第125—266、267—300页。

③[意]利玛窦等著，文铮译，欧梅金校：《耶稣会与天主教进入中国史》，商务印书馆2014年版，第185—198、297—340页。

章，梅尔清主要针对入清之后的情况，即随着清朝统治的巩固，扬州士绅们更多地将效仿的对象转向彼时的北京。[①]这里也可以回应施坚雅对于南京的基本观点——南京的影响力很大程度上依赖于其政治地位的获得。王鸿泰在《城市舞台：明后期南京的城市游乐与文艺社群》一文中指出，“南京在文人乐游的城市中更有特殊条件以成就之。南都六部有大批位高权轻、富于文采的闲职官员，乐于觞咏为乐；富户移民与世袭武职政策下，有为数不少的富人与权贵，富而好文也成为传统风尚”[②]，而这些大都与明代南京的“陪都”地位相关。当陪都的光环散去之后，扬州的城市精英们也在寻找新的文化指向。

综上，除施坚雅之外，域外学者很少将南京与广袤的江南区域联系起来。然而，明代南京仍凭借其政治文化属性成为江南区域最为核心的城市，而在王朝更迭的背景下，南京的核心地位逐渐蜕变。无论是关于宗教学的研究还是梅尔清对于扬州的研究都反映了明代南京所具有的独特辐射效应，这也是我们探讨“明清江南区域研究中的南京城市”这一问题的意义所在。

总结

域外汉学界关于明清南京城市研究积累了一定成果，在城市史、文化史领域较为突出，在政治史研究上也有一定成果；且随着“欧洲中心论”的质疑与更符合中国历史本位的研究方法的提出，以南京作为议题而产生了一些具有启发意义的成果。但不可否认的是，与其他城市相比，域外汉学界对于南京研究相对薄弱，尤其以南京作为对象的区域研究并不丰富。在以上所涉及的研究中，有不少是以“江南地区”或者某一活动而整体展开的，南京只是这一议题中的个案。关于其中原因，或可从罗晓翔的以下文字里找到解

---

①Tobie Meyer-Fong, *Building Culture in Early Qing Yangzhou,* Stanford University Press, 2003.

②王鸿泰：《城市舞台：明后期南京的城市游乐与文艺社群》，收入张艺曦主编《结社的艺术：16—18世纪东亚世界的文人社集》，台北联经出版公司2020年版，第71页。

释："南京作为著名古都，在中国城市史上有着重要地位。但在经济为主导的城市研究理路下，明清南京的地位略显尴尬。'江南工商业城镇''明清运河城市''晚清开埠城市'，都与南京无缘。在江南区域史研究中，南京也常常被边缘化，甚至完全忽略。而由'中心'向'边缘'转向的新史学潮流，也难以波及这个行政中心城市。"[①]但另一方面，这也正是南京值得不断研究的原因。正是其城市性格的复杂性，使得南京具有区域文化中不典型的一面，足以与北京、苏州等性质更为明确的城市形成对比，而这或许正是南京研究的意义之一端。

本文在写作的过程中，得到东南大学历史学系贺晏然副教授、李铀讲师的指点，特此致谢。

作者简介：江灏，中山大学历史学系博士研究生

①罗晓翔：《陪京首善：晚明南京的城市生活与都市性研究》，第15页。

晚清南京开埠初期的制度建构与现代化尝试

［法］路易斯·盖拉蒂 著　陈乐佳美 译

摘要：本文选自法国传教士路易斯·盖拉蒂（Louis Gaillard，中文名方殿华）《南京开埠》一书的第十五章，较为翔实地记录了1899年南京开埠前后，海关、新式学堂、工厂以及其他新政机构的建设和运行情况，为研究晚清时期南京城市的现代化进程，提供了新的视角。由于时代限制和作者所持立场不同，有些论述可能与今天的主流看法存在差异，需要甄别对待。

关键词：晚清；南京开埠；新式学堂；新政机构

居住在南京的外国人不止有传教士。在外国人名录中，这些人首先被分为公务人员和非公务人员。

这两类外国人的代表通常：（1）为中国政府服务；或者（2）为外国政府服务。

毫无疑问，表格的第一栏是国家海关的工作人员。[①]

①中国海关的创立与李泰国（Horatio Nelson Lay）的生平事迹息息相关。李泰国生于1832年，于1898年6月4日去世，他最初在领事部门（1849年）担任临时翻译，后在香港获得正式的翻译职位（1852年）。1854年，他担任上海副领事兼翻译。他于

1899年春天之前，海关还没有在南京派驻代表。那时只有一位来自镇江的海关人员，自1897年以来被借调到南京担任帝国邮局局长。[①]尽管早在去年夏天，坊间传言某些停靠港将会设置海关副专员的职位，如大通港。罗伯特·赫德（Robert Hart）爵士主持的海关服务部门会组织收取厘金税[②]，以尽快改变当前的状况；但由于官员和民众的反对，这个海关机构的成立被无限期地推迟。[③]

港口的开放也同样被推迟，《文汇西报》（*Shanghai Mercury*）1899年4月4日报道："南京人民并不急于看到他们的城市开放对外贸易。官府已经表示，海关的开放将推迟到明年6月。"

然而，刚刚出版的《字林西报》（1899年3月30日）则称：南京海关税

1855年向外交部提出辞呈，随后负责中欧海关的组织和建立工作。1858年，他暂时回国为国服务，他附属于额尔金勋爵的使团，担任"中国事务助理秘书"。他与劳伦斯·奥利芬特（Laurence Oliphant）一起积极参与中英《天津条约》所附关税的谈判。他很快恢复了（1859年）自己的行政职务，并被任命为中华帝国海关总税务司。1864年接替他的罗伯特·赫德爵士当时只是一名助手。

1862年，李泰国前往英国为中国采购一支炮艇编队。但当他回到中国之后，他和指挥新船队的英国海军上尉谢拉德·阿思本（Osborn）与恭亲王和中国大臣发生了严重的意见分歧。总税务司坚持阿思本只需向皇帝报告，无须向官吏报告。两江总督曾国藩有充分理由希望在其整个辖区范围内保持充分的行政权力。顾随（Courcy）（同上引）。担任英国驻北京公使的弗雷德里克·卜鲁斯（Frédéric Bruce）爵士并不支持李泰国的做法。他的继任者同样不太支持琅将军的做法。琅将军是丁将军的同事，两人都隶属于中国海军。琅将军后来在威海卫沦陷时自杀。

李泰国被迫于1863年12月辞职；阿思本回到英国，舰队也被送回英国。舰队被迫解散并被出售。李泰国在鸦片问题上的坚决态度值得称赞。参见《字林西报》，1898年6月13日，以及顾随的《中华帝国》。

李泰国的继任者是罗伯特·赫德爵士（生于爱尔兰，1835年）。在哈里·巴夏礼（Harry Parkers）爵士去世之后，罗伯特·赫德于1885年6月23日被任命为英国驻北京公使。但他在9月9日辞职，随后恢复了他自1863年以来一直担任的海关总税务司职务。约翰·华尔身（John Walsham）爵士于1885年12月2日接替他担任英国驻中国公使。1854年，罗伯特·赫德进入中国领事部门；1856年，他到中国海关任副关长。

①我们在本研究的最后会特别谈到这个部门。

②一种内部入市税。

③一年来，该情况有所改变。

务司安格联（F. A. Aglen）[①]将乘坐海关巡洋舰“顺迢”号（Chuentiao）前往南京居住，直到“克瓦辛”号（Kwashing）做好准备。

据1899年3月2日《上海日报》（*Shanghai Daily Press*）转述：“一份中国报纸宣布，省政府决定于4月11日在南京开设海关办事处。随后，原来设在长江上的下关、大河口和大胜关的海关办事处将被撤除。”[②]

4月中旬，英国驻北京公使窦纳乐（Claude Macdonald）爵士和上海总领事璧利南（Byron Brenan）将出席开关仪式。军舰“里内特”号（Linnet）和“格拉夫顿”号（Grafton）（16 日）停泊在城墙之下；但公使突然生病，不得不直接从汉口坐船到下游的上海（4月22日），从上海返回欧洲。同时，总督刘坤一病重，拒绝了“格拉夫顿”号总司令的访问。据当地报纸报道，2月12日至13日，欧洲官员前来与总督商讨南京开埠的问题，总督针对此事向皇帝上书。

英国领事暂时担任其他大国的利益代表（上海“联盟”，1899年3月2日）。

事实上正如所料，人们对沿河土地的投机活动开始活跃起来。情况大致如下：中国业主想卖土地给外国人，外国人则设法以最低代价迅速购入，少有高额垫款的情况出现；官吏则滥用职权，通过武力威慑或恐吓来谋取大量不正当的利益。

自1899年5月1日南京正式对外开放以来，上述三方的行动从未停止。南京作为开放口岸，首次出现在海关的官方出版物《帝国海关公报》1899年4月至6月号中：参见海关税务司安格联先生报告的第68至71页。报告显示，进出南京的船只的总吨位为67110吨，以各种缘由征收的海关关税共达

---

①随后（1900年）孙德雅（Sundius）先生？

②1899年，人们把海关临时设置在保甲局的老办事处内部，与接官厅毗邻，在下关的接官厅码头附近。1899年10月中旬，我们宣布将从厦门派出一艘老式轮船，即“流浪的犹太人”号（Wandering Jew）。我们将用这艘老式轮船取代港口开放时已经停泊在接官厅码头上方的浮桥。

11194两。[①]

《文汇西报》这样叙述开港仪式："昨天，1899年5月1日上午10时，南京成为开放口岸。两声大炮响起，海关办事处的大楼附近升起海关的旗帜。海关巡洋舰的船长为外国客人们准备了精致的小吃，而税务司安格联先生则在浮桥附近的官厅（接待厅）接待了官吏们。海军巡洋舰的船长预计会接待所有从南京赶来的外国人，他因此做了许多准备工作，但税务司似乎忘记了发送邀请。实际上，没有人前来参加开港仪式。"[②]

紧随海关官员之后的自然是直属中国政府的三所学堂中的欧洲工作人员：

（A）江南水师学堂，即"帝国海军学院"。这所军事学堂由总督刘坤一[③]于1890年在城西北的仪凤门附近创建，仪凤门是南京最靠近长江的城门。

来自南京的一封信函（《字林西报》，1890年12月29日）告诉我们，这所学堂是由道台沈敦和在六个月内建成的。[④]学堂的建设耗费了7万两白银

---

①第一季度大约是五万法郎。出口非常有限，涉及的物品主要有扇子、羽毛、皮毛、丝绸和纸张。进口（从国外进口到中国港口）物品列出以下：棉制品、毛制品、雨伞、面粉、糖、油、烟草、土扇、纱布、染料、木材、石膏等。与任何地方一样，鸦片几乎完全是由来自上海的外国人进口，主要来源于帕特纳（Patna）产区，以及贝拿勒斯（Benares）和麻洼（Malwa）两个产地。在列表顶部我们可以读到这样一行字：生鸦片=38担，即2280公斤鸦片。生鸦片在当地的烟馆中经过改良和完善后将能够供给更大重量的鸦片。

②《华英会通》，第三卷，第205页。

③应为曾国荃——译者注。

④《字林西报行名录》（*The North-China Desk Hong List*）特别指出了提迪（W. E. Tiddy）上尉，中国巡洋舰"万泰"号上的海军教官。

我们仅提一下《名录》中提名的另一所机构"南洋自强军营务处"，由专员沈敦和领导，一名中国官员担任助手，来春石泰（A. Reitzenstein）男爵担任总司令，南尔都福（Von Nauendorff）担任副官。道台沈敦和曾任江南水师学堂提调。1896年6月底，沈敦和陪同"自强军"到吴淞。当吴淞港开放贸易时，他参与了拆除炮台的工作。1899年夏天，他因犯下上述轻罪，在刚毅进行调查期间被指控贪污，被打倒、贬低并遭到流放。次年冬初，人们说要重修旧炮台，调回驻扎在江阴的部队（即自强军的剩余部分）以反对意大利人的行动。在同年的圣诞节前后，刘坤一为了上述这个假定的目的来视察吴淞的炮台。

（50万法郎），占地45亩，面积约为3公顷。[1]这些建筑采用混合风格（330间，“间”为中国的计量单位），旁边则是一栋双层欧式房屋。这座房屋按照计划建成，与过去在南京建设的十几座欧式房屋相比没有发生太大变化。原则上，学生（驾驶班60名学生，管轮班60名学生）会在两名英国教授[2]的指导下在校内学习五年。这种特殊的课程设置在理论和其他方面都比我们欧洲的理科学士学位要好一些，这让人想起博尔达的入学考试。

中国“见习生”或“学员”的技术学习将在一艘训练船上完成，耗时四年或以上，“万泰”号有时会停泊在距离江南水师学堂两英里的下关锚地。这所学堂名义上是在一个道台的指导下创办，由大约十五名当地教师[3]从旁协助。总督会出席学堂的重要场合。

勋章

1896年，一枚三等御赐双龙宝星勋章（“宝星”，即“宝贵的星星”）[4]，被授予水师学堂聘请的两位

①参见上文，第四章第二节。

②约翰·佩尼尔（John Penniall）先生，1890年12月11日到达；英国海军的休·赫森（Hugh R. Hearson），从那时起就辞职了，1891年4月16日到达，1897年6月4日离开。霍利迪先生于1897年6月4日接替他的职位。

③查尔斯·贝思福勋爵在其作品《瓜分中国》中回忆说，总督刘坤一接见了他两次。在总督刘坤一的邀请下，（1898年12月9日至12日）他参观了江南水师学堂，还视察了江南陆师学堂的学生。

④题为《御赐双龙宝星勋章；法文和中文文本》的插图小册子。上海，别发洋行（Kelly and Walsh）出版公司。在他的《华英会通》（1899年）的第12页上，麦士尼（Mesny）将军扬扬得意地解释了他曾经同中国政府打交道时有多么讨人喜欢。双龙宝星，即“双龙珐琅星”勋章，是在太平军叛乱期间设立的奖章，目的是奖励为中国提供服务的欧洲人。麦士尼在他第一次于贵州（1867—1869）参战期间，获得了一枚勋章，由省级官员亲自授予。“那是一块厚重的金质奖章，”他说，“直径约一英寸半，中间有一个半英寸宽的圆孔，内嵌一颗蓝宝石，周围由金圈包围。奖章正面上方浮雕着两条龙，背面则刻有‘大清封赠’四个大字，意思是‘现朝所授的荣誉称号’。

教授。[1]

（B）江南陆师学堂，也由总督刘坤一创立。1896年，最初的建校工作开始，同年11月26日，学堂开放并招收120名学生。按计划，他们要经过几年的专业理论和实践学习，包括一点德语教育。他们将被送到德国，在那里参与德国军队的培训课程，完成特别的教学安排。江南陆师学堂距离江南水师学堂大约一公里，位于其东南，在妙耳山塔所在的山丘北边一点的地方。一位曾负责欧洲使团的道台在三名德国军官[2]的协助下管理这所军事学堂。军校生于1895年5月1日至1896年6月间被征用并编成一支中国军队（即“自强军”，也称“星星军旅”）。后来这支军队遭到降级，被调往吴淞（1896

蓝宝石代表‘上校’军衔，若持章者晋升更高军阶，蓝宝石就会被红宝石取代。”此后，麦士尼将军获得了“独眼孔雀翎”的荣誉，被封为“巴图鲁”，并由皇帝特别加封“颖勇”称号。——《华英会通》（*Mesny's Chinese Miscellany*），第三卷，第12页，1899年。

我们在樊国梁主教的著作《北京》的第333页上找到了1865年授予杰拉德（H. E. M. Gérard）和卡西尼（Cte Cassini）上尉的勋章的装饰图，“方形金盘，双龙环绕，第一排缀有粉红色珍珠。”见同上，第314页，“宝星”的图案。

中国内地会的期刊《亿万华民》（*China’s Millions*）在1897年8月号（第101页）中刊登了杜斯韦特博士（A. W. Douthwaite）获授“双龙勋章”的照片。该勋章由光绪皇帝颁发，以表彰他在芝罘为中日战争中的日本伤兵所提供的医疗服务。杜斯韦特博士是中国内地会成员，他的另外十位同事也获得了这枚勋章。

勋章的说明如下：“绶带为蓝色，缀有金线刺绣；金质奖章以青色珐琅为底，中央嵌有一颗蓝宝石，位于两条龙之间。”一条宽而长的缎带用于将奖章悬挂于颈部，缎带上也绣有龙形图案。

①见1896年5月28日的《字林西报》，官方督察访问水师学堂后报告道：这篇文章没有谈到两位外国教授发挥的积极主导作用。

②这些人分别是：罗伯特·骆博凯上尉（工程师），1890年11月17日抵达，并被编入自强军的指导军官行列。冯·特屯和恩（Von Tettenborn）中尉，1890年5月25日抵达，同样担任教官。炮兵中尉埃米尔·泰伯福（Emile Toepffer），1895年5月1日抵达，也成为一名教官。1897年2月12日，三人返回南京，任陆师学堂教授。总督刘坤一于1898年10月授予他们二级荣誉勋章，以表彰他们的忠诚服务。“宝星”，即“宝贵的星星”，是赏功（即“对功绩的表彰”）的一类，该勋章制度根据欧洲人的分类和术语设立，与欧洲的奖章等级相似。省级当局负责授予他们勋章。参见《梅辉立集》，第2条法令；《中国政府》，第457号文件。

年7月）。当吴淞被宣布为开放对外贸易的港口时，自强军又被调往江阴。①

1887年9月22日，曾担任江南机器局中法军队司令的奥伯特（Aubert）先生曾向两江总督曾国荃提议为当地军人开设一所军事学堂。这件事极少为人所知。

（C）语言学堂，建于1896年下半年，位于陆师学堂以西半公里处。学堂有一个颇具雄心壮志的称号“储材学堂”，意指一所人才众多的大学。它通过一条石子路与陆师学堂相连，这条道路也连接着“马路”，能够通向三牌楼的村庄。学堂于1897年7月开放，共有120名学生，每30人一组。学生分别上法语、英语、日语或德语课程。欧洲教师只教授法语和英语。②

这所新学堂取代了北门桥以西妙相庵中长期运作的同文馆。同文馆于1897年7月遣散学生。这所学堂的成立也是为了给帝国政府提供口译员。学堂开办了十几年，却没有得到与付出的运营成本相称的结果。1880年，政府决定同时在广州和福州建立类似的学堂。大约在这个时候（1881年），李鸿章在“容闳博士（耶鲁大学的容闳，中国驻美国华盛顿副公使）”的劝说下将120名幼童送到美国留学③（参见《华英会通》，同上引，第一卷，第118页）。

---

①我们刚才提到，德国军官的合同于1898年5月到期，总督没有续约。他将驻扎于吴淞（黄浦江口）炮台和营地的自强军本土部队转移到江阴。曾多次接受任命的道台沈敦和负责指挥这些部队。北方的自强军被局限在北京附近的小站附近。这支军队由另一名著名的官员袁世凯指挥。袁世凯原任前清政府驻朝鲜的总理交涉通商事宜代表。他于1898年9月政变前夕挫败了光绪皇帝的计划。

②阿尔伯特·兰（Albert Lan）和詹姆斯·里德·巴克莱（James Reid Barclay）于1897年7月抵达，一年半后，学堂被废除，两人也遭到解雇。1897年的《字林西报行名录》在“南京”这一词条下面提到江南储材学堂，还有学堂内的杨专员以及李、孔两位教师，他们负责教授法语和英语。

③这个人公开表示自己是进步党，加入美国国籍，还娶了一个美国人。他的生命受到了一些反对康有为的人的威胁。他于1898年被逮捕，高层的干预使他被释放。他还被任命担任几个月的镇江至清江浦铁路的主管。过去他和道台黄公度一起管理江苏省内的铁路线。英国驻北京公使窦纳乐爵士的两封电报（1898年8月25日至28日）提到容闳博士是英美工会的负责人，负责建设天津至镇江铁路线。随后的一项公约规定德国和英国将共享这条铁路。

1898年，储材学堂这个官方名称不再被使用。学堂得以扩建。次年春天，储材学堂被改建为一流的省立大学，即高等学堂，专为江苏的大学生、中等考试合格者以及学士学位持有者开办，他们也是京师大学堂的候选人。京师大学堂根据1898年7月3日[①]法令设立。学堂的发起人决定在那里开设各种欧洲学业课程和国家高级文学项目的学习和研究课程。[②]道台蒯光典（原为文正书院的山长）在一位文人的帮助下于科举考试中举，掌握了高等学堂的管理权，他为高等学堂的建设定下十分宏伟的计划。福开森（John Ferguson）牧师被任命为“非常驻副校长”，领导新学校取得圆满成功。他是南京新教大学的创办人，执教数年，后任江南大学校长。江南大学，即1899年建成的“南洋公学”，位于徐家汇以北一公里处。[③]

蒯光典的任命引起了报纸杂志的短暂争议。他的才能和文学学位的含金量遭到质疑，他曾试图强迫一些信仰新教的学生在孔子碑前参与迷信活动。

1897年1月的《教务杂志》（第37页）似乎对“高等学堂”或类似的新兴机构发表了看法：“除了语言学堂之外，人们在一所南京原有书院的基础上建立了学堂，书院原名‘文正书院’，该书院以曾国藩的谥号‘文正’为名。常规课程将包括以欧洲方法教授数学、科学和商业课程，课程安排循序渐进。”[④]

自然，由于政府官员观点不一，以及自1898年9月以来发生的政变阴谋，学堂的开办受到进一步的阻挠，许多相关消息自相矛盾。

---

①4号的《京报》。也请参见1899年10月15日的《中法新汇报》。京师大学堂由孙家鼐管理，直到1900年1月。孙家鼐曾是同治皇帝的老师，还曾担任吏部尚书。1898年7月3日的敕令规定在各省建立类似的大学。1893年6月16日的一项法令激励官吏迅速完成京师大学堂的相关工作。

参见1898年7月7日的《字林西报》。

②参见1898年7月7日和11月4日的《字林西报》。

③传教士福开森被总督刘坤一任命为“外交事务代表”。他在一个特别委员会上与欧洲当局一起协商解决国际殖民地和租界扩展的双重事务。上海，1899—1900年。

④《教务杂志》和大多数新教期刊，无论是英文还是中文期刊，都倡导传播西方知识，把西方知识当作治疗中国疾病的灵丹妙药。

同样地，我在一份报纸[①]中发现，“远东文学协会”正在日本蓬勃发展。据说，协会计划“在中国建立一所学堂，以鼓励中国的进步并改善中日关系”。这所学堂刚刚在南京组织起来，各项工作都十分完善，取得了很好的成果。协会决定邀请佐藤少将（在1894至1895年战争中受伤，一条腿被截肢）到学堂担任主任。

关于这些由中国政府开办或建立的官方学堂，我们建议传教士仔细了解其入学要求和计划方案。至少在南京，我得知有些课程的招生方案中包含严苛的要求，规定信仰基督教的学生不能被这些公立学堂录取。

毋庸置疑，在实践中，得益于欧洲员工的通融和中方主办的包容，也得益于有关候选人的谨慎判断，该措施几乎不会造成实际的不便。但不难想象，这些规定的存在可能会导致不便的情况发生。但人们至少可以寻求领事干预，删除这个侮辱性的语句，并询问招生方案之所以表现出排斥和歧视的原因。这种歧视违反了帝国条约和法令。教授可以承诺在教学过程中不进行传教宣传；在特定情况下，招生委员会可以取消任何候选人的资格，而不必对其有偏见的、不公平的或有害的行为作出解释。但无论出于什么原因，我们都不能容忍官方的计划方案中含有一概排除的语句，因为这意味着（基督徒）彻底失去了入学资格，构成了一种法律上的屈辱。这种语句如此频繁地出现，其原因可能是由于人们对它一无所知。[②]

中欧学堂的大部分课程（与外国人合作制定并由当地报刊刊载的课程安排）都规定：全体学生抵达后会在每月1号和15号集合。他们会被带到孔子的牌位前，向他致敬。[③]在南京的江南水师学堂，孔庙曾经被用来（除上述

①《文汇西报》，1900年2月5日。这个协会的名称是“东亚联合文学学会（Society of East Asian Associated Literature）”。

②我可以列举出具体情况，人们不止一次禁止天主教信徒参加国家的科举考试。在南京，这种对天主教徒的敌意甚至通过“（科考的）主持人”提出，涉及习俗或法规，表现为一种令人发指的、几乎是禁止性的要求。

③1899年10月1日，位于徐家汇附近的南洋公学张灯结彩，庆祝孔子的诞辰，孔子在那里特别受人尊敬。

日子外）存放张之洞的马车和轿子，还有总管学堂事务的道台的马车。

根据南京储材学堂与法文教师签订合同的第十条规定，教师不得传授学生新教或天主教的相关内容。[①]

几位外国教授和他们的一些家庭成员住在学堂分配给他们的住所里。驻南京的外国人因此获得了一些地产。在康有为的唆使下，不幸的光绪皇帝发起了改革运动。皇帝颁布了一项法令，要求将佛寺改为半欧式学堂，[②]但改革操之过急。几位僧侣向我吐露了他们对这个问题的担忧。在南京人开始执行这项仓促的法令之前，1898年9月，政变发生，改革失败，僧侣们终于安下心来。[③]

读者可能会注意到一些人作出一些畏首畏尾的尝试，表现出朝这个方向行动的愿望。僧侣在得知皇帝被监禁和几位皇帝顾问暴毙的消息（1898年9月下旬）之后大叫起来："佛陀惩罚了他们！"

进步运动突然停止。如果简单阅读1898年8月26日一份敕令的摘要，人们就能看出其专制和粗暴："……自从我们表现出在帝国进行改革的愿望以

①今年冬天，官员再次提出要对各省的中国天主教徒进行人口普查的想法。这项措施看起来并无害处，甚至是一项很有用的措施。新教传教士对此感到惊讶，有时传教士们会顺其自然。法国驻北京公使则不止一次地反对这种危险的宗教裁判，它会让人们相信天主教徒有贱民的嫌疑。天主教徒可能会受到监视、被警方指定为秘密教派，政府也许会禁止或阻挠他们的活动。条约明确规定了相反的情况。官员们要求提供教堂或其他场所的名单和位置。一些人甚至声称，政府应该要求基督徒的船只悬挂特殊的旗帜，皈依者必须穿上特殊的衣服，至少要有一个独特的标志。1899年12月，山东巡抚毓贤在给皇帝的上疏中提出了这一措施。他甚至表示教徒必须穿着欧式服装！除非在必要的情况下，传教士被命令不要离开他们的住所。为传教士提供护送士兵的官吏也受到警告（与条约规定的行动自由、贸易自由、传教自由相反，这是一种变相恐吓）。在一场基督徒和异教徒的官司中，一位官员让基督徒剪辫，这样将来就可以把基督徒和其他的中国人区分开来！其中一些规定在其他地区是可以接受的：但在中国，这些规定必须被视为一个粗鲁的陷阱，有时，这些规定甚至预示着公开迫害。

②总督张之洞在他的《劝学篇》中引用了上述内容，建议在每个县，"将十分之七的寺庙改建成学堂"。耶稣会神父管宜穆（Jérome Tobar）译。上海，东方出版社，1898年。

③在其他地方，我曾看到有些寺庙（或佛塔）设有牌匾，上面写着三个汉字，根据使用情况，汉字解释了这些建筑物过去的用途。前门上方的新铭文则标明最近的转变。人们甚至试图卖掉建筑以防被充公，有时他们甚至会把寺庙卖给当地的天主教会。

来，我们已经批准按照西方的方法建立学校和学院，为铁路建设和矿山的开采做准备……我们下令让所有高级官员告诉我们他们打算在维新方面做什么工作，希望他们能尽快协助我们。但我们的希望落空了。我们对他们下达的指令只是徒劳：出于冷漠、懒惰或恶意，他们阻挠了我们的改革计划。尤其是两江总督刘坤一和两广总督谭钟麟①。他们本应以身作则，但他们甚至拒绝承认收到两个月前发出的指令。前几天，我们通过电报向刘坤一传达了一项法令，要求他解释他的沉默和拖延。他声称电报是一种不正常的通讯方式，他正在等待皇家信使的到来，收到信件后，他会开始改革。至于谭钟麟，他甚至没有作出回复。”

随后，8月27日，皇帝下令，从今以后，凡将军、总督和巡抚在收到电报命令后必须立即执行该渠道传送的命令，不得再进行拖延。

1898年8月28日，新的敕令谴责刘坤一和张之洞在设立改善工商业的办公室一事上太过拖延。②

类似内容的诏书比比皆是。这些法令建立在理性的基础上，反对地方官员滥用权力。但它们过于仓促，具有不太现实的理想主义色彩。南京民间也因此流传着这样的话：“皇帝说大话。”民众的这种表达意为“（皇帝）装腔作势、想要博取重视”。

最近发生了许多波折。其中，尤其需要注意1899年夏天刚毅（或刚中堂）在长江下游的旅途中采取的行动。③这位钦差大臣今年7月刚到南京，便

①1899年12月，在法国的控诉下，后者被免职，罪名是谋杀了两位名叫库恩（Koun）和古尔拉旺（Gourlaouen）的法国军官，并在广州湾袭击了法国水手。李鸿章接任了他的职位。

②根据1899年6月13日的《字林西报》，《京报提要》。

③这位60岁的官员执法公正，表现出正直的品格和充沛的精力，享有盛誉。他被派去调查总督刘坤一的行为。刘坤一遭到毓贤的指控。毓贤曾在南京担任过一段时间将军，然后担任山东巡抚的职位，1899年山东发生动乱。1900年初，在卜克斯（Richard Brooks）牧师遇刺期间，他被革职。但他很快又被任命为陕西巡抚，当北京被占领时，他必须到朝廷去赴任。后来，他被认为是山东的欧洲人谋杀案的组织者：他很可能亲手斩去其中几个欧洲人的头颅。为使欧洲人满意，他被降职。随后，他吸食鸦片

以经济情况为由，匆忙关闭了南京的两所学堂：即上面提到的高等学堂和练将学堂。高等学堂于1898年底在北京朝廷的指示下成立，1899年春天正式开办。刚毅认为学堂的成果与其花费不相称，总督似乎也同意这一观点。因此学堂被突然关闭。学生们在三个月的教学中，只获得了薄弱的科学知识。一部分的学习材料是外语的，其中包括英语材料。一个文人组成的学会在那里负责汉语教学，他们的教学按照国家通行的方法进行。

另一所被关闭的学堂是练将学堂。按其创始人的计划，这将是一所军事学堂。它的学生从总督卫队的队伍中招募。学生们年轻而富有朝气，他们大多已经掌握了文科方面的知识。教学课程的主题是古今军事文献以及欧洲军队系统。人们希望以这种方式培养有用的军官。①但是在学生身上看到明显的进步需要时间。

人们决定停止学堂的运作；钦差大臣认为现在不是时候，应该在其他更合适的时机创办学堂，原因是“一时缺银，库房亏空”②。

练将学堂主要的教官曾是（或应该是）一名日本军官。

闭校之后，官吏们针对这种关闭两所学堂的行为向北京朝廷提出上诉，

自杀，但被周围的人所救。《中法新汇报》，1900年11月27日。

刚毅，满洲镶蓝旗人，曾在政府担任许多重要职位：1880年担任汕头海关专员；1881年担任广西推事，1882年在直隶担任推事；1883年任广东布政使；1884年任云南布政使，后被派往山西担任巡抚，留任至1888年；然后在接下来的几年担任江苏巡抚。1892年任两广总督，战争期间被召至北京。1897年，他被任命担任刑部尚书、协办大学士和兵部尚书。1899年5月26日，他被任命为军机大臣，具有极其广泛的权力。改革派从未有过比这更危险的对手。参见《华英会通》，第三卷，第266页。据称，他在从北京逃到西安府的途中被朝廷抛弃，死于痢疾。

①南京，或者更确切地说是中国，不再进行这方面的尝试或在这方面采取措施。这些尝试浪费了许多金钱，几乎都徒劳无功，但足以产生一定的效果。然而，当务之急是镇压各省的军队，建立一个单一的、中央集权的军事组织。

②然而，据说刚毅在巡视江苏的过程中搜刮走了超过200万两白银，实行了所有的强制征税制度。在广州的征税更加臭名昭著，搜刮了更多钱财。刚毅甚至主张军队恢复对弓箭的使用。如此，置办武器的费用肯定会变得更便宜。

要求暂缓执行，以便对两所学堂是否具有价值进行决定性调查。[①]

10月初。1899年，国内刊物《天下新闻》（又名《普世公报》，*The Universal Gazette*）报道，康有为此前为节省开支而下令裁撤西式学堂。这些新式学堂将归藩台（财政总管）管辖，并改称为“中式书院”，但会保留原有的组织编制。康有为及其他维新派的改革人士曾说服光绪帝创办官方报纸。[②]但该计划在发展初期就遭到守旧势力扼杀，甚至还威胁到其他进步刊物。

为了避免可能出现的专横行为，进步刊物纷纷在上海租界寻求外国人的保护。遵循同样的预防策略，《益闻录》每周两次在徐家汇的天主教教会出版。一段时间内，刊物的标题上方标注着“大法国”字样。后来，它被简单地更名为《汇报》，其副标题被删除。这个副标题是为了临时保护这份刊物

①参见1899年7月31日的《文汇西报》。高等学堂开始在宽敞、设备齐全的建筑中布置和开办。建筑是原来的储材学堂。练将学堂也在城内举办，位于江南水师学堂以北一点的地方，在“马路”以东，靠近下关附近的城门仪凤门。

②参见《中法新汇报》中的该法令。广东人康有为被认为是改革党的领袖（无论对错）。根据他的建议，皇帝将颁布法令，改革科举考试，设立商会，允许所有臣民直接向皇帝上书发表自己的意见看法，裁撤闲职。1898年6月，改革的影响力开始初步显现。但9月20日慈禧太后重新掌权，发布了一系列法令取消了改革措施：一些维新派顾问、年轻皇帝的心腹为他们所获的信任付出了代价。康有为支持英国的政治制度，他在英国的保护下才逃过一劫。上海道台发布了康有为的悬赏令（酬金2000银圆），并下令将他斩首。10月底，英国驻上海领事璧利南在吴淞等待他的到来，将他从轮船“重庆”号转移到英国船“巴拉瑞特”号（Ballarat）。1899年，康有为乘坐英国航线的轮船“印度女皇”号（Empress of India）从加拿大返回。他试图在日本下船，但在横滨遭到拒绝，在神户却被允许登陆。后来，他再次回到吴淞，同样受到英国的保护。英国派两艘驱逐舰“泰晤”号（Tame）和“怀定”号（Whiting）护送康有为乘坐的船只，以防止中国当局在船上搜查或对英国船只造成侮辱。康有为于11月1日抵达香港，为了安全起见，他不得不很快离开香港前往新加坡。《字林西报》于1900年出版了一篇改革派领袖（康有为）的长篇文章，康有为接受了英国的无私保护。参见东方系列第四号文件。管宜穆神父翻译的帝国法令（1898年）：雷墨尔（J. Lemière）作序，文章和图表的作者为康有为。拉奎兹（Raquez），《寺庙的国度》（*Au pays des pagodes*）。据称，今年夏天，改革派领袖康有为想要夺取汉口并在汉口建立改革的根据地。

而添加的。①

在反对派卷土重来之前，关于铁路学堂的讨论已经持续了一段时间。该学堂将于1896年3月在南京北部成立。张之洞总督向皇帝上疏，他提议建立一所铁路学堂。上疏文本被收录在1896年3月8日的《京报》当中。②

实际上，总督的上疏还与新军事学堂（从那时开放）及一所附属学堂有关。附属学堂也被委托给德国教官管理。第二天爆发了一起斗殴事件，助理教官克劳瑟（Krause）受伤，后文将描述这一事件的具体情况。

在这之后，1899年1月下旬，刘坤一为这所军事学堂的60名学员安排了工艺技术课程，这所学堂的目的是培养最优秀的人才。③

随后，《文汇西报》（1899年3月29日）宣布，刘坤一总督决定为该军事学堂的20名学生开设一门矿物学课程。④1896年11月22日的《京报》刊布了一篇两江总督刘坤一和江苏巡抚赵舒翘共同撰写的文章。这是一篇关于煤炭和铁矿储量的长篇文章。煤炭和铁矿分布于南京（江宁府）和镇江。

这篇文章极其详细地回顾了3月22日的一项法令，法令要求官员在该地区进行矿产资源勘探。⑤文章还给出一份关于已确定的矿床地点的清单。勘探活动卓有成效并且还在继续；皇帝将随时关注勘探结果，因为这有可能会改善帝国的财政状况。⑥

---

①《汇报》既是期刊也是报纸，将有关中国和整个世界的政治、科学或其他论文集合在一起，并按照本土的方法用木刻说明。

②《字林西报》，1896年6月2日。

③参见贝思福勋爵的《瓜分中国》。

④1898年6月25日，经皇帝批准的一份上疏，上疏建议在天津和南京建立矿业学堂。另一方面，1900年3月，皇太后已责令总督和巡抚在合同到期后不要续签以前与外国教师、教授和行政人员签订的合同。

⑤《李希霍芬（Richthofen）男爵给上海商会的书信》，特别是关于南京和镇江地区的书信（1871年）以出色的能力处理了这个问题。

⑥这篇详尽的论文的译文见1897年1月28日的《字林西报》——胡家桢的名字被特别提到，他负责领导矿产资源勘探的行动。胡家桢曾临时担任南京盐道和南京藩台，他已辞去江南矿业事务局局长的职务（《文汇西报》，1899年8月25日）。据报道，刚毅在没有证据的情况下对胡家祯提出指控。胡家祯是原北方铁路局总干事胡玉芬的兄长。参见第十七章第二节。

此前（《字林西报》，1898年11月4日），一份名叫《中外日报》（*Gazette Universelle*）的中国报纸曾谈及，政府将在迄今为止无人居住的旧兵营中安置一部分机械师，他们由德国教师训练；还将从金陵机器制造局的工头中选出一些教师，学生则从该地区的富裕农民中选出，他们将首先学习如何为欧式纺纱和纺织厂制造必要的工具。

我们仍不知道这些机构的真实情况，也不知道它们是否属于同一个学堂项目的不同方面。1898年7月4日，皇帝发布一项敕令，命令刘坤一（1898年7月4日《京报》）提交一份关于上海农业改革协会的章程和计划书，并将其同时发送给总理衙门，为日后建立同类机构提供参照。这个协会致力于按照欧洲方法进行农业改革。①

1898年初，在南京城内、靠近水西门的地方，巨大的省级铸币厂（江南造币厂）开放运营……一位英国专家在那里担任（铸币的）化学分析师的工作。②

机器（熔炉、轧机、压力机和模具）由上海的德国瑞生洋行（Buchheister）从伯明翰铸币厂进口。这家铸币厂的重要性仅次于广州铸币厂，广州铸币厂据说是世界上最重要的白银铸造厂。③该造币厂生产大量各

①《字林西报》，1898年9月16日。该法令的翻译文本被收录在《中法新汇报》当中。1899年10月26日。这个促进本地农业发展的协会以期刊《农学报》作为其喉舌。该报纸创刊于1897年，每月在上海出版。张之洞聘请了一位美国教授，后来由一位日本人（1900年）接替教授工作。他们在武昌府进行农艺试验。鉴于现代科学学校即将成立，皇帝的敕令（受康有为的启发）同样鼓励人们翻译和出版外国书籍。

②马丁·普利斯特（Martin Priest）先生于1898年11月6日抵达，并于1898年9月辞职离开。1899年1月10日由瓦顿（Waton）先生接替，随后由玛尔兰（Marlan）先生（1899年10月25日）担任。斯托达特（Stoddard）和雷诺（Reynols）两名机械师来协助组装机器。

③广州方面多次为南京方面提供工人和印刷机。广州每天可以生产1万个银圆和200万个铜圆。铜圆的铜锌含量比是60：40，制造它们的利润并不高。银圆包含的银铜比为900：100，半块银圆的银铜比为860：140，小块银圆（理论上等于109块铜圆）的银铜比是820：180。这些银圆的收益相当可观。

参见《关于中国港口对外贸易的……十年报告》，第578页。上海，1898年。

其实，从1899年5月到12月。1891年，广州造币厂生产了380000000个铜圆。参见《法

种面额的铜圆和银圆，负责造币事务的官员能够从中获得很多利润。

这些新的银圆的流通或多或少限于省内，人们通常称它们为“龙洋”。正面印着英文：“Kiang-Nan Province, 7 mace 2 candareens”。反面印着：Kiang-nan cheng tsao“江南省造”；Ki-hai“己亥”，即1899年的干支名称；Kou-p’ing t’si-t’sien eul-fen“库平七钱二分”，即中央库平的十分之七和百分之二（库平是政府用于税收的主要衡量标准的平码）[①]；Koang-siu yuen-pao“光绪元宝”。

几个月后，造币厂停止了五角银圆和五分铜圆（约合50文）的制造，因为中国商人瞧不起这些面值，他们更喜欢一百文、两百文和一千文面值的铜圆。

各省几家铸币厂的成立并没有弥补缺乏统一货币和现金相对稀缺的问题。人们多次建议在北京或少数几个中心城市为整个帝国铸造统一的官方硬币。这项改革仍然被搁置和推迟。[②]

1898年官方的海关报告汇编（贸易报告，第315页）显示，今年江南造

国里昂商会中国考察纪实报告》（*La Mission lyonnaise d’Exploration en Chine*），第400页，第二部分。

天津机器制造局的铸币厂于1898年铸造了3030950枚银圆，包括2800000枚一元银圆、176000枚五角银圆、350000枚二角银圆、614000枚一角银圆、231000枚五分银圆，还有5.8亿枚铜圆。

①参见黄伯禄（Hoang）神父，《中国产权研究》（又译《置产契据式》，*La Propriété en Chine*）。

②1899年12月，《远东杂志》宣布，太后已经向大臣们询问了以十进制细分铸造银两的可取性。

币厂的造币量为：

1400000枚	一元银圆
400000枚	五角银圆
7000000枚	二角银圆
8000000枚	一角银圆
100000枚	五分银圆

到10月底，人们开始用机器铸造黄铜硬币（60分铜，40分锌），在接下来的两个月里，生产了两万或至少数千贯铜圆。这些机器通过“穿孔机（打桩机）”取代了过于昂贵的手工铸造。

去年7月4日的《日报》（*Daily News*）告知读者，考虑到这些铸币的重量，银行和商人拒绝使用南京、安庆、天津和福州铸币厂生产的银圆和小面额铜圆。因为这些钱币重量不足，而且制造上存在缺陷。总理衙门向皇帝建议，将南京、安庆的人员和工具与汉口的人员和工具集中到一起，将天津、福州的人员和工具与广州铸币厂的人员和工具合并起来。两个机构会被保留下来，张之洞是机构的创始人。据说，安庆铸币厂因出现贪污而关闭。

火药厂位于城外，在城墙的东南角外部，通常只雇用本地人员，同时使用欧洲的设备和工艺。[①]附近的金陵机器制造局也是如此，它被建立在以琉璃塔为标志的佛教寺院的遗址上，该寺院在太平军占领期间被毁。

金陵机器制造局被南京人称为“洋炮局”，最初建立在松江。它是在太平军叛乱结束后建立的，距离上海几里路。李鸿章于1866年将洋炮局迁至松江，然后又转移到南京。金陵机器制造局按照一个大规模计划被组织起来，几年间由英国陆军（第99军团）的前外科医生马格里（Macartney）担任指导，这位医生现被称作哈里戴（Halliday）爵士。马格里现任驻英国中英使团

---

①在韦亚尔（R. A. de Villard）指导出版的《长江地图》中有一幅南京地图，该地图从一份包含许多错误的本地地图中复制而来，地图标明一座火药厂以前位于总督衙门和现在的大学之间。另一座火药厂刚刚被一场（由闪电引起的）爆炸摧毁，这场爆炸席卷了周围的一切。这座火药厂位于清凉山以北、虎踞关墓地以西的城内。《文汇西报》，1900年11月1日。

的高级顾问。[1]在建造金陵机器制造局的第一座建筑时，工匠使用了建造琉璃塔及其寺庙的普通砖块，还使用了天王宫殿[2]在火灾中幸免于难的木材。

以前，《华洋通闻》（*Celestial Empire*）一名驻南京的通讯员（1875年4月23日）[3]报道，马格里于这一天离开南京去往天津。他的职级相当于道台。金陵机器制造局从此被掌握在中国人手中，他们在欧洲人任期结束前对其表示感谢，并支付薪水。“他们非常渴望证明自己也可以做得很好，甚至更好。”

然而，在受邀参加演习的官员面前，这些未做准备的工程师试图在水下点燃鱼雷，但没有成功，这使得他们十分羞愧。从那以后，工作才开始取得进展。中国电报公司在其办公室（无论是在南京城内、下关或总督的衙门）内仅雇用本地接线员。所以在这方面，没有任何外国官员可以提及。电报办公室当然不对公众开放。

扬州的船运服务（事务所和浮桥服务）现今仍由当地人掌握。但在港口正式对外开放后，这种情况无疑会很快改变。[4]备受瞩目的铁路建设项目也

---

①题为《孙中山在伦敦遭到绑架》（*Sun Yatsen kidnapped in London*）的小书（阿罗史密斯出版社，布里斯托尔1897年）阐明了哈里戴爵士在这一重要事件中扮演的模棱两可的角色。

②“天王”是太平军的领袖。参见奥德利·威尔逊（Audrey Wilson），《不败之军》（*The ever victorious army*），第363页。1899年1月30日的《京报》收录了一项皇帝敕令，其摘要如下：“我们已收到总督刘坤一的上疏，上疏弹劾了以下官吏：蔡世葆，即南京火药厂的厂长、道台候选人，懒惰，无能，滥用职权。唐广昭，道台候选人，大胜关（在南京附近）海关关长，贪污受贿。德棠疏道台，同职级，不讲道德，没有履行分内的义务。特此罢免这三名官员的职务。”

③随后5月8日的一期。

④写于1899年5月初的几天。参见《法国里昂商会中国考察纪实报告》，第二部分，第268页，在长江上置办常规船运业务的公司表：

以下是关于南京的统计表（从上海到汉口的业务）：

太古洋行（Butterfied and Swire）	3	蒸汽轮船	英国国旗
怡和洋行（Jadine Matheson and C° ）	3	同上	同上
轮船招商局（China Merchant S. N.）	4	同上	中国国旗
布雷夫斯（Breaves）公司	8	同上	英国国旗

在城内雇用了一些外国官员。

译者简介：陈乐佳美，比利时荷语鲁汶大学在读博士生

麦克·贝恩（Mac Bain）公司　　2 同上　　同上

此后，又增加了日本的汽船。

大阪商船会社也在准备提供内河服务。还有德国的两家洋行，德商瑞记洋行（Arnhold & Karberg & Co.）和美最时洋行（Melchers & Co.）（后来还有比利时的洋行？）建造了几艘轮船，要么用于内河船运服务，要么用于宜昌和汉口之间的航行[瑞克麦斯（Rickmers Line）公司]。1900年1月1日，来自瑞记洋行的轮船“瑞泰”号，与随后的船只一样，同样以汽油作为能源，开始在黄浦试航。还有一家法国公司也提供航运业务。

稿 约

《南京学研究》是由南京市社科联（院）、南京出版传媒集团（南京出版社）和南京市南京学研究会共同组织的有关“南京学”研究的学术性出版物，以促进学科发展、扩大学术影响，推动以南京地域为主体的文明成果传承和文化精神弘扬，提升南京的文化软实力和国际影响力，为中国式现代化南京新实践提供决策参考和智力支撑为宗旨。设有“‘南京学’纵横谈”“考古发现与文化遗产”“古都历史与景观变迁”“历史名人与地域文化”“文献考释与档案编译”“长江文化研究”“‘文学之都’研究”等板块。现诚向社会各界征集优秀稿件，欢迎赐稿。

来稿要求和注意事项

1.来稿字数以1万字左右为宜，并附300字以内的中文摘要和3—5个中文关键词，文献档案的选编和翻译可根据实际情况调整字数。来稿要求观点鲜明、新颖，论据充分、有力，具有原创性，反对抄袭和一稿多投。

2.来稿中的图片、照片应单独提供，要求清晰并注明说明文字、来源以及在文中的位置。

3.来稿文字、标点、年代、数字等书写方式均以国家新闻出版署有关规定为准。来稿采用脚注，每页分别编序，具体引文、注释格式请参照《中国社会科学》要求。

4.来稿由编辑部进行初审；初审通过的稿件，再请相关领域的专家匿名评审；编委会根据评审意见，讨论决定是否采用。结果于收稿后两个月内回复稿件作者。未经采用的稿件除手稿外，一般恕不退还。

5.本书已加入“中国学术期刊网络出版总库”及CNKI系列数据库。本书录用的稿件，将一律由编辑部统一纳入上述数据库，进入光盘和因特网提供信息服务。凡投寄稿件不做特别说明者，均视为作者已经同意将本书出版后的论文编入该数据库，本书不再单独寻求作者授权。作者著作权使用费与本书稿酬一次性给付。

6.作者须遵守国家法律法规，尊重知识产权，文责自负。编辑对已采用的稿件，有权作出删改。如不同意删改，请在来稿时说明。

7.来稿请注明作者姓名、学历、单位、职称及联系方式。属于课题基金项目成果的来稿，请在文末注明基金项目类别、课题项目名称及编号。如有鸣谢文字，亦请附于文末。

8.来稿一经采用，将向作者寄送两本样书，并给付稿酬。

板块设置

1.“南京学”纵横谈

刊发有关“南京学”理论探讨的稿件，包括学科属性、内涵外延、研究对象、方法资料等。

2.考古发现与文化遗产

刊发有关南京考古、文物遗存和文化遗产方面的稿件。

3.古都历史与景观变迁

刊发有关南京历史发展进程与地理环境变迁方面的稿件。

4.历史名人与地域文化

刊发有关南京历代名人轶事，以及地域文化保护、传承与弘扬方面的稿件。

5.文献考释与档案编译

刊发有关南京历史文献整理、考释与海内外档案编选、翻译的稿件。

6.长江文化研究

刊发有关“长江文化”研究，以及相关会议动态与信息的稿件。

7.“文学之都”研究

刊发有关“文学之都”研究，以及相关会议动态与信息的稿件。

联系方式

投稿邮箱：nanjingxueyanjiu@126.com

咨询电话：025—83283880

通讯地址：南京市玄武区太平门街53号南京出版传媒集团（南京出版社）“南京学”研究中心

邮编：210016